Medien/Demokratie

Gerhard Göhler/Annette Knaut/
Cornelia Schmalz-Jacobsen/Christian Walther (Hrsg.)

Medien/ Demokratie

Redaktion:
Annette Knaut, Kathrin Grothe
und Sarah Kohlhauer

Mit Beiträgen von
Annette Knaut
Peter Frey
Ralf Schuler
Richard Meng
Ernst Elitz
Uwe-Karsten Heye
Thomas Steg
Renate Künast
Ulrich Sarcinelli
Robert von Rimscha

PETER LANG
Frankfurt am Main · Berlin · Bern · Bruxelles · New York · Oxford · Wien

Bibliografische Information der Deutschen Nationalbibliothek
Die Deutsche Nationalbibliothek verzeichnet diese Publikation
in der Deutschen Nationalbibliografie; detaillierte bibliografische
Daten sind im Internet über http://dnb.d-nb.de abrufbar.

Gedruckt auf alterungsbeständigem,
säurefreiem Papier.

ISBN 978-3-631-58328-9
© Peter Lang GmbH
Internationaler Verlag der Wissenschaften
Frankfurt am Main 2010
Alle Rechte vorbehalten.

Das Werk einschließlich aller seiner Teile ist urheberrechtlich geschützt. Jede Verwertung außerhalb der engen Grenzen des Urheberrechtsgesetzes ist ohne Zustimmung des Verlages unzulässig und strafbar. Das gilt insbesondere für Vervielfältigungen, Übersetzungen, Mikroverfilmungen und die Einspeicherung und Verarbeitung in elektronischen Systemen.

www.peterlang.de

Inhalt

Vorwort der Herausgeber   7

Annette Knaut   9
Politikvermittlung online: Abgeordnete des Deutschen Bundestages im Web 2.0

Peter Frey   37
Beschleunigung, Vertiefung, Vereinzelung Medien und Demokratie im Zeitalter der Digitalisierung

Ralf Schuler   53
Berlin - der Blick von außen. Bundespolitische Berichterstattung in Regionalzeitungen

Richard Meng   71
Hinterfragen, verkaufen, berichten: Die alltäglichen Zielkonflikte zwischen politischer Kommunikation und politischem Journalismus

Ernst Elitz   85
Der nationale Hörfunk als Agendasetter: Auftrag, Inhalt, Zielgruppen

Uwe-Karsten Heye   101
Vorwärts – offen und parteilich

Thomas Steg   111
Regierungskommunikation – Politikvermittlung zwischen Information und Marketing

Renate Künast   125
Inhalt oder Zuspitzung? Politische Kommunikation in der Opposition

Ulrich Sarcinelli   137
Politik als Theater: Nicht nur, aber auch

Robert von Rimscha   153
Von heutigen Nachrichten, vertraulichen Fragen und den Problemen des Politischen in der Presse

Vorwort der Herausgeber

Demokratie ohne freie Presse, sprich: Medienfreiheit, ist nicht möglich. Und gegängelte Medien sind undenkbar in einer Demokratie, obendrein sind sie stinklangweilig. Wir haben es erlebt. Allerdings haben sich die Voraussetzungen der Politikvermittlung ebenso gewandelt wie die Aufbereitung von Politik für die Medien. Die Beschleunigung der Nachrichten ist dank Internet enorm gestiegen, das geht durchaus nicht selten zu Lasten der Gründlichkeit und der Seriosität. Die andere Seite der politischen Klasse steht dem nicht nach. Älteren Semestern graust es, wenn zum Beispiel Parteien ihre ‚Haltung' mit plattesten Symbolen in die Kameras halten, um ihre Politik zu erklären. Der vordergründige Erfolg gibt ihnen Recht - so etwas ‚läuft'.

Auf den ersten Blick kann man den Eindruck gewinnen, dass die Inszenierung von Politik heute zum kleinen Einmaleins für Politaufsteiger gehört und dass Journalisten parteiisch sein müssen, wenn sie auffallen wollen, dass Kommentar und Nachricht ruhig verschwimmen dürfen und das die schlimme Nachricht stets die gute Nachricht ist.

Mit Demokratievermittlung hat das alles wenig zu tun. Hier, wie meistens, lohnt sich der zweite Blick: auf die Journalisten, die sich große Mühe geben, dem Karl-Hermann Flach'schen journalistischen Ethos trotz aller Zwänge gerecht zu werden, und auf die Politiker, die sich den Kopf zerbrechen, um zu guten Entscheidungen zu kommen, zu überzeugen und zu erklären. Demokratie ist nämlich mühsam!

Die Referentinnen und Referenten der öffentlichen Ringvorlesung *Medien/Demokratie – Journalismus in Berlin* im Sommersemester 2008 haben ihre Erfahrungen aus der Forschung, vor allem aber aus der täglichen Praxis, mit der allgegenwärtigen Zeitnot, dem Spagat zwischen Verkaufen und Vertiefen, dem Dilemma, Vertrauen zum Gegenüber aufzubauen und gleichzeitig Abstand zu wahren, anschaulich und spannend beleuchtet. Die Vorträge und die anschließenden Diskussionen sind im vorliegenden Band der Edition *OSI-Club* abgedruckt.

Die Herausgeber danken der *Friedrich-Naumann-Stiftung für die Freiheit* für die Kooperation, vor allem aber den Referentinnen und Referenten, die mit ihrer Zeit, ihrem Wissen und dem Verzicht auf ein Honorar die Ringvorlesung und dies Publikation möglich gemacht haben.

Gerhard Göhler   Annette Knaut
Cornelia Schmalz-Jacobsen   Christian Walther

Annette Knaut

**Politikvermittlung online:
Abgeordnete des Deutschen Bundestages im Web 2.0**

1. Politikvermittlung online als Diskursangebot

Ob Demokratie durch virtuelle Kommunikation gestärkt wird, neue mediale Strukturen im Internet die Partizipation der Bürger/innen befördern, ist eine Diskussion, die seit der Einführung neuer Informations- und Kommunikationstechnologien in den 1970er Jahren besteht. Unter Schlagworten wie *E-Government, elektronischer Demokratie* oder *Cyberdemokratie* wurden und werden Möglichkeiten verbesserter Bürgernähe der Politik bzw. von Raum und Zeit unabhängiger Partizipation der Bürger/innen thematisiert. Vor allem Arbeiten aus den USA weckten Erwartungen im Hinblick auf eine bessere Demokratie durch Neue Medien. Über Neue Medien, so dachte man, würden sich mehr Menschen aktivieren lassen, am politischen Diskurs teilzuhaben. (vgl. Siedschlag 2005) Auch wenn mittlerweile Konsens ist, dass neue Techniken nicht per se zu einer ‚besseren' Demokratie führen, bleibt das Thema politische Kommunikation über Neue Medien aktuell. Träume einer anderen, besseren Demokratie hat in letzter Zeit vor allem der Obama-Wahlkampf wachgerufen, der es über die Verbindung neuer und alter Kommunikationstools im Internet, wie *direct mailing, Blogs, You Tube,* auch in Verbindung mit neuen mobilen Telekommunikationsmöglichkeiten via *iPhone,* geschafft hat, Menschen zu aktivieren, zu vernetzen und letztlich auch zur Wahl zu motivieren. Gleichermaßen wachsen auf Seiten der Journalist/innen Befürchtungen, ihre Stimme spiele im Zeitalter des *Web 2.0* eine untergeordnete Rolle. Bürgerjournalismus über *Blogs* ist zumindest in den USA ein ernstzunehmender Faktor. Politiker/innen stellen eigene Informationskanäle zur Verfügung, mit denen sie sich direkt an die

Bürger/innen wenden und die den Bürger/innen wiederum die Gelegenheit bieten, sich direkt am politischen Diskurs zu beteiligen.

Spätestens seit dem Erfolg Obamas versuchen sich Republikaner wie Demokraten als Internet-Politikvermittler. Die Republikaner wollen dem Erfolgskonzept Obamas, das auf geschickter Vernetzung und Aktivierung seiner Anhänger via *Web 2.0* basiert, mit *Blogs* wie *Nextgengop.de* oder Websites wie *Rebuildtheparty.com* nacheifern und so bei jüngeren Bürger/innen punkten. (s. Moorstedt 2008b)

Hierzulande sind Politiker/innen zwiegespalten. Ein Teil nimmt die Selbstverständlichkeit, mit der sich US-amerikanische Spitzenpolitiker/innen im *Web 2.0* bewegen, mit Bewunderung auf (vgl. Volkery 2008) und sie versuchen ihren amerikanischen Vorbildern nachzueifern. Andere hingegen sind bislang eher skeptisch, wie diese Abgeordnete, die ihre *Web 2.0*-Abstinenz damit begründet, dass dort „*natürlich auch ein Anteil von Spinnern mit dabei* [ist, AK]*, denen ich auch keine Plattform biete, bieten möchte. Man muss auch den Mut haben manchmal zu sagen, ich steig da jetzt hier aus, das ist nicht mein Ding, ich mach da nicht mit.*" (MdB[1])

Bevor sich der Blick auf die politische Praxis richtet, wie Abgeordnete das Internet nutzen, werden die wesentlichen Stränge der Diskussion um Internet und Politik skizziert, um eine Beurteilungsgrundlage für das weitere Vorgehen zu bieten. Generell lässt sich sagen, dass in der wissenschaftlichen Diskussion inzwischen auch in Deutschland das Interesse an internetbasierter politischer Kommunikation zunimmt. (s. Siedschlag 2005) Frühe Studien sahen das Internet primär als mögliche Entlastung und Ergänzung traditioneller Kommunikationswege von der Politik zu den Bürger/innen. (z.B. Krauch 1972; Vowe/Wersig 1983) Heute liegt der Fokus eher auf der Frage, wie und ob Neue Medien, vor allem das Internet, die Strukturen politischer und gesellschaftlicher Öffentlichkeiten verändern. (z.B. Donath 2001; Harders 2004; Westholm 2003; Trénel/Märker/Hagedorn 2003; Woelk/Oertel/Oppermann/Scheermessser 2008) Im Gegensatz zu der Forschung aus den USA wird politische Kommunikation im Netz in Deutschland vor allem unter dem Aspekt der ‚Politikvermittlung', als‚one-to-many'-Kommunikation verstanden. (Siedschlag 2005: 153) Nicht die Frage nach diskursiv-deliberativen Potentialen, die über die Frage der Politikvermittlung hinausgeht, interessiert, sondern es wird implizit angenommen, „das Internet eigne sich (wenn überhaupt) nur zur präsentativen Darstellung politischer Sachverhalte, der Aufbau einer verbindlichen Repräsentativbeziehung zwischen legitimierten Stellvertretern und einer verbindlichen Repräsentativbeziehung zwischen legitimierten Stellvertretern und einer deren Position anerkennenden ‚Basis' sei nicht möglich." (Bieber 2003: 139)

---

[1] Diese und die folgenden Zitate – gekennzeichnet mit MdB – stammen aus anonymisierten qualitativen Interviews, die die Verfasserin im Rahmen ihrer Dissertation „Abgeordnete als Politikvermittler" (Univ.-Diss., Universität Koblenz-Landau 2009) geführt hat.

Nicht zuletzt angeregt durch die sich wandelnde politische Praxis (wie virtuelle Parteitage, Einrichtung von Foren auf Homepages von Politiker/innen) und neue technische Möglichkeiten im *Web 2.0*) wird in den letzten Jahren aber auch die Frage nach möglichen deliberativen Strukturen des Internets gestellt (Leggewie/Bieber 2003; Kaletka 2003; Nutz 2008). Die Potentiale politischer Kommunikation können nach dieser Lesart über Präsentation und Vermittlung politischer Inhalte hinausgehen. Das Internet wird als Teil des öffentlichen Raumes gesehen, in dem Diskurse stattfinden können. Damit schließt Kommunikation im Netz an normative Modelle von Öffentlichkeit an, die Öffentlichkeit als Raum begreifen, in dem die öffentliche Meinung durch die gleichberechtigte Partizipation der Bürger/innen entsteht. Die öffentliche Meinung gilt als Medium, durch das die Bürger/innen Einfluss auf die Politiker/innen ausüben. Die Abgeordneten sollen also die öffentliche Meinung beachten und in ihr Handeln einfließen lassen. „Deshalb wird davon ausgegangen, dass die Öffentlichkeit einer souveränen Macht zu entsprechen habe, an die ihre Kommunikationsprozesse letztlich adressiert werden." (Fraser 2005: 1)

Politische Kommunikation soll so, schematisch gedacht, in vielfältigen Varianten nachweisbar sein, nicht nur ‚one-to-many', sondern auch ‚many-to-one' (Bürger/innen an eine/n Politiker/in), oder auch ‚one-to-one' bzw. ‚many-to-many'. Anschließend an das Ideal deliberativer Demokratie (vgl. Habermas 1995 a/b) sollen im Netz Strukturen geschaffen werden, in denen politische Kommunikationsprozesse entstehen und Entscheidungen vorbereitet werden. Dies können *Foren* sein, *Chats*, aber auch *Blogs*, in denen jede/r Internetnutzer/in unabhängig vom Status am politischen Diskurs teilnehmen kann, jede/r das Recht hat, zum Thema Fragen zu stellen und Argumente vorzubringen. Dabei werden, wie Manin (1987) zeigt, auch Informationen vermittelt. Kein/e einzelne/r Teilnehmer/in am politischen Diskurs kann alle Informationen überblicken und einordnen, die wichtig für ein Thema sind. Im Netz besteht neben dem Austausch von Informationen durch das Setzen von Links die Möglichkeit, andere Teilnehmer/innen auf weitere Informationsquellen hinzuweisen. Ein Unterschied zur idealen Diskurssituation nach Habermas in der ‚realen' Welt ist aber in virtuellen Kommunikationsräumen immer vorhanden: Kommunikationsprozesse sind nicht immer symmetrisch, da sie zeitversetzt (z.B. bei *Blogs*) sind, d.h. nicht alle Interessent/innen an einem politischen Thema kommunizieren gleichzeitig bzw. halten sich parallel im virtuellen Raum an der einen Stelle auf. Sie sind auch nicht ‚gleich' in dem Sinne, dass jede/r Zugang hat, da technische Barrieren (nicht alle Bürger/innen haben einen Internetzugang) und soziale Schranken (wie Bildungsgrad, Behinderungen) von der Möglichkeit, über das Netz zu partizipieren, einzelne ausschließen. Davon abgesehen stellen aber die Neuen Medien Strukturen bereit, die diskursive Kommunikationsprozesse ermöglichen. Sie sind in Anlehnung an ein prozessorientiertes Modell deliberativer Demokratie, wie es Seyla Benhabib vertritt, als ein Kommunikationsraum unter vielen zu sehen, in denen Bürger/innen ihre Interessen vertreten können. Wichtig für diese Konzeptualisierung deliberativer Demokratie ist lediglich die Verbindung des Netzes mit anderen Kommunikationsräumen, die über Parteien, soziale Bewegungen, Vereine etc. zur Verfügung gestellt werden. (s. Benhabib 1996[2])

Wie gehen nun Politiker/innen mit den Möglichkeiten des Internets um? Machen sie den Bürger/innen Kommunikationsangebote, die als ‚many-to-one'-Kommunikation zu charakterisieren sind, bieten sie Foren für deliberative ‚many-to-many'-Kommunikation oder präferieren sie die klassische ‚one-to-many'-Kommunikation durch die Veröffentlichung von Informationen aller Art auf der Homepage? Im Folgenden sollen nun Politikvermittlungsstrukturen, die Abgeordnete auf ihrer Homepage anbieten, analysiert werden. Die Frage ist, **ob Abgeordnete das Internet nutzen und inwieweit sie versuchen, darüber in Diskussionsprozesse mit den Bürger/innen zu treten. Wo lässt sich das (webbasierte) Kommunikationsverhalten von Abgeordneten des Deutschen Bundestages zwischen ‚one-to-many'-Politikvermittlung und Diskursangeboten verorten?**

Standard für deutsche Politiker/innen ist inzwischen eine eigene Homepage mit Informationsangeboten für die Bürger/innen bzw. als ‚Visitenkarte' als klassisches Element. Die Analyse der Homepages von Abgeordneten bietet sich deswegen an, da die eigene Website zum einen inzwischen zur kommunikativen ‚Basisausrüstung' der Abgeordneten avanciert ist und zum anderen als ‚Ausweis' der Internetaktivitäten von Abgeordneten zu sehen ist. *Web 2.0*-Elemente bieten weitere Kommunikationsmöglichkeiten: Etliche Abgeordnete *bloggen*, d.h. sie schreiben eine Art ‚Internettagebuch', das von den Bürger/innen kommentiert werden kann. Wer als Politiker/in ‚up to date' sein will, benutzt daneben den Micro-Blogging-Dienst *twitter*: Von den 612 Bundestagsabgeordneten besitzen inzwischen 68 Abgeordnete einen *twitter- Account*[3]. Damit wird es für jede/n einzelne/n möglich, ‚seinem' Abgeordneten auf Schritt und Tritt zu folgen und seine/ihre Erlebnisse und Gedanken kommentieren zu können. Werden so Diskussionsprozesse zwischen Abgeordneten und Bürger/innen angeregt oder dienen *Tools* wie *twitter* oder *Blogs* einzelner Abgeordneten nur der Selbst--inszenierung? Wenn die GRÜNEN-Politikerin Cordula Schulz-Asche über *twitter* mitteilt *„Wegen des empfindlichen Parketts im neuen Landtag tragen die Abgeordneten ab sofort Filzpantoffeln"* (*twitter* vom 01.04. 2009, 10:19) oder

---

[2] Benhabib schreibt: „*It is through the interlocking net of these multiple forms of associations, networks and organizations that an anonymour ‚public conversation' results. It is central to the model of deliberative democracy that it privileges such as a public sphere of mutually interlocking and overlapping networks and associations of deliberation, contestation, and argumentation.*" (Benhabib 1996: 73f.; Hervorhebung im Orig.)

[3] Nach einer Untersuchung von *Nielsen Media Research* sind die FDP-Abgeordneten dabei Vorreiter (3 von 4 Abgeordneten besitzen einen *twitter*-Account, danach kommen die GRÜNEN und die SPD, in der Linken-Fraktion finden sich keine Anhänger von *twitter*. Die meisten *follower* wiederum finden sich bei der SPD. (s. Tagesspiegel 08.03.2009)

Manfred Grund *twittert* „*Bin sicher in Berlin gelandet*" (twitter vom 27.02.3009, 12:42), hat dies kaum mehr mit Politikvermittlung über Diskurse zu tun, sondern gleicht eher einem privatem Plaudern oder eben einem *Twittern* (= Zwitschern). Wenn andererseits ein Abgeordneter über seinen *Blog* Anhänger/innen zu politischen Diskussionen oder Aktionen motiviert, dann kommt er dem Ideal von Deliberation in der Netzöffentlichkeit nahe[4].

2. Strukturen und Elemente im Internet

Bevor die Homepages typologisiert und analysiert werden können, soll geklärt werden, welche Strukturen und Elemente welche Form von Kommunikation implizieren. Dabei soll prinzipiell geklärt werden, welche Typen von Kommunikation im alten und im neuen Web (dem *Web 2.0*) dominieren. Das ‚neue' Web, das *Web 2.0*, zeichnet sich vor allem dadurch aus, dass Kommunikation nicht hierarchisch organisiert ist, sondern netzwerkartig. Es ist anzunehmen, dass vor allem das *Web 2.0* diskursive Formen der Kommunikation fördert und dass sich die Möglichkeiten der Kommunikation vervielfältigt haben

Das *Web 2.0* zeichnet sich im Besonderen dadurch aus, dass es interaktive, asynchrone und synchrone Kommunikation (also gleichzeitige und zeitversetzte Kommunikation im Netz) ermöglicht. So ist denkbar, dass ein Abgeordneter an einer Veranstaltung teilnimmt, die von anderen im Netz zeitgleich kommentiert wird. Am nächsten Tag sehen andere User die Kommentare und diskutieren sie weiter. Die Vernetzung eines Einzelnen mit anderen ist quasi unbegrenzt von Zeit und Ort möglich. Deswegen wird auch vom ‚social web' gesprochen. (vgl. Ebersbach/Glaser/Heigl 2008; Alpar/Blaschke 2008) Charakteristisch für das Web 2.0 sind *Blogs*, von denen es inzwischen, laut Auskunft der *Weblog*-Suchmaschine *technorati*, 133 Millionen gibt. (s. Technorati 2009a) 35 Prozent aller *Blogs* beschäftigen sich mit Politik, 42% mit ‚News' (hier gibt es also Überschneidungen mit politischen Inhalten). (s. Technorati 2009b) So haben sich *Blogs* in den USA längst zu einer festen politischen Kommunikationsinstanz entwickelt, die als Konkurrenz zu den traditionellen Medien gewachsen ist. (vgl. z.B. Kramp/Weichert 2009) Nicht nur ausgebildete Journalist/innen vermitteln Politik, sondern auch zunehmend einzelne Akteure, die es verstehen, sich geschickt mit anderen *Blogs* und anderen Websites zu vernetzen. Die Bedeutung eines *Blogs* wächst mit der Aufmerksamkeit, die ihm in der Netzgemeinde zuteil wird: User machen andere User auf ein Ereignis, ein Thema etc. aufmerksam, über das in einem *Blog* berichtet wird. Dadurch kann sich eine eigene Aktionsdynamik entwickeln, die in politische Aktionen im ‚realen' Leben mündet. (vgl. Moorstedt 2008a:113ff.)

---

[4] So plädiert Volker Beck in seinem Eintrag vom 31. Dezember 2008 für eine „kritische Auseinandersetzung von Menschenrechtsverteidigern und Demokraten mit der katholischen Kirche über das Prinzip der Glaubensfreiheit und seine Beziehung zu den Rechten der Lesben und Schwulen" (s. http://beckstage.volkerbeck.de [letzter Abruf vom 26.03.2009].

In Deutschland spielen politische *Blogs* (noch?) kaum eine Rolle. Klassische Medien, wie Zeitungen und Fernsehsender stellen zwar *Blogs* ins Netz, diese sind jedoch von den eigenen Journalisten gemacht. Auch wenn sie die Möglichkeit für die Leser/innen bieten, Artikel und Einträge zu kom-mentieren, sind sie doch keine Alternative zu den traditionellen Medien – ganz im Gegensatz zu *Blogs* aus den USA. (vgl. Moorstedt 2008a)

Beurteilt man diese technisch-strukturellen Elemente nach ihren Potenzialen im Hinblick auf Politikvermittlung und Deliberation, zeigt sich rasch, dass das *Web 2.0* nicht automatisch deliberative Elemente bereithält. Dies lässt sich am Vergleich USA-Deutschland zeigen. Während in den USA *Web 2.0*-Elemente wie *Blogs* auch als Agenda-Setter zu bezeichnen sind, so spielen sie in Deutschland kaum eine Rolle in der öffentlichen Wahrnehmung.

Formate wie die *Huffington Post*, eine online-Zeitung, in der Bürgerjournalisten schreiben und die als wichtige Stimme der Meinungsbildung gilt, gibt es hierzulande nicht. Dass soziale Netzwerke, wie *facebook*, genutzt werden, um Menschen zu mobilisieren und Kampagnen wirksam zu verbreiten, wie es im US-amerikanischen Wahlkampf in großem Stil gemacht wurde, findet hier nur zaghaft Nachahmer mit geringer Wirkung. Politiker in Deutschland nutzen das *Web 2.0*, wie noch zu sehen sein wird, eher zur Selbstdarstellung denn als Möglichkeit, sich der öffentlichen Diskussion zu stellen. Das *Web 2.0* alleine initiiert also nicht per se spezifische Formen politischer Kommunikation.

In der folgenden Tabelle wird gezeigt, welche Kommunikationsmöglichkeiten im *Web 1.0* und im *Web 2.0* bezogen auf die Homepage des/der einzelnen Abgeordneten bestehen. Gezeigt wird, welche Kommunikationstools von ihrer Struktur her rezeptiv und welche eher diskursiv angelegt sind - d.h. solche, die primär der Politikvermittlung der Abgeordneten an die Bürger/innen dienen und andere, die deliberative Kommunikation ermöglichen.

Kommunikations-richtung	Form	Funktion	Kommuni-kationstyp
Web 1.0			
One-to-one	E-Mail	Meinungs- und Informationsaustausch	potentiell diskursiv
One-to-many	Mailingliste/ Newsletter	Weitergabe von Informationen und Meinungen an anonyme Empfänger/innen	rezeptiv
	Bereitstellung von Texten und Fotos auf der Homepage	Darstellung bzw. Präsentation spezieller Informationen und Meinungen	rezeptiv
	Gästebuch	Kommentar- und Kritikfunktion der Bürger/innen an den/die Abgeordnete/n	potentiell diskursiv
Many-to-many	Chats	direkte virtuelle Kommunikation (Abgeordnete/r als eine/r unter vielen)	diskursiv
Web 2.0 neu			
One-to-one	/	/	/
One-to-many	Blog	persönliche Mitteilungen	potenziell diskursiv
	Podcast	Selbstdarstellung	rezeptiv
	RSS-Feed	Weitergabe von Informationen an anonyme Empfänger/innen	rezeptiv
	YouTube/flickr	Weiterhabe von visuellen Informationen (Filme und Fotos an anonyme Empfänger/innen)	eingeschränkt diskursiv
	twitter	kurze Informationsweitergabe	diskursiv
Many-to-many	soziale Netzwerke, wie facebook, etc.	direkte virtuelle Kommunikation (Abgeordnete/r als eine/r unter vielen)	diskursiv

Abbildung 1: Kommunikationsmöglichkeiten im Web 1.0 und im Web 2.0 (eigene Darstellung)

Im *Web 2.0* werden die Möglichkeiten der online-Kommunikation vor allem ergänzt. Zum einen um eine visuelle Komponente (die Möglichkeit, Filme und Fotos mit anderen Usern zu teilen) und zum anderen um die Komponente der Vernetzung (das *Web 2.0* ist weniger hierarchisch als das *Web 1.0* – Texte, Filme, Fotos alles kann mit anderen Usern geteilt, verlinkt und von anderen kommentiert werden).

Blogs, also Internettagebücher, die kommentiert, ergänzt und verlinkt werden, bieten Möglichkeiten für Abgeordnete, sich individuell und wenig formalisiert an die Bürger/innen zu wenden. Bekannt geworden ist beispielsweise der *Blog* der EU-Kommisarin Margot Wallström, die eine Mischung aus privaten Erlebnissen und politischen Ereignissen auf ihrem *Blog* verbreitet. So schreibt sie am 6. März 2009: *„I was hoping to have my batteries fully recharged after a short break in Sweden where I managed to do some skiing but it has been a raining week and I could do with a few more days' rest. Today I* *leave from Liberia where I will be taking part in an international conference this weekend organised by President Ellen Johnson-Sirleaf, a woman I greatly admire [...]."* (Wallström 2009)

Podcasts, also Videobotschaften, sind vermutlich für viele Abgeordnete zu aufwändig zu produzieren, werden nicht nur von Angela Merkel genutzt, um sich direkt an die Bürger/innen zu wenden, ohne den Weg über die Massenmedien zu nehmen. Ergänzend werden Fremdangebote (Internetdienste) wie *YouTube* oder *flickr* genutzt, die sich von einem *Podcast* auf der Homepage zum einen durch die Fremdverlinkung unterscheiden und zum anderen mit Kommentarfunktionen versehen sind bzw. auf der Seite von *YouTube* oder *flickr* unter vielen anderen Filmen und Fotos stehen. Wenn man so will, sind *Podcasts* hierarchisch, die Kanzlerin wendet sich auf ihrer Homepage über ein Video an die Bürger/innen, eine Videobotschaft auf *YouTube* ist eine unter vielen und kann (auch unter Pseudonym) diskutiert werden. So wird z.B. eine Videobotschaft von Cornelia Pieper zur Zukunft der Hauptschule von ‚manuka1981' kommentiert. (s. *YouTube* 2009) Ähnlich ist es bei *flickr*, wo das Fotoalbum eines Abgeordneten neben vielen anderen steht und die Fotos von den User/innen kommentiert werden können. (s. *flickr* 2009)

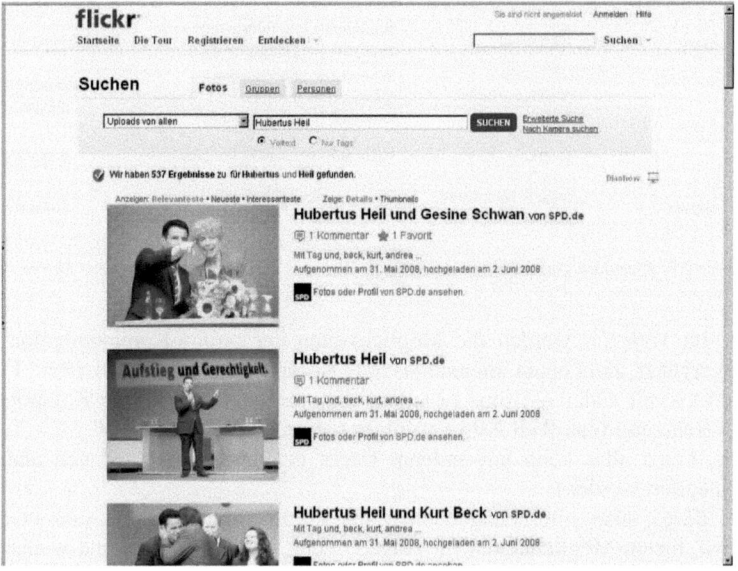

Abbildung 2: Bildergalerien bei Flickr

RSS-Feeds[5] bieten für die Abgeordneten die Möglichkeit, Neuigkeiten nicht nur auf die Homepage zu stellen, sondern direkt zu den Abonnent/innen des *RSS-Feeds* zu senden. Bürger/innen, die den *RSS-Feed* des eigenen Wahlkreisabgeordneten abonniert haben, bekommen also direkt und ohne Zeitverzögerung (ebenso unter Umgehung der Journalisten) Pressemitteilungen und andere Texte auf ihr Mobiltelefon, in ihre Mailbox oder ihren *RSS-Reader* ‚geliefert'.

Über *twitter.com* lassen sich kurze Nachrichten an alle, die einen eigenen Account bei *twitter.com* haben, via Mail oder SMS versenden. Eine/r schickt eine kurze Nachricht, die viele lesen und auf die geantwortet werden kann, entweder direkt an den Sender der Nachricht (und nur für diesen einsehbar) oder an die, die wiederum dem Schreiber folgen. Derjenige, der eine Kurznachricht schreibt, kann z.B. auf ein politisches Ereignis verweisen (*„Meine Pressekonferenz auf phönix um 15:30; bin gerade auf der CeBit"*). Der einzelnen Beiträge (*tweets* bzw. *updates*) genannt sind dabei auf maximal 140 Zeichen beschränkt. Politik wird auf nur wenige Zeilen reduziert.

Weitere Kommunikationsangebote im Netz sind *Chats*, die im *Web 2.0* auch über *Second Life* geführt werden, und die Möglichkeit, Kontakte über *Facebook*, *MySpace*, *LinkedIn* und andere soziale Netzwerken aufzubauen und zu pflegen.

Wie man sieht, ist *Web 2.0* nicht prinzipiell diskursiv angelegt ist, sondern bedient genauso alte Kommunikationsgewohnheiten (Rezeption, nicht Reaktion, Diskurs). Prinzipiell werden keine neuen Formen der Kommunikation geschaffen, wenn man das Schema ‚one-to-many', ‚many-to-many', ‚many-to-one' zu Grunde legt. Neu ist lediglich die Vervielfältigung der Möglichkeiten zu kommunizieren, gekoppelt an niedrige Kommunikationsbarrieren: Jeder kann, auch ohne Homepage und spezielle Computerkenntnisse, sich an die Web-Öffentlichkeit wenden. Technische Voraussetzungen sind lediglich die Möglichkeit, einen Internetzugang nutzen zu können und Grundkenntnisse in der Navigation im Netz. Die Anzahl der Individuen (one), die mit der Netzöffentlichkeit (many) kommunizieren und interagieren können, ist im *Web 2.0* explodiert. So kann, theoretisch, eine Art globaler Diskurs entstehen[6]. Die Vereinfachung der Zugangs- bzw. Kommunikationsmöglichkeiten gilt auch für Abgeordnete:

---

[5] RSS = really simply syndication, dt. Ensprechung, eine wirklich einfache Verbreitung von Inhalten an Rezpienten/User, die diese nach ihren Bedürfnissen weiterverbreiten können; Feed = Fütterung, Zuteilung. RSS-Feeds funktionieren ähnlich wie Nachrichtenticker, die Überschriften (und evtl. kurze Einführungstexte) anzeigen und mit einem Link zur Originalseite führen.

[6] Dass in der empirischen Realität der Teilnahme an einem globalen Diskurs vielfältige ‚weiche' Barrieren, wie Sprache, Bildung etc., ganz abgesehen von technischen Barrieren, entgegenstehen, kann hier nicht diskutiert werden. Ich verweise exemplarisch auf folg. Literatur: Norris (2001), Mossberger/Tolbert/Stansbury (2003), Mutz (2006).

Über vielfältige *online-Portale*, die in der Regel mit der eigenen Homepage verlinkt sind, können Abgeordnete Politik vermitteln. Im Zeitalter des *Web 1.0* war dies allein der massenmedialen Kommunikation vorbehalten. Die ‚gatekeeper'-Funktion der über Journalisten vermittelten Kommunikation lässt sich im *Web 2.0* umgehen. Nicht Journalisten wählen aus, was an ein Millionen-Publikum weitergegeben wird, sondern der/die Abgeordnete selbst. Im folgenden Abschnitt wird die Frage der fehlenden ‚gatekeeper' nicht weiterverfolgt: Die Homepages der Abgeordneten stehen im Zentrum des folgenden Kapitels.

3. Deutsche Abgeordnete im Web 2.0:
Zwischen Selbstdarstellung und interaktiven Kommunikationsangeboten

Die eigene Homepage gehört inzwischen zur Standardausstattung der meisten Abgeordneten des Deutschen Bundestages wie die eigene Visitenkarte, der Flyer zur Selbstdarstellung oder das Wahlkreisbüro. Hier steht die Frage im Vordergrund, ob Abgeordnete die Homepage primär als Möglichkeit der Informationsweitergabe und Selbstdarstellung verstehen, z.B. indem sie Pressemitteilungen oder Fotos einstellen oder aber, ob sie die Homepage als interaktives Kommunikationsangebot an die Bürger/innen nutzen und dadurch Diskurse ermöglichen. So wird zu untersuchen sein, ob die Homepages von Abgeordneten Möglichkeiten bereitstellen, an einem Dialog mit den Abgeordneten teilzunehmen, diesen anzuregen oder zu intervenieren.

Für diesen Aufsatz wurden Ende Januar 2009 Homepages von 62 Abgeordneten ausgewertet. Um eine über alle Fraktionen gleichmäßige Verteilung der Homepages zu erreichen, wurden jeweils rund 10 Prozent der Fraktionsmitglieder ausgewählt. Um eine Verteilung auf unterschiedliche Rollen zu gewährleisten, wurden jeweils die Fraktionsvorsitzenden ausgewählt sowie anteilig ebenfalls 10 Prozent der Abgeordneten, die Mitglieder im Fraktionsvorstand (inkl. Parlamentarischer Geschäftsführer) sind. Die restliche Zahl der Abgeordneten wurde unter Abgeordneten mit Direktmandat und Listenabgeordneten per Zufallsprinzip verteilt. Insgesamt wurde auf eine gleiche Verteilung zwischen Männern und Frauen geachtet.

Politikvermittlung online 19

	MdBs	Geschlecht		Fraktionsvorsitz	stelv. Fraktionsvorsitz plus PGF	Direktmandat	Listenmandat
		m	w				
CDU/CSU	22	11	11	1	2	11	11
SPD	22	11	11	1	2	11	11
FDP	6	3	3	1	1	/	6
DIE LINKE	6	3	3	1	1	2	4
Bündnis 90/Die Grünen	6	3	3	1	1	1	5
Summe	62	3	31	5	7	25	37

Abbildung 3: Verteilung der Abgeordneten nach Fraktion, Geschlecht, Position (eigene Darstellung)

Von den 62 ausgewählten Abgeordneten haben drei Abgeordnete keine Homepage (eine CDU/CSU-Abgeordnete und zwei SPD-Abgeordnete), so dass die Gesamtzahl der untersuchten Homepages sich im Folgenden auf 59 beläuft. Angemerkt werden muss allerdings, dass auf der Seite des Bundestages (www.bundestag.de) online abrufbare Kurzpotraits und Kontaktadressen aller Bundestagsabgeordneten zu finden sind. Eine E-Mail-Adresse nach dem Schema vorname.nachname@bundestag.de (bzw. vorname.nachname@wk.bundestag.de) wird allen Abgeordneten mit der Übernahme des Mandats eingerichtet. Die Homepage ist dann aber individuell einzurichten. Eine vollkommene online-Verweigerung ist so nicht möglich.

Dass (aus diesen Zahlen hervorgehend) 95 Prozent der Abgeordneten eine Homepage haben, entspricht grob den Werten, die in der Literatur angegeben werden: Nach einer Erhebung von Thomas Zittel (Zittel 2002: 197) hatten 2004 87,8 Prozent aller Bundestagsabgeordneten eine eigene Homepage, im Jahr 2000 waren es nur 29,8 Prozent. (vgl. Zittel 2002: 197) Die eigene Homepage ist also inzwischen der Normalfall.

Die Verteilung wurde entlang folgender Thesen ausgewählt:
1) Abgeordnete mit hohen formellen Rollen, so lässt sich annehmen, legen großen Wert auf professionelle Selbstdarstellung und machen häufig interaktive Angebote, da sie sich dadurch ein ‚modernes' Image geben wollen.

2) Anzunehmen ist, dass Abgeordnete, die direkt gewählt wurden, größeren Wert auf Interaktivität legen, da sie versuchen, mit den Bürger/innen im

Wahlkreis möglichst oft zu kommunizieren. Ob selbstdarstellerische Elemente deswegen auch dominieren, ist eine offene Frage.

3) Eine Differenzierung zwischen männlichen und weiblichen Abgeordneten zu machen, ist deswegen interessant, da anzunehmen ist, dass Frauen eher zurückhaltend sind, was selbstdarstellerische Elemente angeht, da sie besonders häufig Zielscheibe stereotypisierender Zuschreibungen sind. (vgl. z.B. Pasero 2004; Gnändiger 2007).

4) Nicht zuletzt stellt sich die Frage, ob entlang der Parteiideologie Unterschiede im Hinblick auf die Bereitstellung von Kommunikationsangeboten von Abgeordneten festzustellen sind. So gelten gemeinhin Abgeordnete des konservativen Lagers als eher netz-abstinent, Grünen-Abgeordnete hingegen als innovativ bzw. netz-affin.

Im Folgenden wird gezeigt, welche der oben genannten Abgeordnetentypen (Fraktionsvorstand, Liste etc.) welche Kommunikationstools benutzen. Dabei ist mit Blick auf die als diskursiv bezeichneten Typen nochmals darauf hinzuweisen, dass es sich dabei um eine in der Form potenziell angelegte Diskursivität handelt. Ob sie von Abgeordneten (und Bürger/innen) auch so benutzt wird, wird weiter unten diskutiert.

		Podcast	RSS-Feed	Mailingliste/ Newsletter	Bereitstellung von Informationen
Geschlecht	männlich	3	7	16	29
	weiblich	2	3	16	30
	Summe	5	10	32	59
Fraktion	CDU/CSU	2	3	12	21
	SPD	2	5	10	20
	FDP	0	0	4	6
	Linke	0	1	3	6
	Grüne	1	1	3	6
Direktmandat	CDU/CSU	1	0	3	10
	SPD	2	1	5	10
	FDP	0	0	0	0
	Linke	0	0	2	2
	Grüne	0	0	0	1
Listenmandat	CDU/CSU	1	3	9	11
	SPD	0	4	5	10
	FDP	0	0	4	6
	Linke	0	1	1	4
	Grüne	1	1	3	5
Leitungsfunktion innerhalb der Fraktion	CDU/CSU	2	0	2	3
	SPD	1	0	2	2[7]
	FDP	0	0	0	2
	Linke	0	0	1	2
	Grüne	1	1	1	2

Abbildung 4: Rezeptive Kommunikationstools (eigene Darstellung)

Klar zu sein scheint, dass alle Abgeordneten auf ihrer Homepage *Informationen* aller Art bereitstellen, angefangen von eigenen *Texten zur Person*, über *Pressemitteilungen*, *Fremdtexte* (der Fraktion und der Massenmedien) bis hin zur *Mitteilung von Terminen* des/der Abgeordneten. Auch Fotos (*Pressefotos* zum Herunterladen oder/und *Fotoalben*, die den/die Abgeordnete im Arbeitsalltag zeigen) sind inzwischen Standard. So bleibt festzuhalten, dass alle Abgeordneten, die eine Homepage haben, immer als Basis die klassischen rezeptiven Elemente, d.h. also Informationsangebote aller Art anbieten und so die Homepage als Element der Öffentlichkeitsarbeit nutzen.

Mailinglisten bzw. *Newsletter* sind ein beliebtes Instrument der Politikvermittlung. 32 von 59 Abgeordneten versenden auf Wunsch regelmäßig einen elektronischen Brief, der in der Regel im pdf-Format verschickt wird, in dem sie über ihre Arbeit berichten. Bei etwas über der Hälfte aller Abgeordneten kann man sich regelmäßig über diesen Weg informieren.

---

[7] Zum Zeitpunkt der Erhebung hatte der Fraktionsvorsitzende der SPD Peter Struck keine Homepage.

Nimmt man die *RSS-Feeds* hinzu, mit denen man ebenfalls Informationen der Abgeordneten abonnieren kann, versenden 38 Abgeordnete auf Wunsch Informationen[8].

Einen eigenen *Podcast* bieten nur fünf Abgeordnete an, die dazu noch, mit einer Ausnahme, eine hohe Position (Mitglied im Fraktionsvorstand oder Parlamentarischer Geschäftsführer) inne haben. Dass diese Gruppe so klein ist, ist vermutlich technisch bedingt, da *Podcasts* technisch aufwändig zu produzieren sind und der/die Abgeordnete dafür entsprechende Ressourcen braucht, die ihm wiederum vor allem in höheren Positionen zur Verfügung stehen.

Auch bei den (potentiell) diskursiven Kommunikationstools findet man ein Element, dass alle Abgeordneten anbieten: die Möglichkeit den/die Abgeordneten direkt per *E-Mail* anzuschreiben.

Wie sieht es aber mit den neueren Elementen aus, die einen Dialog zwischen Abgeordneten und Bürger/innen ermöglichen? Die Tabelle gibt den Überblick:

---

[8] Insgesamt bieten 10 Abgeordnete die Möglichkeit an, RSS-Feeds zu abonnieren, zum Teil allerdings zusätzlich zum Newsletter (5 Abgeordnete bieten RSS plus Newsletter an und 5 Abgeordnete bieten nur RSS an).

Politikvermittlung online 23

		E-Mail[9]	*Blog*	*YouTube/flickr*	*twitter*	*Gästebuch*	*Chatangebote*	*Facebook*
Geschlecht	männlich	29	2	7	3	1	0	2
	weiblich	30	2	7	0	2	1	0
	Summe	59	4	14	3	3	1	2
Fraktion	CDU/CSU	21	1	8	1	3	0	0
	SPD	20	1	2	0	0	1	0
	FDP	6	0	3	0	0	0	0
	Linke	6	0	1	0	0	0	0
	Grüne	6	2	0	2	0	0	2
Direktmandat	CDU/CSU	10	1	4	0	2	0	0
	SPD	10	1	4	0	0	1	0
	FDP	6	0	0	0	0	0	0
	Linke	2	0	0	0	0	0	0
	Grüne	1	0	0	0	0	0	0
Listenmandat	CDU/CSU	11	0	4	1	1	0	0
	SPD	10	0	4	0	0	0	0
	FDP	0	0	3	0	0	0	0
	Linke	4	0	1	0	0	0	0
	Grüne	5	2	0	2	0	0	2
Leitungsfunktion innerhalb der Fraktion	CDU/CSU	3	0	1	1	0	0	0
	SPD	2[10]	0	0	0	0	0	0
	FDP	2	0	1	0	0	0	0
	Linke	2	0	0	0	0	0	0
	Grüne	2	1	0	1	0	0	0

Abbildung 5: Diskursive Kommunikationstools (eigene Darstellung)

Ein ‚altes' Element neben der *E-Mail* ist das *Gästebuch*. Ein *Gästebuch* haben drei Abgeordnete auf ihrer Homepage, die alle nicht zur ‚Fraktionsspitze', sondern zu den so genannten ‚Hinterbänklern' zuzurechnen sind und alle der CDU/CSU-Fraktion angehören. *Gästebücher* bieten die Möglichkeit, Einträge zu kommentieren und ‚weiterzuspinnen' und sind somit diskursiv angelegt. Sie werden allerdings vor allem von Bürger/innen genutzt, die Grüße oder einen Dank für eine gelungene Besuchsfahrt an den/die Abgeordnete vermitteln wollen.[11] Eine Abgeordnete verweist zudem auf die Möglichkeit, mit ihr zu chatten. Zum Zeitpunkt der Erhebung war allerdings das ‚Archiv' leer und ein neuer

---

[9] Die Möglichkeit den/die Abgeordneten via *Mail* zu erreichen bieten alle Homepages, entweder durch einen Link auf die *Mail*-Adresse oder über ein Kontaktformular.
[10] Zum Zeitpunkt der Erhebung hatte der Fraktionsvorsitzende der SPD Peter Struck keine Homepage. Eine Adresse mit dem Hinweis ‚im Entstehen' war aber zu finden: http://peter-struck.de.
[11] Wer wirklich und zu welchen Themen solche Gästebücher nutzt, muss hier offen bleiben, da Gästebücher (wie aber *Blogs* unter Umständen auch) vermutlich von den Abgeordneten ‚kontrolliert' werden, d.h. unerwünschte Beiträge werden nicht zugelassen bzw. von der Homepage genommen.

Chat war nicht angekündigt, so dass dieses Element als diskursives Angebot als zumindest inaktiv zu bewerten, wenn nicht gar zu vernachlässigen ist.

Neue *Tools* sind *Blogs*, *twitter* als textbasierte Kommunikationselemente und *YouTube*, *flickr*, die primär audiovisuell arbeiten.

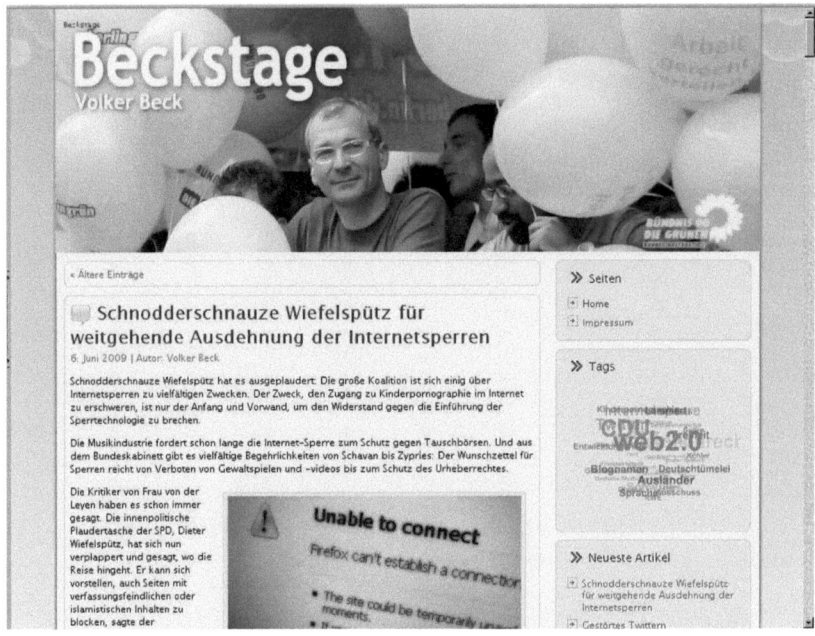

Abbildung 6: Beispiel für einen Blog

YouTube und *flickr* sind deshalb potenziell diskursiv, da sie Kommentare der User zulassen und da sie außerhalb der eigenen Homepage des/der Abgeordneten stehen. *YouTube*-Filme auf der Homepage oder/und der Verweis auf *flickr* sind so gesehen interaktive *Tools*.

Der/die Abgeordnete teilt auf *flickr* seine/ihre Fotos mit Millionen anderer Nutzer/innen. Filme auf *YouTube* werden kommentiert, bewertet und in eine Rangliste gestellt. Lediglich 14 der ausgewählten Abgeordneten machen das Angebot an die Bürger/innen, eigene oder von der Fraktion produzierte Bilder und Filme anzusehen. Dabei scheint diese Form visueller Politikvermittlung vor allem für Abgeordnete der CDU/CSU-Fraktion besonders attraktiv zu sein: acht Abgeordnete der 15 kommen aus dem konservativen Lager. Die meisten davon (sechs Abgeordnete) verweisen allerdings dabei auf den *YouTube*-Kanal der CDU, ohne eigene Beiträge zu liefern. Auf Fotos bei *flickr* verweist nur ein Abgeordneter.

Abbildung 7: Beispiel für einen YouTube-Kanal

Noch weniger Abgeordnete bieten den Bürger/innen die Möglichkeit, mit ihnen über *twitter* in Kontakt zu treten. Den Aufruf ‚follow me on twitter' machen nur drei Abgeordnete, einer von der CDU und zwei der Abgeordneten von Bündnis90/Die Grünen. Alle drei Abgeordnete haben eine ausgeprägte Netzaffinitität. Neben *twitter* bietet der CDU-Abgeordnete Fotos und Filme (*YouTube* und *flickr*), die beiden grünen Abgeordneten haben zusätzlich *Blog*s und Einträge auf *facebook*.

Zusammengefasst dominiert unter dem Aspekt potenziell diskursiver Elemente das Angebot der Abgeordneten, mit Ihnen via *E-Mail* in Kontakt zu treten. Die *E-Mail* hat den alten Brief ersetzt. Dies wird nicht nur dadurch belegt, dass jede/r Abgeordnete/r im Bundestag eine *E-Mail*-Adresse hat, die ihm unabhängig vom Vorhandensein einer eigenen Homepage über die Bundestagsverwaltung zugewiesen wird, sondern auch durch Aussagen von Abgeordneten selbst. So meint eine Abgeordnete, dass *E-Mails* direkte Kontakte ersetzen: *„Ich glaube auch wirklich, dass durch Internet und E-Mail die Bürgersprechstunden ein bisschen überholt sind."* (MdB) E-Mails werden als schnelles und direktes Kommunikationsmittel gesehen: *„Zum Beispiel das einfache CDU-Mitglied kann da viel direkter auch einfach mal in der Bundesgeschäftsstelle der Union aufschlagen als das früher war, wo ich dem Kreisgeschäftsführer gesagt hab, er soll mal einen Brief schreiben, den ich dann mühsam unterschrieben gekriegt* *habe, der den dann weiter gegeben hat und irgendwann ist der dann mal in der Bundesgeschäftsstelle gelandet. Habe ich halt heute einen viel schnelleren, direkten Zugang, zu sagen: ja, die Idee habe ich."* (MdB) Alle anderen interaktiv-diskursiven Tools werden primär von einem speziellen Typ von Abgeordneten benutzt, der sich durch hohe Webpräsenz auszeichnet.

Sieht man sich im Ganzen die Möglichkeiten zur virtuellen Kommunikation an, die Abgeordnete anbieten, so lassen sich vier Typen von Abgeordneten unterscheiden. Zum einen die Abgeordneten, die keine Homepage haben, die **Verweigerer**. Diese sind inzwischen deutlich in der Minderheit. Zum zweiten finden sich **Traditionalisten**, die eine Homepage haben und sie primär als Informationstool nutzen. Das heißt, sie wollen mit Hilfe der Homepage die Bürger/innen über ihre Arbeit in Parlament und Wahlkreis informieren. Sie bieten aber keine diskursiven Tools wie *twitter, Blogs* oder auch *Gästebücher* an, wenn man von dem Angebot absieht, mit Ihnen über *E-Mail* in Kontakt zu treten. Die dritte Gruppe kann man als die **Aufgeschlossenen** bezeichnen. Ihre Homepages beinhalten sowohl rezeptive als auch diskursive Möglichkeiten. Das heißt, neben den rezeptiven Elementen machen sie diskursive Angebote, nicht nur per *E-Mail* mit Ihnen in Kontakt zu treten, sondern auch beispielsweise *YouTube*-Filme zu sehen. Die zur Zeit kleinste Gruppe sind Abgeordnete, die ihre Homepage als interaktive Kommunikationsplattform begreifen: Es sind **Trendsetter,** die, so ist zu vermuten, weitere Nachahmer/innen finden werden. Sie haben keine Scheu, den Bürger/innen die Möglichkeit zu geben, jederzeit mit ihnen virtuell, über *Blogs, twitter* und *facebook* in Kontakt zu treten. Von Seiten der Bürger/innen wird diese jedoch kaum genutzt. So hatte am 7. April 2009 Hubertus Heil, Generalsekretär der SPD und derjenige Politiker mit der größten *Web 2.0*-Anhänger-/innenschaft, 2.659 follower, die seine Nachrichten auf twitter verfolgten. Von den für diesen Aufsatz erhobenen Abgeordneten benutzen drei twitter mit folgenden *follower*-Zahlen: Manfred Grund 175, Omid Nouripour 364 und Volker Beck 1.930.

Wer verbirgt sich hinter den Zahlen? Sind die Grünen die Trendsetter und die CDU-Abgeordneten die Verweigerer? In der folgenden Tabelle wird im Überblick die Verteilung der Typen nach Fraktionszugehörigkeit, Geschlecht, Status im Parlament und ob der bzw. die Abgeordnete direkt oder über die Listenzugehörigkeit ins Parlament gekommen ist, gezeigt.

		Verweigerer (keine Homepage)	Traditionalisten (rezeptive Angebote plus E-Mail)	Aufgeschlossene (rezeptive und diskursive Kommunikations-angebote)	Trendsetter (Schwerpunkt auf diskursiven Angeboten)
Geschlecht	männlich	3	21	6	3
	weiblich	0	16	11	0
	Summe	3	37	17	3
Fraktion	CDU/CSU	1	11	9	1
	SPD	2	15	4	0
	FDP	0	3	3	0
	Linke	0	5	1	0
	Grüne	0	3	0	2
Direktmandat	CDU/CSU	0	3	6	0
	SPD	1	6	0	0
	FDP	0	0	0	0
	Linke	0	0	0	0
	Grüne	0	1	0	0
Listenmandat	CDU/CSU	1	7	3	1
	SPD	1	9	4	0
	FDP	0	3	3	0
	Linke	0	3	1	0
	Grüne	0	2	0	2
Leitungsfunktion innerhalb der Fraktion	CDU/CSU	0	1	1	1
	SPD	1	2	0	0
	FDP	0	1	1	0
	Linke	0	2	0	0
	Grüne	0	1	0	1

Abbildung 8: Typen von Abgeordneten (eigene Darstellung)

Nach den vorliegenden Daten lassen sich keine Abhängigkeiten zwischen der Art der angebotenen Kommunikationstools und des Abgeordnetentyps machen. Welche *Tools* im Internet Abgeordnete anbieten, ist nach den vorliegenden Daten unabhängig von Fraktion, Status und Geschlecht. Individuelle Neigungen und vielleicht auch Vorerfahrungen scheinen ausschlaggebend für die Art des Netz-Angebotes zu sein. Interessanterweise spielt auch das Alter kaum eine Rolle. So ist einer der Trendsetter zwar der jüngeren Generation angehörig (1975 geboren), der CDU-Abgeordnete und der andere Grüne Abgeordnete sind mit den Geburtsjahren 1960 und 1955 nicht mehr einer Generation zuzurechnen, die mit dem Internet aufgewachsen sind. In der Gesamtschau ist nicht festzustellen, welche Variablen die Bereitschaft von Bundestagsabgeordneten diskursive Kommunikationsangebote zu machen, beeinflussen.

3) Der Mythos des Web 2.0

Letztlich bestätigt sich die Beobachtung: „In Deutschland behandelt man das Netz weiter wie ein konventionelles Verteilermedium, in das man ‚Informationen stellt' und man behandelt es damit wie ein Flugblatt oder eine Pressemitteilung." (Leggewie/Bieber 2003: 148) Die Technologien des *Web 2.0* gehen also nicht per se mit der Stärkung deliberativer Strukturen einher. Im Gegenteil: Auch die Abgeordneten, die *Web 2.0*-Elemente nutzen, nutzen diese primär zur Selbstdarstellung. Aktionen, Kommentare von Bürger/innen werden eher ‚gefürchtet' als dass sie erwünscht sind. Die Möglichkeiten, die das *Web 2.0* bietet, werden eher als ‚Überlastung', ‚Stress' gesehen denn als Chance. So sei der Aufwand, interaktive *Tools*, wie *Blogs* auf der Homepage zu pflegen, zu groß: *„Wenn man das selber macht, muss man sich das überlegen, stemmt man das, zeitlich, finanziell, wie steht Aufwand und Ertrag im Verhältnis. Und wenn man so etwas mal anfängt, muss man das auch durchhalten. Also das ist immer so, man kann nicht mal nur so Highlights und das dann nicht mehr machen."* (MdB) Internetkommunikation braucht neue Mitarbeiterressourcen, da das Tempo des Netzes eigene Anforderungen stellt: *„Man muss ja dann auch innerhalb von fünf Stunden geantwortet haben und so etwas. Das schafft man logistisch, das schafft man mit meiner Mitarbeiterkapazität und -ausstattung kaum, muss ich sagen."* (MdB)

Für deutsche Abgeordnete scheint es, neben Ressourcen- und Kompetenzdefiziten, zu problematisch, in gewissem Maße die Kontrolle über die eigene Politikvermittlung abzugeben: „Wenn Du wirklich willst, dass die Menschen an der Basis mitmachen, dann musst du ihnen die Freiheit geben, autonom zu handeln." (Joe Rospars, Internetaktivist, zit. nach Moorstedt 2008a: 67) Den Bürger/innen hier Autonomie zu geben, eigenständig Diskurse zu führen, ist für die Abgeordneten im Bundestag eher schwierig. Man klagt über die Überlastung mit *E-Mails*, denn *„die Hemmschwelle einem Abgeordneten eine E-Mail zu schreiben ist weitaus geringer als einem Abgeordneten einen Brief zu schreiben"* (MdB), und dass man den Anforderungen nach kurzer Reaktionszeit und Neuigkeiten nicht gewachsen sei: *„Ich sage denen* [den Fraktionskollegen, AK] *immer, ihr müsst eine Homepage haben und da muss jeden Tag etwas Neues drin sein. Denn, wenn die Leute aus dem Wahlkreis, die vielleicht öfter mal auf eurer Homepage angucken, damit die irgendwas sehen. Wenn da die letzte Nachricht von vier Wochen ist, dann schaltet ihr nie wieder ein."* (MdB)

Aber selbst wenn die meisten Abgeordneten mehr interaktive Elemente auf ihren Homepages zulassen würden, stellt sich die Frage, ob dadurch Kommunikationsprozesse in Diskursen gestärkt würden. Diejenigen Abgeordneten, die einen *Blog* betreiben, *twittern* oder Videos auf *YouTube* einstellen, müssten damit rechnen, dass ihr Angebot im ‚weißen Rauschen' des Netzes untergeht. Wenn auf *YouTube* jede Minute mehr als 10 Stunden Filmmaterial eingestellt werden, ist die Frage, wann ein politisches Video eines einzelnen Abgeordneten für Aufmerksamkeit sorgt. Die entscheidende Frage lautet: „What makes a video go viral?" Wann unter welchen Umständen verbreitet sich eine Videobotschaft wie ein Virus im Netz? (vgl. Moorstedt 2008a: 82)

Davon ganz abgesehen, stellt sich die Frage, ob ein *Blog* wirklich Diskurse ermöglicht und vorantreibt, deren Ergebnisse – ganz im Sinne responsiven

Handelns – von den Abgeordneten in den politischen Prozess eingespeist werden. Wenn man den Begriff des Diskurses im Habermasschen Sinne ernst nimmt, so müssten differierende Meinungen aufgenommen und behandelt werden. So ist anzunehmen, dass nur wenige Bürger/innen gezielt Homepages aufsuchen, die von ihrer eigenen Meinung differieren. Der Regelfall ist vermutlich, dass Bürger/innen auf Seiten gehen, in denen sie Ihre eigene Meinung bestätigt sehen. *Chats* mit Politiker/innen dienen dann beispielsweise einer höheren Partizipation von denen, die in den Grundlinien mit den beteiligten Politiker/innen übereinstimmen, aber nicht dazu, Menschen zum Diskurs anzuregen, die die Positionen nicht teilen. Diese Vermutung stützt sich auf empirische Ergebnisse, die zeigen, dass in gemischten Gruppen potenziell kontroverse politische Themen als Gesprächsthema vermieden werden. (vgl. Mutz 2006: 90) Solche sozialpsychologischen Befunde werden durch Untersuchungen auf einer inhaltlichen Ebene gestützt. So kommen Studien (Adamic/Glance 2005; Sunstein 2007: 54) über Verlinkungen in der *Blogosphäre* zu dem Ergebnis, dass die *Blogosphäre* sich in zwei Lager teilt, ein rechtes und ein linkes.[12] Verlinkungen bzw. Verweise auf ‚andere' Ansichten, findet man selten. Ein diskursiver Austausch zwischen den beiden Seiten findet nicht statt. Es ist anzunehmen, dass auch innerhalb dieser Lager sich Untergruppen von Usern bilden, die ein bis zwei *Blogs* regelmäßig lesen, andere Meinungen in anderen *Blogs* aber nicht rezipieren. Habermas' Befürchtung, dass die Netzöffentlichkeit in zahllose Teilöffentlichkeiten zerfällt, die die „bestehenden Öffentlichkeiten eher unterminiert" (Habermas 2008: 162), kann damit zwar in diesem Aufsatz nicht empirisch gestützt werden, ist aber angesichts der Vielfalt der Informationen, die Abgeordneten den Bürger/innen bieten, nicht von der Hand zu weisen.

Kommunikation im *Web 2.0* ist summa summarum also individualisierte Kommunikation. Einzelne Abgeordnete machen sehr individuelle Kommunikationsangebote, die nicht von Fraktion oder/und Partei gesteuert werden. *Bloggen* und *Twittern* ist eine höchst individuelle Angelegenheit einzelner Abgeordneter. Von der Seite der Bürger/innen aus betrachtet, heißt der Zerfall der Öffentlichkeit, dass sich ebenfalls Kommunikation und Information individualisiert: Wenn eine Bürgerin zwei bis drei Abgeordneten auf *twitter* folgen, ein anderer einen spezifischen *Blog* eines Spitzenpolitikers liest und der Dritte sich nur über die Homepage der Bundesregierung informiert, dann fallen die Informationsniveaus und die Themenagenden der Teilöffentlichkeiten auseinander. Dazu kommt, dass nicht grundsätzlich alle Bürger/innen die gleichen Voraussetzungen haben, ins Netz zu gehen oder mit dem Netz umzugehen. Um politische Seiten aufzurufen, zu verstehen und sich aktiv zu beteiligen, ist nicht nur die alleinige Verfügbarkeit von Rechnern und Internet-Zugängen Voraussetzung, sondern es sind auch technische und inhaltliche Kompetenzen notwen-

---

[12] Linke Blogs sind z.B. *DailyKos, MyDD, Firedoglake*; als konservative Blogs sind *green footballs, Instapundit* und *Townhall* zu nennen.

dig. Selbst wenn man davon ausgeht, dass jede/r Bürger/in Internetzugang und die entsprechenden technischen Kompetenzen hat, verhindern Hürden wie Einordnung von Informationen nach Relevanz, Kritikfähigkeit und Textverständnis politischer Inhalte eine gleiche politische Beteiligung. Studien zeigen beispielsweise, dass Rentner/innen und Arbeitslose, unterdurchschnittlich von Internetangeboten Gebrauch machen. (vgl. ARD/ZDF 2008) So lässt sich durchaus ein ‚democratic divide' feststellen. (vgl. Norris 2004:1; Mossberger/Tolbert/ Stansbury 2003: 9) Ganz allgemein sind politisch interessierte Bürger online und nutzen Möglichkeiten, während politisch desinteressierte Bürger/innen auch durch das Internet nicht aktiviert werden können. Nach Norris ist diese Informationskluft als eine Art ‚virtuous circle' zu sehen, d.h. „the most politically disengaged will be largeley immunized from political messages on the Net because of three conditions: 1) this group will be least likely to seek political information in the Web; 2) lacking interests, they will pay minimal attention to political websites, they will be unlikely to trust the information provided." (Norris 2001: 230f.) Diesen ‚virtuous circle' zu durchbrechen, scheint kaum möglich, da Partizipation im Internet auch vom sozialen Umfeld abhängig ist. Mobilisierung kann dann nur über die sozialen Netzwerke geschehen: „the more people interact with one another within a social context, the mire norms of participation will be transmitted, and more people will be recruited into political activity." (Mutz 2006: 96) Studien zu sozialen Bewegungen zeigen, dass soziale Strukturen immer dann zur Partizipation ermutigen, wenn es Verbindungen zu anderen Akteuren gibt, die ähnliche Meinungen und Erfahrungen haben. (Mutz 2006: 100)

Auch ein erhöhter Anteil von interaktiven Elementen auf Abgeordneten-Homepages führt nicht per se zu einem breiteren politischen Interesse. Er müsste einhergehen mit einer grundsätzlichen Politisierung breiterer Schichten. Allerdings: Bei der geringen Nutzung neuer Kommunikationsangebote von Abgeordneten durch die Bürger/innen ist der ‚digital divide' im Gesamtgefüge politischer Kommunikation aktuell zu vernachlässigen. Bedenklicher aus einer demokratietheoretisch-normativen Sicht ist die Abstinenz breiter Bevölkerungsschichten, was die Rezeption von politischen Kommunikationsangeboten generell angeht. Was die Nutzung politischer Medien angeht, lässt sich inzwischen von einem ‚participation divide' sprechen. So belegen Langzeitstudien einen deutlichen Rückgang der Rezeption politischer Informationen bei Jugendlichen. (s. Schulz 2006; Feierabend/Klingler 2008) Überspitzt formuliert: Politische Informationen, sei es über Zeitungen, Nachrichten im Hörfunk und im Fernsehen, werden von den Entscheidern, also den gesellschaftlichen und politischen Eliten, verarbeitet, aber immer weniger vom Volk.

Letztlich ist wohl die virtuelle Kommunikation im Web eher als Ergänzung der massenmedialen und realen Politikvermittlung von Abgeordneten zu sehen, denn als diskursives Forum, das demokratische Prozesse stärkt. *Blogs* und der Austausch von *tweets* über *twitter* ersetzen keine face-to-face-Diskussion in der realen Welt. Sie können der schnellen Information, des kurzen feedbacks dienen, als ein Informations- und Kommunikationsinstrument neben anderen. Ob durch neue technische Möglichkeiten Diskurse gestärkt werden, hängt maßgeblich von den beteiligten Akteuren ab – von den Abgeordneten gleichermaßen wie von den Bürger/innen. Von einer Demokratiesteigerung (*institutional amplification*) durch die Möglichkeit der Echt-Zeit-Kommunikation (s. Agre 2002) kann nicht per se die Rede sein. Mit dem quantitativen Output steigt nicht gleichermaßen die Qualität politischer Information. Politische Kommunikation will und muss auch in der Demokratie 2.0 gestaltet werden – politische Diskurse können durch das Zwitschern im Netz angeregt oder auch vermieden werden. Welche Töne aus dem Grundrauschen der Netzkommunikation herauszuhören sind, die sich als neue Foren substantieller politischer Diskussion etablieren, bleibt abzuwarten.

Literatur:

Adamic, Lada/*Glance*, Natalie (2005): The Political Blogosphere and the 2004 U.S. Election: Divided They Blog. Abrufbar unter: www.Blogpulse.com/papers/2005/AdamicGlanceBlogWWW.pdf [letzter Abruf vom 25.02.2008]

Agre, Philip E. (2002): Real-Time Politics: The Internet and the Political Process. In: The Information Society 18: 311-331.

Alpar, Paul/*Blaschke*, Stefan (2008): Web 2.0 – Eine empirische Bestandsaufnahme. Wiesbaden.

ARD/ZDF (2008): ARD-ZDF-Online-Studie. Abrufbar unter: www.ard-zdf-onlinestudie.de/index.php?id=123 [letzter Abruf 12.02.2009])

Benhabib, Seyla (1996): Toward a Deliberative Model of Democratic Legitimacy. In: Dies. (Hg.): Democracy and Difference. Contesting the Boundaries of the Political. Princeton University Press, Princeton, New Jersey: 67-94.

Bieber, Christoph (2003): Das Internet als Präsentations- oder Repräsentationsraum? Kommunikation in politischen Online-Versammlungen. In: Gellner, Winand/Strohmeier, Gerd: Repräsentation und Präsentation in der Mediengesellschaft. Nomos, Baden-Baden: 139-151.

Donath, Matthias (2001): Demokratie und Internet. Neue Modelle der Bürgerbeteiligung aus der Kommunalpolitik – Beispiele aus den USA. Campus Verlag, Frankfurt/New York.

Donges, Patrick (2000): Amerikanisierung, Professionalisierung, Modernisierung? Anmerkungen zu einigen amorphen Begriffen. In: Kamps, Klaus (2000): Trans-Atlantik – Trans-Portabel? Wiesbaden: 27-40.

Ebersbach, Anja/*Glaser*, Markus/*Heigl*, Richard (2008): Social Web. Stuttgart

Feierabend, Sabine/*Klingler*, Walter (2008): Was Kinder sehen. Eine Analyse der Fernsehnutzung Drei- bis 13-jähriger 2007. In: Media Perspektiven 4/2008: 190-204.

Fraser, Nancy (2005): Die Transnationalisierung der Öffentlichkeit. Abrufbar unter: http://www.republicart.net/disc/publikum/fraser01_de.htm [letzter Abruf vom 25.02.2009]

Gnändiger, Charlotte (2007): Politiker/innen in deutschen Printmedien. Vorurteile und Klischees in der Berichterstattung. Saarbrücken.

Habermas, Jürgen (1995a): Theorie des kommunikativen Handelns. Band 1. Handlungsrationalität und gesellschaftliche Rationalisierung Frankfurt am Main. (orig. 1981).

Habermas, Jürgen (1995b): Theorie des kommunikativen Handelns. Band 2. Zur Kritik der funktionalistischen Vernunft. Frankfurt am Main (orig. 1981).

Habermas, Jürgen (2008): Ach, Europa. Frankfurt am Main.

Harders, Cilja (2004): Das Netz als Medium der Politik: Virtuelle Geschlechterverhältnisse zwischen neuen Öffentlichkeiten und alten Spannungen. In: Kahlert, Heike/Katjatin, Claudia (Hg.): Arbeit und Vernetzung im Informationszeitalter: wie neue Technologien die Geschlechterverhältnisse verändern. Frankfurt am Main : 215-238.

Hoffmann-Riem, Wolfgang(2003): Mediendemokratie zwischen normativer Vision und normativen Albtraum. In: Donsbach, Wolfgang/Jandura, Olaf (2003): Chancen und Gefahren der Mediendemokratie. Konstanz: 28-39.

Kaletka, Christoph (2003): Die Zukunft politischer Internetforen. Eine Delphi-Studie. Münster, Hamburg, et al.

Küchler, M. (2000): Mehr Demokratie oder mehr Manipulation? Neue Informations- und Kommunikationstechnologien und politische Willensbildung. In: Niedermayer, Oskar/Westle, Bettina.. (Hg.): Demokratie und Partizipation. Wiesbaden: 177-191.

Kramp, Leif/*Weichert*, Stephan A. (2009): „Blogger sind wie Pitbulls" Aufmerksame Wachhunde und keine fetten und zufriedenen Schoßhündchen: Ariana Huffington spricht über die „Watchdog"-Funktion der Presse. In: Süddeutsche Zeitung, 30.03.2009.

Krauch, Helmut (1972): Computer-demokratie. Düsseldorf.

Leggewie, Claus/*Bieber*, Christoph (2003): Demokratie 2.0. Wie tragen neue Medien zur demokratischen Erneuerung bei? In: Claus Offe (Hg.): Demokratisierung der Demokratie. Diagnosen und Reformvorschläge. Campus Verlag, Frankfurt am Main: 124-151.

Manin, Bernard (1987): On Legitimacy and Political Deliberation. In: Political Theory 15, no.3: 338-368.

Meckel, Miriam (2008): Aus Vielen wird das Eins gefunden – wie Web 2.0 unsere Kommunikation verändert. In: APuZ 39/2008: 17-23.

Mossberger, Karen/*Tolbert*, Caroline J./*Stansbury*, Mary (2003): Virtual Inequality. Beyond the Digital Divide. Washington.

Moorstedt, Tobias (2008a): Jeffersons Erben. Wie die digitalen Medien die Politik verändern. Frankfurt am Main.

Moorstedt, Tobias (2008b): So päppeln junge Konservative die Republikaner im Netz auf. SPIEGEL ONLINE vom 21.12.2008. Abrufbar unter: http://www.spiegel.de/netzwelt/web/0,1518,597449,00.html [letzer Abruf vom 25.02.2009]

Münch, R. (1993): Journalismus in der Kommunikationsgesellschaft. In: Publizistik 38, Heft 3: 261-279.

Mutz, Diane C. (2006): Hearing the other side. Deliberative versus Participatory Democracy. Cambridge.

Norris, Pippa (2001): Digital Divide? Civic Engagement, Information Poverty and the Internet Worldwide. Cambridge.

Nutz, Daniel (2008): Cyberdemokratie? Öffentlichkeit, Deliberation und Internet. Saarbrücken.

O'Reilly, Tim (2005): What Is Web 2.0 Design Patterns and Business Models for the Next Generation of Software. Abrufbar unter: http://www.oreillynet.com/pub/a/oreilly/tim/news/2005/09/30/what-is-web-20.html. [letzter Abruf vom 25.02.2009]

Pasero, Ursula (2004): Gender Trouble in Organisationen und die Erreichbarkeit von Führung. In: Pasero, Ursula / Priddat, Birger P. (Hg.): Organisationen und Netzwerke: Der Fall Gender. Wiesbaden: 143-163.

Sarcinelli, Ulrich (1987): Politikvermittlung als demokratische Kommunikationskultur. In: Ders. (Hg.): Politikvermittlung. Beiträge zur politischen Kommunikationskultur. Bonn: 19-45.

Sarcinelli, Ulrich (2009): Politische Kommunikation in Deutschland. Zur Politikvermittlung im demokratischen System. Wiesbaden.

Schulz, Rüdiger (2006): Kein Ende der Ära Gutenberg. Erkenntnisse aus über 50 Jahren Allensbacher Zeitungsleserforschung. In: Koschnick,. Wolfgang J. (Hg.): FOCUS-Jahrbuch 2006. Schwerpunkt Lifestyle-Forschung. München: 355-388.

Siedschlag, Alexander (2005): Die Entwicklung der Internet-und-Politik-Debatte in Deutschland und den USA. In: Ders. (Hg.): Kursbuch Internet und Politik 2004/2005. Politische Öffentlichkeit. Wiesbaden: 139-163.

Sunstein, Cass R. (2007): Republic.com 2.0. Princeton.

Trénel, Matthias/*Märker*, Olivier/*Hagedorn*, Hans (2003): Internetgestützte Bürgerbeteiligung: Das Esslinger Fallbeispiel. In: Arne Rogg (Hg.): Wie das Internet die Politik verändert. Einsatzmöglichkeiten und Auswirkungen. Opladen: 33-54.

Volkery, Carsten (2008): Twittern im Obama-Rausch. SPD-Generalsekrtär Heil in Denever. SPIEGEL ONLINE vom 26.08.2009. Abrufbar unter: http://www.spiegel.de/politik/deutschland/0,1518,574521,00.html [letzter Abruf vom 25.02.3009]

Vowe, Gerhard/*Wersig*, Gernot (1983): ‚Kabel-Demokratie' – der Weg zur Informationskultur. APuZ 1983, H 45: 15-22.

Westholm, Hilmar (2003): Praxis von e-democracy auf kommunaler Ebene – zur Anschlussfähigkeit des neuen Mediums. In: Arne Rogg (Hg.): Wie das Internet die Politik verändert. Einsatzmöglichkeiten und Auswirkungen. Opladen: 21-32.

Woelk, Michaela/*Oertel*, Britta/*Oppermann*, Jan/*Scheermessser*, Mandy (2008): Online-Dialogangebote von Bundestag und Bundesregierung. Frankfurt am Main, Berlin, Bern et al.

Zittel, Thomas (2008): Die elektronische Wählerkommunikation von Abgeordneten aus vergleichender Perspektive – Medienwandel oder Demokratiewandel? In: Zeitschrift für Politikwissenschaft 18. Jahrgang, 2008, Heft 2: 185-208.

Zeitungsartikel

Der Tagesspiegel (08.03.2009): Die kleinen zwitschern am lautesten.

ZEIT online (19.04.2007): WEB 2.0 Was machst du gerade? Abrufbar unter: http://www.zeit.de/2007/17/twitter-17 [letzter Abruf vom 25.02.2009]

Links

Flickr (2009): http://www.flickr.com/photos/manfred_grund/page6/ [letzter Abruf vom 07.03.2009]

Technorati (2009a): http://technorati.com/Blogging/state-of-the-Blogosphere/ [letzter Abruf 30.03.2009])

Technorati (2009b): http://technorati.com/Blogging/state-of-the-Blogosphere/the-what-and-why-of-Blogging [letzter Abruf 30.03.2009])

Wallström (2009): http://Blogs.ec.europa.eu/wallstrom) [letzter Abruf vom 07.03.2009]

YouTube (2009): http://www.youtube.com/watch?v=L6roujgwVpE [letzter Abruf vom 07.03.2009]

Annette Knaut, Dr. des., *studierte an der Universität Hildesheim Diplom-Kulturwissenschaften mit den Schwerpunkten Politik-, Medien- und Musikwissenschaften. In ihrer Dissertation beschäftigte sie sich mit ‚Abgeordneten als Politikvermittler'. Seit Sommersemester 2009 ist sie wissenschaftliche Mitarbeiterin am Frank-Loeb-Institut für ‚Politikvermittlung und internationale Verständigung' an der Universität Koblenz-Landau. Forschungsschwerpunkte sind politische Kommunikationsforschung, Repräsentationstheorie, Parlamentarismusforschung und Gender Studies. Für den OSI-Club war sie bis April 2009 für den Förderschwerpunkt ‚Politische Kommunikation' und die Durchführung der begleitenden Ringvorlesungen verantwortlich.*

Peter Frey

Beschleunigung, Vertiefung, Vereinzelung
Medien und Demokratie im Zeitalter der Digitalisierung

Foto: ZDF

In welcher Beziehung stehen Politik und Medien in Berlin? Wie lässt sich das journalistische Selbstverständnis, also der Anspruch von Unabhängigkeit und Distanz zu den Akteuren, mit der Notwendigkeit gut informiert zu sein, vereinbaren? Wie können Journalisten verhindern, instrumentalisiert zu werden?

Das Verhältnis von Medien und Demokratie, der Kompetenz der Journalisten und ihrer Wirkung auf das politische Geschehen, hat Konjunktur. Es ist nicht nur so, dass dieses Thema in Seminaren und an der Universität behandelt wird, sondern man liest momentan sehr viel darüber. Der Fokus liegt dabei auffälligerweise auf der Arbeit einer ziemlich eingeschränkten journalistischen Gruppe, nämlich der Hauptstadtkorrespondenten hier in Berlin. Sie haben vielleicht die Arbeit von Gerhard Hofmann, des ehemaligen Korrespondenten von *RTL*, über „die Verschwörung der Journaille von Berlin" wahrgenommen, eine Aufarbeitung der Wahlkampfberichterstattung aus dem Jahr 2005 mit einem provokativen Titel oder, ganz anders angelegt und erfolgreich bei einem Massenverlag erschienen, das Buch von Tissy Bruns „Bericht aus Berlin - Republik der Wichtigtuer". Dass sich eine Print-Journalistin, eine der renommiertesten überhaupt, dabei des Titels einer Fernsehsendung bedient, ist übrigens ziemlich aussagekräftig und zeigt die, jedenfalls gefühlte und von den Printkollegen manchmal erlittene Hierarchie der Medien in der Hauptstadt.

Lassen Sie mich eine Vorbemerkung machen: Bei allen Problemen, auf die ich zu sprechen kommen werde, scheint es mir doch so, dass Fernsehen und

Radio sowie die Zeitungs- und Zeitschriftenlandschaft in Deutschland weiterhin einen sehr vitalen und sehr kompetenten Beitrag zur politischen Kultur unseres Landes leisten. Nicht zu vergessen das Internet, das neu dazu gekommen ist und in dem sich mittlerweile publizistische Angebote von sehr hoher journalistischer Qualität fest verankert haben, die dabei sind, die Mediennutzung ganz grundsätzlich zu verändern. So ist *SPIEGEL ONLINE* längst zu einem neuen Leitmedium geworden, eine jedermann zugängliche Nachrichtenagentur, die vor allem auch von Journalistenkollegen als erste Informations- und Einschätzungsquelle genutzt wird. Hier entsteht ein neues Medium, mit viel Wucht und viel Schnelligkeit und auch mit beachtlicher analytischer Tiefe sowie investigativem Anspruch.

Die neuen Medien verändern auch die etablierten Kommunikationskanäle. Wir spüren das ganz deutlich: Hier wachsen Dinge zusammen. Wir als Fernsehjournalisten sind zum Fernsehen gegangen, weil wir Spaß daran haben, Bild, Ton und Text zusammen zu bringen. Aber unser Chefredakteur konfrontiert uns in den letzten Jahren immer mehr mit dem Anspruch, eben auch zu schreiben, ins Internet zu gehen und dort das vorhandene Bildmaterial durch unsere eigenen Einschätzungen und Analysen zu ergänzen. Der große Unterschied bei diesen Printprodukten besteht darin, dass sie archiviert bleiben, dass man sie nachlesen kann. Was im Internet steht, versendet sich nicht. Hier ist etwas ganz Neues entstanden. Allerdings auch etwas, was seinen Reiz hat, weil man danach suchen kann und eine gewisse Kontinuität aufbaut.

Das *ZDF* hat sich mit der Einführung der *ZDF-Mediathek* als Technologie-Führer selbst auf einem wichtigen Zukunftsfeld ein Stück weit neu erfunden. Die Zahl der Abrufe hat uns selbst überrascht. Und sie gelten nicht nur für Unterhaltungsangebote, sondern auch für die journalistischen Erzeugnisse. Unser Sommerinterview mit der Bundeskanzlerin hat z.B. ein paar Wochen die Liste der am meisten angeklickten Informationsangebote angeführt. Mit *100 Sekunden* produzieren wir jetzt Nachrichtensendungen allein fürs Netz – der Empfang auf dem Handy wird bald möglich sein.

Alles in allem: Ich kann mich der allgemeinen Klage nach der Verflachung der Medien nicht anschließen.

Mehr Qualität durch neue Medien

Ich wage also die **erste These, dass die Medien, ausgehend von ihrem jeweils spezifischen Charakter, in den letzten Jahren große Anstrengungen unternommen haben, Politik verständlicher, leser- oder zuschauernäher aufzubereiten.** Ich erwähne auch die vielen Regionalzeitungen, in denen oft eine ganze Seite zum ‚Thema des Tages' ‚state of the art' geworden ist. Gerade die Zeitungslandschaft hier in Berlin ist ein gutes Beispiel für den Qualitätssprung, der auf breiter Front vollzogen wurde. Dass dabei neue Technologien oder moderne Aufbereitungsmuster in Text, Bild oder Grafik verwendet werden, halte ich für besonders wichtig. Denn so richten sich diese neuen Angebote nicht nur an eine elitäre Schicht von politisch Interessierten, sondern erreichen ein Massenpublikum, hoffentlich auch in der jüngeren Generation.

Dieser Qualitätssprung scheint mir auch der wesentliche Unterschied zu anderen Ländern zu sein, selbst zu solchen, die einmal als vorbildlich galten, wie die Vereinigten Staaten oder Großbritannien. In den USA hat der Journalismus durch die Einseitigkeit der Berichterstattung über den Irakkrieg an Ansehen verloren. Die Glaubwürdigkeit selbst der großen Qualitätszeitungen und auch der Networks hat gelitten. Dazu kommt, dass in den USA Qualitätszeitungen fast nur an den Küsten gelesen werden – Tendenz übrigens fallend. Die vielen neuen Spartenkanäle im Fernsehen kommen praktisch ohne politische Informationen aus. Traditionssender wie *CBS, NBC* oder *ABC* haben mit ihren *Evening News* viele Zuschauer verloren und das ‚public television' mit seinen herausragenden Nachrichtensendungen und Dokumentationen hatte auf dem privatwirtschaftlich organisierten US-Medienmarkt ohnehin nie eine Chance, massenwirksam zu werden.

In den USA sind heutzutage die ‚daily shows' der ‚comedians' für eine ganze Generation zur wesentlichen Informationsquelle über politische Vorgänge geworden. Das ist etwa so, als würden wir in Deutschland unsere politische Bildung vor allem aus *Neues aus der Anstalt* beziehen, dem ‚Comedian-Programm', mit dem wir im *ZDF* im Moment Furore machen. Nicht dass ich etwas gegen Priol und seine Gäste hätte – im Gegenteil: Ich freue mich, dass das *ZDF* endlich auch auf diesem Feld der *ARD* Konkurrenz macht und dem *Scheibenwischer* etwas Eigenständiges, Erfolgreiches entgegensetzt. Aber die Hauptquellen für Information bleiben eben die Nachrichtensendungen, und die sind, mit Einschränkungen, auf die ich später zu sprechen kommen werde, weiterhin populär.

Medienzwänge und Informationsvermittlung

Meine zweite These: Die Mediendichte und, ich rede jetzt über die Verhältnisse hier in der Hauptstadt, hat erheblich zugenommen. Damit verbunden ist mehr Wettbewerb in Presse, Hörfunk und Fernsehen. Es gibt heute einfach viel mehr Journalisten in Berlin als in Bonn, und sie stehen in heftiger Konkurrenz zueinander. Es ist Konkurrenz um exklusive Neuigkeiten, Konkurrenz um den Zugang zum politischen Spitzen-Personal. Der journalistische Wettbewerb führt bisweilen zu Schlagzeilen, die durch die Substanz der Nachrichten und Meldungen nicht gedeckt sind. Verstärkt wird der Wettbewerb durch neue Medien wie die Live-Fernseh-Kanäle von *N-TV*, *N24* bis *Phoenix*, die auch bisher fürs Massenpublikum eher uninteressante Zonen der Politik ausleuchten. Die neue Technik macht es möglich, sich binnen weniger Stunden überall im Regierungsviertel live aufzustellen, und das wird reiflich genutzt.

Der Einschalterfolg etwa der Übertragung der Anhörungen der Minister Fischer und Schily im sogenannten Visa-Untersuchungsausschuss bei *Phoenix* zeigt, dass es auch für solche oft stundenlangen politischen Spektakel ein beachtliches Publikum gibt. Dazu kommen jetzt die neuen Medien mit Angeboten wie dem *Frühstücks-Interview* auf der Internet-Seite des *Sterns*. Die Politik nutzt eben jede Bühne, die ihr geboten wird. Für einen Politiker ist es heute nicht mehr das Problem, einen Platz in den Medien zu finden. Das Problem ist, bei der Vielzahl der Vermittlungswege nicht auf der Strecke zu bleiben und trotz medialer Anstrengung nicht aufzufallen. Das heißt, je mehr Kanäle, desto mehr Möglichkeiten. Aber desto steiler muss auch die These sein, um in diesem Meinungsstrom überhaupt wahrgenommen zu werden.

Ein wichtiger Faktor kommt hinzu: Kommerzieller Druck. Zeitungen, Hörfunk und Fernsehen kämpfen härter um Leser, Zuhörer, Zuschauer, vor allem aber um Werbekunden. Immer weniger journalistische Kollegen müssen sich um immer mehr Geschichten kümmern. Das führt nicht immer zu mehr Sorgfalt, aber bestimmt zu Existenzängsten, vor allem bei jungen, oft freien Mitarbeitern, die hoffen, sich durch eine besondere Geschichte profilieren zu können.

Diese verschärften ökonomischen Verhältnisse blieben nicht ohne Auswirkungen auf das Klima zwischen Politik und Medien. Es ist härter geworden. Auch die Informationen über Politik wurden zu einer Ware, die sich in erster Linie verkaufen muss. **Meine dritte These: Der Anfang der Berliner Republik ist von zwei parallel verlaufenden Veränderungen geprägt: Hier eine technologische Revolution, dort eine Neudefinition der wirtschaftlichen Grundlagen.**

Das alles geschah in Zeiten enormer politischer Spannungen: Markiert einerseits durch die Enthüllungen der CDU-Spendenaffäre – erinnern Sie sich an die Bedrängnis des damaligen CDU-Vorsitzenden Wolfgang Schäuble, der in seinem Rollstuhl den Fernsehkameras fast wehrlos gegenüber saß. Ein Bild übrigens, das mir in der Rückschau wie ein Sinnbild, wie die Ikone dieser neuen, härteren Zeiten zwischen Medien und Politik vorkommt: Es zeigt die härtere Gangart, das Ausgeliefertsein der Akteure und den Zwang, etwas verkaufen zu müssen.

Ab dem Jahr 2002 führte das Macht-Patt zwischen der rot-grünen Bundesregierung und dem wieder erstarkten sogenannten bürgerlichen Lager im Bundesrat zu einem Klima des permanenten Machtkampfs. Medien und Politik wurden von einem Dauererregungszustand bestimmt, einer nicht-enden-wollenden Aufgeregtheit und Nervosität.

Das Klima lud sich unglaublich auf. Heute können wir die Dinge etwas gelassener sehen. Trotz der neuesten Konflikte in der Großen Koalition haben wir es insgesamt betrachtet doch mit einer Entdramatisierung der Lage zu tun. Bundeskanzlerin Merkel gibt ja seit November 2005 geradezu den Anti-Schröder. Statt einer fast allgegenwärtigen Medienpräsenz von *Wetten Dass?* bis *Brioni* hat Merkel einen Stil der neuen Bescheidenheit geprägt – wenig Interviews, genau geplante Auftritte, alles, nur keine Show. Ihr Auftritt wirkt stilbildend für das Entscheidungsbild der ganzen Regierung. Auch wenn es jetzt die Opposition ist, die um Aufmerksamkeit kämpft, insgesamt kann man doch sagen, und **das wäre meine vierte These: Trotz eines dramatischen Beginns erscheinen mediale Zuspitzung und Nervosität nicht konstitutiv für die ‚Berliner Republik'.**

Das bedeutet übrigens nicht, dass die Regierenden sich weniger professionell im Umgang mit den Medien zeigen. Auch Merkel beherrscht die Inszenierung, erzeugt Bilder. Mal gibt sie sich informell wie beim Gipfel von Heiligendamm, mal anteilnehmend, wie bei den Reisen nach Afrika oder Indien, mal warnend, wie als Klimareisende in Grönland. Immer auf Augenhöhe mit den Großen und den Gletschern, so hat Angela Merkel ein Bild von ihrer Kanzlerschaft erschaffen. Es ist ein Bild ohne Drama und ohne Arroganz. Dennoch zeigt auch die Kanzlerin einen eindeutigen Macht- und Repräsentationsanspruch. Das äußert sich auch darin, dass sie nun wiederholt Fernsehteams zu Interviews ins Kanzleramt gebeten und es vermieden hat, sich in die üblichen Kulissen der Fernsehstudios zu begeben. Wenn das Bild die Botschaft ist, dann heißt das eben auch: Hier bestimme ich!

Informationsauftrag
Sind die Medien unter diesen neuen Bedingungen in der Lage, ihren Informations- und Meinungsbildungsauftrag sachgerecht zu erfüllen? Ich meine ja. Das Jahr 2005 hat die herausragende Bedeutung des Fernsehens für die politische Information, aber auch die Ambivalenz unserer Rolle exemplarisch gezeigt. Das Fernsehen vermittelte Politik so dicht, dass es zwischen den Handelnden und den Zuschauern und Bürgern oft gar keine Barriere mehr zu geben schien. **Meine fünfte These ist daher: Politik wurde und wird geradezu im Fernsehen gemacht,** angefangen am 22. Mai mit der Ankündigung des damals Noch-SPD-Parteivorsitzenden Franz Müntefering, zu Neuwahlen zu kommen bis zum Polter-Auftritt des Bundeskanzlers am Wahlabend mit entsprechenden Folgen.

Selbstverständlich gab Bundespräsident Köhler sein Einverständnis zu den Neuwahlen live in einer Fernsehansprache für alle Stationen und ebenso selbstverständlich waren im Jahr 2005 die beiden TV-Duelle der Spitzenkandidaten von SPD und Union schon gesetzte Formate, obwohl dieses Format des Duells erst im Wahlkampf 2002 in den Bilderkanon der Bundesrepublik Deutschland aufgenommen wurden, nachdem Bundeskanzler Kohl sich zuletzt im Jahr 1998 dem direkten Duell mit seinem Herausforderer Schröder verweigert hatte.

Der Altkanzler hatte in seinen Begründungen übrigens immer auch auf die Befindlichkeiten seines liberalen Koalitionspartners verwiesen. Und in der Tat muss man sagen, dass die Konzentration auf das Spitzenduell der Kanzlerkandidaten der beiden großen Volksparteien die Realitäten des politischen Systems in Deutschland nicht so widerspiegelt, wie das etwa in den Vereinigten Staaten der Fall ist. Dort stehen sich in der Tat zwei große Machtblöcke mit zwei in den Vorwahlkämpfen gestählten Kandidaten gegenüber. Hier in Deutschland sind die beiden Kandidaten dem politischen Publikum meist schon bestens bekannt und wesentliche, für die Regierungsbildung mehr und mehr unverzichtbare kleinere Parteien, bleiben bei diesem Format außen vor. Politik wird also nicht nur im Fernsehen gemacht, das Fernsehen schreibt der Politik auch vor, wie sie sich präsentieren soll.

Aber ich will mich jetzt nicht an der Bedeutung des eigenen Mediums berauschen. Es gibt auch ein andererseits: Weil das Fernsehen so ein ideales Medium ist, um Millionen Menschen, Wähler, Parteimitglieder, zu erreichen, weil es sofort wirkt, weil es über die Person immer auch Emotion vermittelt, ist es ein für die Politik ungeheuer verführerisches Medium.

Die Stärke des Fernsehens liegt in der Vermittlung von Personen. So nah wie in der Nahaufnahme bei *Anne Will* oder *Maybrit Illner* kommen wir einem Menschen sonst eigentlich nie. Es ist, bei Licht betrachtet, eine fast unnatürliche, eine manchmal fast inquisitorische Nähe. Ein Politiker, der Wähler gewinnen kann, muss sogar seinen Privatbereich öffnen. So erlebten wir Angela Merkel in einer *ZDF*-Dokumentation im Wahlkampf 2005 in ihrer alten Schule in Templin, und das war angesichts der ‚Igelhaftigkeit' der Kanzlerin in Bezug auf ihre privaten Verhältnisse tatsächlich ein Coup. Ich selbst habe zusammen mit der Kollegin Anke Becker-Wenzel Bundeskanzler Schröder mit seiner Familie beim Spaziergang in Hannover mit der Kamera beobachtet und dabei die Bitte respektiert, die Töchter der Schröder-Familie nicht von vorne zu zeigen. Auch diese Situation war für keinen der Beteiligten wirklich angenehm. Wir konnten die Linie zwischen öffentlichem und Privatleben ganz deutlich spüren. Manchmal habe ich mich hinterher gefragt, ob wir sie überschritten und den Akteuren, weniger dem Kanzler als seiner Familie, zuviel zugemutet haben.

Jedenfalls macht man bei solchen Dreharbeiten immer wieder die Erfahrung: Der Blick der Kamera ist so genau, dass auch der ausgebuffteste Selbstdarsteller nicht alles kontrollieren kann und manchmal einfach aus der Fassung kommt. Die Momente, wo Interviewer Druck machen und die Bühne dem Politiker nicht überlassen, sind für die Zuschauer oft die enthüllendsten.

Doch ‚personality' ist nicht alles. Im Wahlkampf 2005 haben wir uns sehr bewusst auch die Vermittlung komplexer Themen zur Aufgabe gemacht: Staatsverschuldung, Steuerpolitik, Gesundheitsreform, in Wahlhearings mit Experten, mit Erklärstücken oder erklärenden Serien in unseren Nachrichtensendungen von *Morgenmagazin* bis *heute journal*. Durch telefonische Zuschaltung von Zuschauern haben wir versucht, Antworten auf meist sehr komplexe, vor allem sozialpolitische Fragestellungen zu geben, alles übrigens mit erfreulich großem Zuschauererfolg.

Bemerkenswerte Einschaltzahlen gibt es auch im Info-Bereich. Unsere eigene Sendung *Berlin direkt* aus dem Hauptstadtstudio erreicht durchschnittlich 3,5 Millionen Zuschauer – in der dunklen Jahreszeit auch über 4 Millionen, in der Spitze bis 4,6 Millionen Zuschauer. Auch *heute* und *heute journal* sind äußerst stabil und gewinnen tendenziell Zuschauer hinzu. Infoprogramme erweisen sich dabei in *ZDF* und *ARD* als Korsettstangen im Programm. Und natürlich freut es uns als Programmverantwortliche, dass unser Publikum weiterhin an Vertiefung, an Information, an sachlicher Auseinandersetzung interessiert ist.

Trotz aller Anstrengungen zur Erklärung und zur Analyse sind wir uns aber bewusst, dass das Fernsehen in erster Linie ein Medium des Bildes, der Person, der Emotion und damit in gewisser Weise auch der Flüchtigkeit ist. Wir wissen, dass wir gerade bei den schwierigen Reformthemen immer nur ein komplementärer Vermittler zu den Printkollegen sein können bzw. selbst Internet-Angebote machen müssen, die dem Zuschauer Nacharbeit ermöglichen.

Kommunikations- und Diskussionskultur
Soweit – so gut. Ich will aber der Versuchung widerstehen, hier nur Eigenwerbung zu machen. Ich will vielmehr selbstkritisch auch auf Trends hinweisen, die mir Sorgen machen: **Meine sechste These ist: Das Hauptproblem, vor dem Politik und Medien im Moment gemeinsam stehen, liegt darin, dass wir trotz sehr erfreulicher Erfolge bestimmte Zuschauergruppen immer schwerer oder überhaupt nicht mehr erreichen.**

Ich nenne die drei schwierigsten Bereiche für das öffentlich-rechtliche Fernsehen:

Wir haben ein **Problem mit dem jungen Publikum**. Das Durchschnittsalter von *ARD* und *ZDF* liegt bei 57 bis 58 Jahren. Den Qualitätszeitungen und den großen Verbänden und Parteien geht es übrigens nicht sehr viel anders.

Wir haben auch ein **Problem mit dem Publikum in Ostdeutschland**. *ARD* und *ZDF* erzielen dort, vor allem bei Informationsprogrammen, unterdurchschnittliche Einschaltquoten. So ergibt sich eine immer noch zweigeteilte Info-Landschaft zwischen Ost und West.

Und drittens: Wir haben ein **Problem mit ungebildeten Schichten**, die, wie wir aus Zuschaueruntersuchungen wissen, Informationssendungen im Fernsehen überhaupt nicht mehr konsumieren, sondern eine Art Trash-Slalom von Talkshow zu Krimi und wieder zurück machen. Information oder politische Bildung bleibt dabei meist auf der Strecke.

Das ist nicht nur ein Markt- oder Reichweitenproblem von öffentlich-rechtlichen Sendern. Hinter diesem Befund verbirgt sich, wie man neumodisch sagt, ein Teilhabe-Problem für unser politisches System. Ganze Schichten grenzen sich aus, oder wir erreichen sie mit unseren seriösen, bildenden Inhalten nicht mehr. Die politischen Botschaften kommen nicht mehr an. An dieser Stelle ist eine Horrorvision wahr geworden, mit der die Gegner des Privatfernsehens in den 80er Jahren gegen die Etablierung dieser Kanäle in Deutschland argumentiert haben. Die Klammer solider nachrichtlicher Grundversorgung für die Gesellschaft, die das Bindeglied aus *heute* und *Tagesschau* dargestellt haben, funktioniert nicht mehr. Wir müssen davon ausgehen, dass heute bei bestimmten Schichten auch kein Minimum an politischer Information mehr ankommt. Da ist in den letzten Jahren eine Art von ‚Info-Prekariat' entstanden und es wächst.

Gefahren in den Medien selbst
Aber es gibt auch Entwicklungen in den Medien selbst, die Anlass zur Sorge geben und auf den zunehmenden Wettbewerbsdruck zurückzuführen sind. **Meine Siebte These: Fernsehprogramme sind, wie Printerzeugnisse auch, zunehmend zu einer Ware geworden, die sich auf einem härter werdenden Markt behaupten müssen. Das führt zu Gefahren wie Beschleunigung, Zuspitzung, Boulevardisierung.**

Das zunehmende **Tempo,** die Beschleunigung, ergibt sich natürlich aus dem zunehmenden Wettbewerb und aus den neuen technischen Möglichkeiten, die es uns erlauben, praktisch zu jeder Zeit live zu senden. Die Frage: Wer hat als Erster die Nachricht, ist sehr wichtig geworden. Sie entscheidet über das Renommee von Redaktionen, sie entscheidet über das Renommee von ganzen Zeitungen und publizistischen Häusern. Da hat man als Reporter gelegentlich Schweißperlen auf der Stirn, dass das, was man so schnell im *heute-journal* verkündet, sich dann auch wirklich als richtig erweist. Beschleunigung geht einher mit dem Trend zum ‚Ich-bin-dabei-TV'. Von Berliner Korrespondenten wird erwartet, immer vor Ort zu sein: Im Willy-Brandt- oder Konrad-Adenauer-Haus oder vor der Parlamentarischen Gesellschaft. Untersuchungen haben ergeben, dass Reporter mit hochgeschlagenem Mantelkragen mehr Glaubwürdigkeit ausstrahlen als der gediegene Einordner im Jackett, der aus dem Studio zugeschaltet wird. Das ist nicht ohne Ironie, weil man sich die Informationen, die man dann im Nieselregen oder bei Minusgraden verkündet, natürlich vorher am Schreibtisch zusammentelefoniert hat. Vor den Parteizentralen stehen so viele Kollegen, dass kein einziger Politiker bereit wäre, einem auch nur eine einzige vertrauliche Information zu geben. Das erledigt er dann per SMS aus dem Auto, wenn er das Spalier von Kameras hinter sich gelassen hat.

Das Internet hat die Beschleunigung übrigens noch einmal angeheizt. Ich will das mit einem Beispiel erläutern, das nicht aus der Welt der Politik kommt. Sie erinnern sich an die umstrittene *ZDF*-Sendung, den Auftritt von Eva Hermann beim Kollegen Kerner. Die neu vorhandene Möglichkeit, die Talkshow per *Mediathek* abzurufen, führte zu einem ‚Hast Du das gesehen?'-Effekt, der sich binnen weniger Stunden in einen regelrechten Hype verwandelte. Die Show hatte sich eben nicht kurz vor Mitternacht ‚versendet', sondern sie war auch am nächsten Morgen noch abrufbereit. Hunderttausende, wenn nicht Millionen, haben das genutzt. Das führte zu einer bis dahin nicht bekannten Intensität der Rezeption dieses Programms und heizte die Diskussion enorm an.

Neu war aber nicht nur die enorme Auflading, quasi über Nacht, neu war auch die Geschwindigkeit, mit der sich dann weitere mediale Reaktionen ergaben. Das heißt: Selbst kleine Nachrichten können heute ganz schnell große Karriere machen. Das Nachhallen im Internet sorgt dafür, dass wirklich alles öffentlich ist und öffentlich bleibt. Die neue Konkurrenz sorgt allerdings auch dafür, dass Wichtiges ganz einfach auf der Strecke bleiben kann und untergeht. Das war die erste Gefahr: **Tempo, Beschleunigung**.

Die zweite Gefahr: **Zuspitzung**. Wer auffallen will im Polit-Geschäft, der muss eine prägnante These vertreten, den Gegner frontal angreifen, die Dinge, wie man so schön sagt, auf den Punkt bringen. Vereinfachung, Erklärung, das sind gewiss politische und journalistische Tugenden. Sicher ist es auch die Aufgabe beider Berufe, des Journalisten wie des Politikers, so zu formulieren, dass komplexe Sachverhalte auch beim Bürger und Wähler angekommen. Doch in der Zuspitzung bleiben leider aber oft wichtige Fakten und Differenzierungen auf der Strecke. Ein Aspekt der Zuspitzung ist übrigens die zunehmende Tendenz, Sachverhalte auf Gerüchtebasis zu Nachrichten zu machen. Dazu passt, dass wir Journalisten immer öfter Ergebnisse von Verhandlungen voraussagen müssen, die noch gar nicht abgeschlossen sind. Dafür verlieren Ereignisse schlagartig an Interesse, wenn sie dann vorbei sind und eine fachkundige Einschätzung auf Grundlage der getroffenen Entscheidungen möglich wäre.

Die dritte Gefahr: **Boulevardisierung.** Ich will hier nicht Sendungen wie *hallo Deutschland* oder *Leute heute* kritisieren. Nachrichten aus der Promi- oder royalen Szene finden und suchen sich ihr Publikum. Das Bedürfnis nach Klatsch und Tratsch zu befriedigen, ist an sich in Ordnung. Es macht aber einen Unterschied, im welchem Sendeformat solche Nachrichten verbreitet werden und an welcher Stelle im Programm ich mich befinde. Und da sehe ich schon Trends, die mir nicht gefallen, etwa wenn Boulevard-Themen in seriösen Nachrichtensendungen als gesetzt angesehen, während schwierige Polit-Themen als Wortmeldung abgehandelt werden. Boulevardisierungstendenzen sind übrigens auch dann zu spüren, wenn ein komplexer politischer oder gesellschaftlicher Vorgang auf ein einzelnes, ganz persönliches Schicksal reduziert werden muss: Eine Vorgabe, unter der gerade wir Fernsehleute immer öfter zu leiden haben.

Das Eindringen von Boulevardthemen und -formen ist eine echte Verlockung und Gefahr für Nachrichtenredaktionen. Achten Sie einmal darauf, was unsere freundlichen Konkurrenten von *RTL* Tag für Tag um 18.59 Uhr präsentieren, eine Minute vor Beginn der *heute-Sendung*. Wenn Sie das Gefühl haben, dass die regelmäßig aufblitzenden blanken Busen kein Zufall sind, dann sind Sie auf der richtigen Spur.

Anpassungsdruck
Ich will ein weiteres Problem nennen und es **in meiner achten These verdichten: Auf den Medien lastet, in Folge des zunehmenden Wettbewerbs und möglicherweise gerade wegen der immer vielfältigeren Formate und Verteilungskanäle, ein Uniformitäts- und Anpassungsdruck.** Jeder rennt den vermeintlichen Themen der Woche hinterher, um ja nichts zu verpassen. Dies geschieht oft zu Lasten der eigenen Recherche und der besseren Idee. Plötzlich steht ein Thema ‚hoch' und jeder will etwas dazu haben. Wir vom Fernsehen hören häufig die Klage, wir seien langweilig geworden, weil man überall das gleiche sieht. Aus Angst, einen Trend zu verpassen, verlassen die Programmmacher sich häufig zu wenig auf das eigene Gespür für das, was neu, aufregend und interessant ist.

Zu oft vollziehen wir nur nach, was andere vorgeben. Oft genug sind das die Zeitungen mit den besonders großen Buchstaben. Ich halte dieses Problem, den Mangel an Vielfalt und Originalität, für gravierender als die Sorge, dass die Medien die öffentliche Debatte leiten und lenken und damit die Politik zu ihrem Spielball machen. ‚Agenda-Setting' ist in einer Zeit unzähliger, unübersichtlicher Verbreitungskanäle ohnehin schwieriger geworden. Es bedürfte einer gründlichen wissenschaftlichen Untersuchung, wieso bestimmte Themen dann dennoch so schnell Karriere machen, die anderen aber nicht, welche Mechanismen bei Erfolg und Misserfolg wirken. Um es gleich zu sagen: An Verschwörungstheorien glaube ich nicht. Und die Macht der ‚Spin-Doctors' sollte man auch nicht überschätzen. Nein, ich glaube, viel problematischer ist fehlender Mut zur Originalität, aus Angst daneben zu liegen oder etwas zu verpassen.

Natürlich gibt es auch die Gefahr der journalistischen Grenzüberschreitung. Ich bin an dieser Stelle altmodisch und sehe die Aufgabe meiner Zunft in erster Linie darin, Nachrichten zu überbringen, sie durch Erklärung und Einordnung verständlich zu machen und sie drittens durch klar gekennzeichnete Meinungsbeiträge zur Diskussion zu stellen. Wir haben eine andere Aufgabe als Politiker, die Mehrheiten organisieren und die Gesellschaft gestalten sollen.

Diese Aufgabenteilung ist aber nicht mehr selbstverständlich, sie verwischt sich. So gefallen sich viele Ex-Politiker in der Rolle als Kolumnisten oder Gastgeber von TV-Talkshows, aber auch manche journalistische Produkte lesen sich wie politische Pamphlete. Da haben sich in der Branche eine ganze Reihe von Donnerstags- oder Sonntags-Propheten etabliert, die von hoher Kannzel herunterpredigen und der Politik populistisch ungebetene Ratschläge geben.

Das kann man vielleicht noch verschmerzen. Schwieriger sind aber Konstellationen, in denen publizistische Macht benutzt wird, um politische Prozesse gezielt und einseitig zu beeinflussen, wo Öffentlichkeit nicht geschaffen, sondern im Grunde zerstört wird. Dafür gibt es jüngste Beispiele, gerade in dieser Stadt. Wie gesagt: Ich habe nichts gegen klare Positionen, wenn sie als solche gekennzeichnet sind. Es wird aber sehr problematisch, wenn Gegenargumente in der Berichterstattung oder Beschreibung eines Problems gar nicht mehr vorkommen, sondern das Publikum ganz offensichtlich durch einseitige Aufmachung manipuliert werden soll. Aber die Bürger sind nicht so dumm, wie manche Journalisten und Verleger glauben. Sie haben ein feines Gespür dafür, wenn ihnen die Fähigkeit, sich ihre Meinung selbst zu bilden, abgesprochen wird. Und dann reagieren sie manchmal, in einer Mischung aus Trotz und Selbstbewusstsein, ganz anders als es sich diese Kampagnen wünschen. Ich kann mir da eine kleine Schadenfreude nicht verkneifen.

Oft liegen hinter diesen Auseinandersetzungen übrigens ganz menschliche und persönliche Machtkämpfe. Das konnte man auch im Wahlkampf 2005 studieren, als der *SPIEGEL* sich an Rot-Grün abarbeitete. Kein Zweifel: Dieses Bündnis hatte sich erschöpft – ja, von sich selbst genug. Den großen Sprüchen von Schröder und Fischer war viel zu wenig gefolgt. Trotzdem schien mir die Verhältnismäßigkeit nicht gewahrt, als sich in dem Hamburger Magazin die Schröder-Titelbilder häuften und der Kanzler lange vor den Wahlen schon am Ende war. Zwischen Schröder und Aust war immer ‚love and hate' und in der Endphase dominierte der Hass. Dazu kamen die jüngeren *SPIEGEL*-Kollegen, die ihre Rolle liebten, eine Regierung sturmreif zu schießen. Mir war darin zuviel persönliches Engagement, zuviel Machismo auf beiden Seiten, zuviel Machtkampf dort, wo er eigentlich nicht hingehört. Und geschmacklos fand ich es, dass man gut anderthalb Jahre später beim Abschied des *SPIEGEL*-Büroleiters die Kanzlerin unter eine Collage der Titelbilder platzierte, die den Vorgänger zeigten. Da kann man Frau Merkel nur den guten Rat geben, nicht auf die Verlässlichkeit von journalistischer Zuwendung zu vertrauen.

Journalistische Verantwortung
Es gibt also vom Markt verursachte und auch selbstgemachte Gefahren. Gerade wir als gebührenfinanzierter Sender haben das Privileg und die Pflicht, unsere Sendungen und Beiträge verantwortungsvoll nach journalistischen Maßstäben der Unabhängigkeit und Unparteilichkeit zu gestalten und genau um diese Maßstäbe müssen wir immer wieder ringen und uns daran messen lassen.
Neunte These: Journalistische Verantwortung erweist sich heute auch daran, dem Zuschauer Zeit zu lassen, Fakten zu klären und Zusammenhänge zu erkennen. Wir können dem Rausch der Geschwindigkeit, der Beschleunigung widerstehen, den zweiten Blick und den zweiten Gedanken wagen und der Nachricht Einordnung, Erklärung und Analyse hinzufügen.

Journalisten bleiben als recherchierende, einordnende, erklärende Kraft unverzichtbar. Im Zeitalter des Internets wird dies ohnehin unsere wichtigste Aufgabe: Nachrichten nicht nur hervorzubringen, sondern sie zu überprüfen, zu erläutern, einzuordnen. Es geht nicht mehr vor allem um die Frage, wer der Schnellste ist. Genauso wichtig ist es verlässlich zu erklären, warum und wie genau etwas passiert ist.

Im Zeitalter der Beschleunigung sind journalistische Allwissenheitsphantasien verhängnisvoll. Die amerikanischen Fernsehstationen haben in der Wahlnacht im November 2000 ein Desaster erlebt, als sie vorschnell den Sieg des Demokraten Gore verkündeten und auch bei uns war die Leistung der Demoskopen im Wahljahr 2005 wahrlich kein Grund für besonderen Stolz. Ich halte ohnehin nicht viel davon, in Zeiten zwischen Wahlen aus solchen Umfragen Nachrichten zu machen. Die Befragten sind noch nicht in einer Wahlsituation. Sie haben sich noch nicht klargemacht, von wem sie künftig regiert werden wollen und welches die Themen sind, die für sie am Ende den Ausschlag geben. Natürlich liefern die Umfragen interessante Anhaltspunkte, auch für die kurzfristige Wirkung politischer Ereignisse eines Parteitags, eines Rücktritts, einer politischen Kursänderung. Aber daraus zu schließen, das die Zahlen verrieten, was passiert, wenn am nächsten Sonntag Bundestagswahlen wären, erscheint mir doch mehr als gewagt.

Zur journalistischen Ethik gehört auch, sich die Zeit zu nehmen, die man zu einer soliden Berichterstattung braucht. Das heißt auch zu schweigen, wenn es nötig ist, oder einfach klarzustellen, was man selbst noch nicht weiß. Es ist auch eine Frage unserer Glaubwürdigkeit und künftigen Akzeptanz, die Menschen in der Flut von Fakten, Bildern und Emotionen nicht alleine zu lassen. Unsere Aufgabe ist es, Schneisen in den Informations-Dschungel zu schlagen, damit die Zuschauer, die Leser, die Hörer das finden, was wirklich wichtig für ihr persönliches Leben ist, aber auch für ihr Leben als politische Staatsbürger.

Praktisch heißt das: Sorgfalt geht vor Geschwindigkeit. Es heißt auch, die ganz alten journalistischen Tugenden zur Geltung zu bringen: Faktentreue, dem Hang zur Verknappung und Verkürzung widerstehen und Erklärung, auch Wiederholung, nicht scheuen. Für einen Hauptstadtkorrespondenten ist die Gefahr übrigens groß, in einen Experten-Slang zu verfallen, nicht mehr auf die Seite des Zuschauers zu gehören, sondern so zu formulieren als gehöre man selbst zur politischen Klasse. Besonders wichtig bleibt natürlich die journalistische Grundtugend Nr. 1: Fakten und Meinungen voneinander zu trennen, der Versuchung zu widerstehen, selbst zum politischen ‚player' zu werden.

Die journalistischen Grundfragen lauten: Was ist passiert? Was ist neu? Warum ist etwas passiert? Ich setze auf eine jüngere Generation von Journalisten, die sich nicht als Parteigänger und Propheten verstehen, sondern schnell und fachkundig berichten und erklären wollen. Für uns sollte die Frage, was ist und warum es ist wie es ist, im Vordergrund stehen und nicht die Überlegungen, wem eine Berichterstattung nutzt oder schadet. Solche Journalisten müssen freilich von den publizistischen Organen, für die sie arbeiten, in dieser Haltung auch unterstützt und für Unabhängigkeit belohnt werden. Und übrigens müssen sich die Gremien im öffentlich-rechtlichen Rundfunk, die einen wichtigen Beitrag zur Qualifizierung des Programms, zu seiner Verankerung in der Gesellschaft leisten können und sollen, auch darüber klar sein, dass dies ihr Auftrag ist und nicht die Förderung und Lenkung von parteipolitisch motivierten Karrieren.

Selbstreflexion und Selbstkritik findet übrigens in unseren Redaktionskonferenzen, in Chefredakteursrunden und natürlich bei Medienkongressen wie den ‚Mainzer Tagen der Fernsehkritik' statt. Wir versuchen, journalistischen Anspruch und Akzeptanz beim Publikum zusammen zu halten, glauben, dass Qualität und Quote kein Gegensatz sein müssen. Veränderungsbereitschaft freilich ist möglich, schon um nicht noch mehr Publikum zu verlieren. In einer immer vielfältigeren Landschaft wäre es aber ein großer Fehler, sich von eingeführten Programm-Marken zu trennen, von Sendungstiteln und Sendungsinhalten, die beim Zuschauer Assoziationen und im besten Fall so etwas wie Heimatgefühle hervorrufen. Es geht um schrittweise Modernisierung, um ein Lebendig-Halten, manchmal um kleine Kniffs wie ein neues Studio, ein veränderter Sendeablauf, ein paar Überraschungen. Aber im Prinzip sind Titel wie *Berlin direkt* oder *auslandsjournal* unbezahlbare Marken-Kerne, die man pflegen muss und nicht unterpflügen darf.

Journalisten als Lotsen

Mehr Information als heute gab es nie, nicht im Fernsehen, nicht im Internet, nicht in den anderen Medien. Vom *Morgenmagazin* bis zu *heute nacht*, der Nachrichtensendung um Mitternacht: Irgendwo ist immer Nachrichtenzeit. Der Bürger hatte nie mehr Chancen, sich zu informieren, teilzuhaben am politischen Prozess. Wer mehr wissen will, dem erschließt das Internet Informationsquellen, über die früher nur Politiker, Beamte und Experten verfügten. Es gibt kein Herrschaftswissen mehr. Doch, und **mit dieser zehnten These will ich dann schließen: Mehr Information führt nicht unbedingt zu mehr Engagement.** Im Gegenteil: Viele Menschen fühlen sich heute geradezu erschlagen, von dem, was sie wissen könnten und müssten. Trotz immer mehr verfügbarer Informationen erscheint die Gesellschaft von der Politik immer weniger berührt, um es neudeutsch zu sagen: ‚overinformed and underactive'. Ganz offensichtlich ist es so, dass die Öffentlichkeit die vielen Fakten und Meinungen kaum verdauen kann, die mit der Vervielfältigung der Fernsehkanäle, dem Vormarsch des Internet, einer ungebrochen vitalen Hörfunk- und Presselandschaft den Markt überschwemmen.

Die Informationsflut schüchtert die Bürgerinnen und Bürger ein. Statt sich zu aktivieren, mitzuwirken am Gemeinwesen, fürchten sie immer im Rückstand zu sein, nicht genug zu wissen, bevor sie handeln oder ihre Meinung ausdrücken können. Politische Information steht so in der Gefahr, zu einer anderen Art von Entertainment zu werden, irgendwie aufregend, aber ohne Konsequenz für das eigene Handeln, für das Leben als Staatsbürger.

Ich bin der festen Meinung, dass das Fernsehen, dass Medien die Bürger nicht zu Parteinahme für welches ehrenwerte politische Ziel auch immer auffordern sollten. Aber große Verbände, Interessenvertretungen, Gemeinschaften wie die Kirchen, die Gewerkschaften, die Parteien, die Stiftungen müssen und können darauf hinwirken, dass die Bürger aus den Informationen auch etwas machen. Die Vervielfältigung der Medien muss deshalb ergänzt werden durch Medienerziehung. Medien können unsere Lebensverhältnisse verändern und sie haben sie verändert. Sie können politische Prozesse auslösen und das Gemeinwesen zusammenhalten. Mit ihnen umzugehen, ist aber heutzutage eine ganz eigene Fertigkeit. Man erwirbt sie nicht mehr selbstverständlich. Man muss sie erlernen - durch Medienkompetenz.

Dr. Peter Frey studierte von 1978 bis 1986 Politikwissenschaft, Pädagogik und Spanische Philologie in Mainz und Madrid. In seiner Promotion befasste er sich mit der Rolle der spanischen Intellektuellen beim Beitritt Spaniens zur Europäischen Union. Er war Redakteur, Reporter und Moderator beim Hörfunk des Südwestfunks in Baden-Baden und Mainz und anschließend bei der Frankfurter Rundschau tätig. Seit 1983 ist er beim ZDF und hat als Redakteur und Reporter des heute-journal u.a. aus Mexiko, Nicaragua, Polen und Spanien berichtet. 1988 bis 1990 war er persönlicher Referent des ZDF-Chefredakteurs Klaus Bresser und dabei u.a. für die Interviewreihe „Was nun?" verantwortlich. 1991 bis 1992 berichtete er als Korrespondent und stellvertretender Leiter des ZDF-Studios Washington u.a. über den Golfkrieg. Frey hat von 1992 bis 1998 als Redaktionsleiter das ZDF-Morgenmagazin mit aufgebaut und moderiert, danach bis 2001 die ZDF-Hauptstadtredaktion Außenpolitik geleitet und das auslandsjournal sowie zahlreiche Spezial-Sendungen u.a. zum Kosovo-Krieg moderiert. Peter Frey ist seit September 2001 Leiter des ZDF-Hauptstadtstudios Berlin. Dort ordnet er für „heute" und „heute journal" das politische Tagesgeschehen ein und moderiert „Berlin direkt" sowie die „Berliner Runde". 2005 hat er die ZDF-Sondersendungen zum Tod von Papst Johannes Paul II. und anlässlich der Wahl von Benedikt XVI. live aus Rom präsentiert.

Ralf Schuler

Berlin - der Blick von außen. Bundespolitische Berichterstattung in Regionalzeitungen

Verkehrte Welt: Die Auflagen-Zahlen belegen es eindeutig: Regionale Medien bestimmen den Blick der meisten Menschen in Deutschland auf die Bundespolitik. Während die Überregionalen als wichtig und gewichtig gelten und die Themen setzen, übersetzen die Zeitungen und Sender vor Ort das Geschehen in Berlin direkt in den Alltag der Menschen.

Lassen Sie mich eingangs kurz darauf hinweisen, dass eine Vorlesung zu halten in zweierlei Hinsicht ungewöhnlich ist für mich: Es ist einerseits gewissermaßen das ganze Gegenteil von dem, was ein ‚Zeitungs-Schreiber' normalerweise zu tun pflegt und andererseits auch eine Art Selbstreflexion über die eigene Arbeit und Informationsbeschaffung, für die im Tagesgeschäft meist keine Zeit bleibt.

Als Regionalzeitung in der Bundespolitik zu operieren, ist ein bisschen wie Afrika: Wie die Städte dort genau heißen, wo sie liegen und wie man sie korrekt schreibt, erscheint uns hierzulande meist nicht so wichtig. Wird sich schon keiner beschweren aus Ouagadougou. Und überhaupt; Steppe, Staub arme Wichte in lustigen Kostümen – die wirkliche Musik spielt doch eh hier bei uns...

Es beginnt damit, dass sich viele der Ansprechpartner in Berlin den Namen der Zeitung nicht merken können oder wollen. Bei einer Zeitung aus Potsdam (die gern und regelmäßig mit einer Mitbewerberin aus Frankfurt/Oder verwechselt wird) ist das besonders schräg, weil auf diese Weise sichtbar wird, dass in vielen Köpfen die Pampa gleich hinter Zehlendorf ihre finsteren Weiten entfaltet. Im Schriftverkehr begegnet man diesem Phänomen unter anderem damit, dass man als kleinen unauffälligen ‚PS'-Nachsatz Verbreitungsgebiet und Auflage erwähnt, um zu erklären, dass sich die *Märkische Allgemeine* keineswegs vor der Konkurrenz der Berliner Blätter verstecken muss. Pressereferenten, bei denen man leider nicht immer die Kenntnis der deutschen Presselandschaft voraussetzen kann, können so mit routiniert wirkender Kundigkeit den ob der Interview-Anfrage missmutigen Verantwortungsträger darauf hinweisen, wie viele Menschen er über die *MAZ* erreicht und sich selbst als raffinierte Spezialisten im Dienste der Vermarktung des Meisters profilieren.

Dies soll übrigens keine kleinmütige Klage sein, sondern eine schlichte Tatsachenbeschreibung einer verkehrten Welt: **Die Auflagenzahlen belegen eindeutig, dass die Regionalzeitungen den Blick der Menschen in Deutschland auf die Bundesebene und die Politik im Allgemeinen bestimmen. Im Rampenlicht der öffentlichen Meinungsbildung stehen dagegen die Überregionalen.** Nimmt man die Auflagen der bundesweit erscheinenden Tageszeitungen zusammen, so schwankt die Summe zwischen einer und 1,3 Millionen Exemplaren. Boulevard- und Kaufzeitungen bringen es zusammen auf knapp fünf Millionen Stück, Regionalzeitungen erscheinen rund zwanzig millionenfach täglich und erreichen damit etwa 62 Prozent der Deutschen.

Warum schlägt sich dieses Gewicht aber nicht in Wahrnehmung und Wichtigkeit wider? Warum steht die Bekanntheitspyramide gewissermaßen auf dem Kopf? Kommunikation funktioniert am besten bei gleichem Kenntnisstand der Teilnehmer. Wenn ich morgens bei meinem Kollegen von der Stuttgarter Zeitung anrufe, kann ich erwarten, dass er die Entwicklung der Themen kennt, wie sie *Süddeutsche*, *FAZ*, *Welt* oder *taz* in ihren jüngsten Ausgaben vermitteln. Ich kann nicht erwarten, dass er ein Interview mit Unionsfraktionsvize Bosbach aus der *Rheinischen Post* kennt – es sei denn, es wäre spektakulär über die Agenturen gelaufen. Selbst der Ehrgeiz einiger Regionalzeitungskollegen, möglichst täglich in den Agenturen zitiert zu werden, ändert übrigens nichts an dieser Rangfolge. *Chemnitzer Freie Presse* oder *Neue Osnabrücker Zeitung*, die sich beispielsweise in dieser Hinsicht sehr viel Mühe geben, sind deswegen noch immer nicht zum Nachrichten-Leitmedium geworden. Und noch etwas sei nebenbei bemerkt: Die Leser von Regionalzeitungen beeindruckt überregionale Präsenz ihres Blattes nur mäßig. Weder lässt sich die Auflage signifikant steigern, noch das Renommee. **Eine Zeitung funktioniert als Imageträger eben auch nur dann, wenn der Empfänger die Botschaft versteht.** Mit einer *FAZ* auf der Hutablage zeige ich Bildungsbürgertum und konservative Weltsicht, mit dem *Trierischen Volksfreund* bestenfalls meine Herkunft.

Bevor wir zu den konkreten Besonderheiten der politischen Berichterstattung von Regionalzeitungen aus der Hauptstadt kommen, gestatten Sie mir einen kurzen Ausflug in die jüngere Pressegeschichte, um die Sondersituation von Zeitungen in den neuen Bundesländern im Allgemeinen und in Brandenburg im Besonderen darzustellen. In der Zeitungsstruktur der neuen Länder hat sich ein Stück DDR konserviert.

Verlage aus dem Westen haben nach der Wende die Zeitungen im Osten übernommen, und man wird auch bei kritischster Rückschau kaum einem Mutterhaus nachsagen können, sich nicht redlich um den Erhalt bemüht zu haben. Trotzdem hat in den neunziger Jahren vor allem Zeitungen der früheren DDR-Blockparteien das Aus erwischt, während sich die früheren SED-Bezirkszeitungen meist halten konnten. Das hängt damit zusammen, dass die SED-Zeitungen gewissermaßen offizielles, amtliches Bekanntmachungsorgan waren und eine hohe Bindekraft entfalten konnten. Die Block-Zeitungen dagegen waren zu DDR-Zeiten per verordnetem Papier-Kontingent limitiert. So blieben dann meist die Ex-*SED*-Zeitungen übrig, deren Verbreitungsgebiete sich bis heute an den früheren DDR-Bezirken orientieren.

Brandenburg ist da keine Ausnahme. Die *FAZ-Gruppe* übernahm nach der Wende große Teile der Block-CDU-Medien, musste die Zeitungen allerdings mangels Wirtschaftlichkeit (trotz beachtlicher Investitionen) bis zur Mitte der neunziger Jahre einstellen. Die ursprünglich nicht geplante Akquise der *Märkischen Volksstimme* (die der Springer-Verlag aus kartellrechtlichen Gründen wieder abgeben musste), erwies sich dagegen als tragfähige Investition. Die heutige *Märkische Allgemeine* deckt als ehemaliges SED-Organ den Bereich des früheren Bezirks Potsdam westlich von Berlin ab und ist die größte Zeitung Brandenburgs. Der frühere Bezirk Frankfurt/Oder wird von der *Märkischen Oderzeitung* dominiert, der Ex-Bezirk Cottbus von der *Lausitzer Rundschau*. Diese Zeitungen existieren gewissermaßen nebeneinander und machen sich keine Konkurrenz. Lediglich in Potsdam selbst haben die *Potsdamer Neuesten Nachrichten* (ehemals *LDPD-Zeitung*) überlebt und stehen in der Landeshauptstadt im Wettbewerb mit der *MAZ*. In der Fläche hat sich nach der Wende die *Verlagsgruppe Ippen* mit sehr stark lokal ausgerichteten Blättern im Norden Berlins eingerichtet, was zwar zu einer gewissen Konkurrenz führt, für die bundespolitische Berichterstattung hier aber nicht ins Gewicht fällt.

Die geringe Konkurrenz ist zwar ein Vorteil, weil keine teuren Schlachten mit Mitbewerbern geschlagen werden müssen. Gleichzeitig ist das Verbreitungsgebiet aber begrenzt und es können neuen Leserschichten nur innerhalb der eigenen Vertriebsstruktur erschlossen werden. Neue Regionen zu erobern, erscheint derzeit wenig erfolgversprechend und wenig sinnvoll. Überregionale Publikationen haben es in den neuen Ländern übrigens besonders schwer. Weder Wochenmagazine wie *Spiegel* oder *Stern* können hier in breitem Umfange Fuß fassen noch große Zeitungstitel. Im Berliner Umland immerhin nehmen herausgezogene Hauptstädter gelegentlich ihre Blätter mit ins Umland. Und noch etwas verschafft den Regionalen Vorteile: Sie haben einen ungleich höheren An teil an Abonnenten. Im Falle der *MAZ* liegt die Abo-Quote zwischen 80 und 90 Prozent.

Das größte Problem der Zeitungen im Osten bleibt allerdings die Wirtschaftskraft der Regionen. So werden finanzielle Gründe an erster Stelle als Grund für Abbestellungen genannt – ein Argument, dem man von Seiten der Zeitung kaum wirkungsvoll begegnen kann. Inhaltliche Beschwerden lassen sich aufgreifen, Zustellpünktlichkeit kann man verbessern, aber die Zeitung (bei ständig steigenden Kosten) verschenken, kann man nicht. Es gibt sogar die skurrile Situation, dass Umfragen unter Abbestellern großes Lob für die Qualität der Zeitung ergeben, was uns zwar freut, aber nichts nützt. Oft geben Lesergemeinschaften ein einzelnes Abo-Exemplar an drei bis fünf Nachnutzer weiter, so dass bei leicht sinkender Auflage die Reichweite des Blattes steigt. Weil aber auch die Kommunikationsabteilungen der Anzeigenkunden die Kaufkraft ihrer Zielgruppen berücksichtigen, schlägt sich die mangelnde Wirtschaftskraft vor allem an den Rändern Brandenburgs auch im Anzeigengeschäft nieder. Es hat einfach keinen Sinn, teure Industrieprodukte in Gebieten zu bewerben, wo sich die Menschen diese Dinge schlichtweg nicht leisten können. Und hier sind wir dann auch schon wieder von unserem kurzen Branchen-Tripp zurück in der Welt der Redaktion: Natürlich hat auch die Wirtschaftskraft eines Zeitungsverlages Einfluss darauf, mit welchem Aufwand recherchiert und wie umfassend berichtet werden kann.

Wenn wir die Art und Weise der Berichterstattung von Regionalzeitungen unter die Lupe nehmen wollen, müssen wir zunächst den Anspruch ihrer Leser betrachten. Um es ganz schlicht auszudrücken: **Während bei Überregionalen die Leser zur Zeitung kommen, muss die Regionalzeitung zum Leser kommen.**

Soll heißen: Wer Themenspektrum, inhaltliche Tendenz und Art und Wie-e der Aufbereitung der *FAZ* schätzt, kauft die *FAZ* – wo auch immer er wohnen mag. Eine Regionalzeitung aus Brandenburg kann dagegen nicht erwarten, Sympathisanten am Bodensee zu gewinnen. Sie hat ein festgelegtes Leserpotenzial und muss versuchen, es einer Mehrheit davon recht zu machen. Getreu der alten Zeitungs-Faustregel, wonach das Interesse der Menschen an Dingen abnimmt, je weiter sie von ihnen entfernt sind, liegt der Schwerpunkt der Berichterstattung auf der Region und hier wiederum, je kleinteiliger, desto besser.

Welche Mühe das macht, sei an dieser Stelle schon aus Gründen der Selbstachtung einmal mit aller Deutlichkeit erwähnt, weil nicht zuletzt Kollegen von überregionalen Medien mitunter das Lokale als eine Art medialer Infanterie betrachten, während der überregionale Parlamentskorrespondent gewissermaßen zur Generalität gehört. Ein gefährlicher Dünkel.

Der Parlamentskorrespondent, wenn er nicht gerade täglich Exklusiv-Nachrichten beschafft, ist etwa durch Agenturen noch einigermaßen zu ersetzen, der Lokalredakteur in Pritzwalk, Luckenwalde oder Rathenow nicht. Der sitzt morgens vor sechs bis acht leeren (soll heißen: vor wirklich reinweißen) Seiten, die abends voll sein müssen. Er liegt nicht zwei Stunden vor den Fraktionsräumen einer Partei, ruft später vertraute Gewährsleute an, um am Nachmittag achtzig Zeilen ins Blatt zu schütten.

Der Lokalredakteur schreibt am Morgen über die Gemeinderatssitzung, auf der er am Vorabend war, stellt die Bilder dazu, layoutet und sucht sich dann aus der Mappe mit den gesammelten Nachrichten noch etwas für die Meldungsspalte heraus. Einen Kommentar zur immer noch andauernden Baustelle auf der Ortdurchfahrt Sadow-Masow-Ausbau schreibt er zwischendurch und kümmert sich zusätzlich um die Termine des nächsten Tages. Er kann nicht darauf rechnen, dass *dpa* ihm ein Feature über die neuen Straßenlaternen in Pritzwalk schickt oder ein hart am *Munzinger-Archiv* recherchiertes Porträt über den neuen Iranischen Verteidigungsminister drei Spalten füllt. Und wenn alles schief läuft, ruft der Bürgermeister auch gleich noch selbst an, weil er am Vortag irgendeinen Zungenschlag nicht richtig fand. Selbst die Leser sind schnell mal an der Strippe, wenn was unter den Nägeln brennt. Das macht dann keine Leserbrief-Redaktion, an die man rasch weiter verbinden kann. Schließlich ist da auch noch der lokale Sport, wo Mutti Schlinkewitz ihren kleinen Jerome wieder finden will, der am Wochenende bei den Judo-Kreismeisterschaften einen beachtlichen 11. Platz belegt hat. Auch das berichtet die Sportschau nicht, auch das muss „von Hand" zusammengetragen und ins Blatt gebracht werden.

Wozu diese umfängliche Beschreibung? Um zu zeigen, welcher Arbeitsaufwand nötig ist, um erst einmal das Fundament für all das zu schaffen, was als bundespolitische Berichterstattung im ‚Mantel' der Regionalzeitung noch hinzukommt. **Die Basis ist die Region. Wegen ihr liest und kauft der Leser die Zeitung**.

Er freut sich, wenn dann noch hellsichtige Berichte über das Geschehen in Berlin oder weit blickende Nahost-Analysen hinzukommen. Aber deswegen braucht er die Zeitung nicht in erster Linie. Und: Um das lokale und regionale Fundament abzudecken, sind viele Redaktionen (bei der *MAZ* sind es 15) in der Fläche, viele Redakteure und Fotografen notwendig, eine ausgefeilte Logistik in Druck und Vertrieb, und all das kostet natürlich auch Geld. Geld, das aufgebracht werden muss, selbst wenn die einzelne Lokalredaktion mit einigen Trauer- oder Bordellanzeigen betriebswirtschaftlich ihre Kosten nicht immer wieder einspielen kann.

Was folgt nun aus all dem für die bundespolitische Berichterstattung?

1. Die Zeitung kann auf Grund der möglichst breiten Leserschaft keine eindeutige politische Tendenz bedienen.

2. Die Anspruchshaltung der Leser ist komplizierter als bei Überregionalen: Während man dort nicht erwartet, Details über Kreistage oder Gemeindevertretungen zu finden, erwartet der Regionalzeitungsleser aber sehr wohl, neben Kreistagen auch Berichte aus dem Bundestag oder der Bundesregierung.

3. Da der Schwerpunkt in der Region liegt, kann die bundespolitische Berichterstattung nicht mit gleichem Aufwand an Finanzen und Personal erfolgen und muss doch umfassend sein.

4. Der regionale Blick muss auch in der Bundespolitik eine Rolle spielen. Abgeordnete aus der Region verdienen besondere Aufmerksamkeit. Themen müssen in ihrer Bedeutung für die Region erklärt und betrachtet werden, was neben der bloßen Berichterstattung immer noch eine weitere Recherche-Ebene einzieht.

5. Sonderproblem Ost: Die Debatten-Kultur im Osten ist eine andere als in den alten Ländern. Streit um Themen wird oft als überflüssiges ‚Schauspiel' und mangelnde Handlungsfähigkeit angesehen. Klassische Politikberichterstattung mit neuen Wendungen in der Debatte wird mitunter nicht goutiert und als Hofberichterstattung abqualifiziert.

6. Zweites Sonderproblem: Aus der Tradition als amtliches Verlautbarungsorgan werden Zeitungen im Osten auch 18 Jahre nach der Wende nicht entlassen. Oft ist die Redaktion deshalb auch erster Ansprechpartner, wenn es um Kommentierungen, Kritik oder Nachfragen zu politischen Themen geht. Der daraus erwachsende intensive Leserkontakt passt nur bedingt in den auch so gut ausgefüllten Redaktionsalltag.

Wie funktioniert die Berichterstattung aus Berlin für eine Regionalzeitung? Regionalzeitungen haben in aller Regel Korrespondenten in Berlin oder teilen sich solche mit anderen Blättern. Berichten Überregionale meist abstrakt über konkrete Vorhaben der Koalition im Bund, so müssen Regionale immer ihre Adressaten im Blick haben und die Vorgänge für diese übersetzen: Hartz IV-Novellen sind für Regionen mit hoher Arbeitslosigkeit von anderer Bedeutung als für florierende Städte, spezielle Ost-Programme für märkische Leser mit anderem Zungenschlag zu erklären als für Zeitgenossen in Stuttgart. Regionalzeitungen übersetzen abstrakte Themen in die konkrete Alltagswirklichkeit ihrer Leser. Wo Akteure aus der Region an aktuellen Beschlüssen beteiligt sind, werden diese zitiert und mit Stellungnahmen aus dem jeweiligen Bundesland komplettiert. (An dieser Stelle stoßen übrigens auch Bemühungen zum Erschließen von ‚Synergien' in den Redaktionen an Grenzen. Wer glaubt, eine Polit-Redaktion in Berlin könne ganze Zeitungsgruppen beliefern, täuscht sich.)

Doch auch die Art und Weise der Informationsbeschaffung unterscheidet sich bei der Berichterstattung für Regionalzeitungen. Informationen – jenseits allgemeiner Bekanntmachungen – werden nicht beliebig ausgestreut. Politiker sind längst zu Medienstrategen geworden, die sich genau überlegen, an welcher Stelle sie welche Themen setzen und wo sie mit welchem Grad an Offenheit agieren. Politiker, die in ihren Bundesparteien Karriere machen oder bundesweit Themen setzen wollen, benutzen als Sprachrohr überregionale Medien. Wer sich als Vorkämpfer seines Bundeslandes profilieren oder seinen Wahlkreis wieder gewinnen will, wendet sich an Regionalsender oder -zeitungen. Grundsätzlich werden sich Bundesminister bei Anfragen großer, überregionaler Medien eher zurückmelden als bei Regionalzeitungen. Und wenn ein Bayerischer Ministerpräsident etwas über Grenzen der Solidarität beim Länderfinanzausgleich sagen will, wird er das in einem heimischen Medium tun, nicht in der *Märkischen Allgemeinen*, die Leser in einem Empfängerland des Länderfinanzausgleichs hat. Es kann also gut sein, dass Bundesaußenminister Frank-Walter Steinmeier, der 2009 erstmals einen Wahlkreis in Brandenburg/Havel gewinnen möchte, gern und regelmäßig mit der *MAZ* spricht, neue Akzente in der deutschen Afghanistan-Politik aber trotz gleicher Nachfrage im *Spiegel*-Gespräch offenbart.

Regionalzeitungskorrespondenten werden also, um Hintergrundinformationen zu bekommen, vorzugsweise mit Abgeordneten aus ihrem Verbreitungsgebiet kooperieren oder Minister zu Themen ansprechen, bei denen sich die Interessen des Politikers mit denen der Zeitung treffen. Darüber hinaus gilt die Formel: Wer wählt als nächstes? Vor Landtagswahlen (abgestuft nach dem Gewicht des jeweiligen Bundeslandes) steigt die Chance, an exklusive Informationen heranzukommen, weil alle Parteien ihre Botschaften versenden wollen und auch Polit-Promis im Wahlkampf mitziehen müssen. In aller Regel können Regionalzeitungen allerdings nicht mit dem gleichen personellen Großaufgebot auf der Berliner Bühne agieren und beispielsweise nicht Spezialisten für jede einzelne Partei oder für alle denkbaren Politikfelder bereithalten. In Regionalzeitungsredaktionen gibt es mehr Generalisten, ist der Zeitdruck oft größer, weil nebenher noch Layout gemacht werden muss und redaktionelle Nebentätigkeiten zu erledigen sind. Teilen sich die Kollegen überregionaler Zeitungen in Berlin oft die Termine, so müssen Regionale hart auswählen.

Große Magazine besetzen beispielsweise oft zweit- oder drittrangige Buchvorstellungen, Sommerfeste oder Empfänge, um ggf. für größere Geschichten amüsante oder symbolträchtige Szenen authentisch beschreiben zu können. Hier stoßen die Regional-Korrespondenten oft an die Grenzen ihres Zeitregimes, weil Hintergrundgespräche, Pressekonferenzen, Absprachen, Schreiben und Abendtermine nicht einmal mit größter Rücksichtslosigkeit gegenüber der eigenen Familie zu schaffen sind.

In Regionalzeitungen sind meist die Plätze knapper, die Texte müssen kürzer sein und in der Regel innerhalb eines Tages recherchiert und geschrieben werden. Mehrtägiges Ausklinken aus der Redaktion, Vergraben in Archiven oder Vorab-Recherchen sind seltener möglich, weil das Tagesgeschäft häufig keine Spielräume lässt. Aus dem früheren Traum vom Journalismus („Schreib das auf Kisch...") wird nicht selten ein Knochenjob, bei dem die Nischen immer kleiner werden.

Diskussion

Wie bedeutend und vor allem wie verlockend ist die Vokabel ‚Sensationswert'?

Um in der Frage mitschwingende Ressentiments gar nicht erst zu bedienen: Sensationen (lat. Aufsehen), außergewöhnliche Ereignisse und Besonderheiten sind das tägliche Brot der Zeitung. Die Aussagen „Gestern fuhren alle Züge pünktlich" ist (um einmal nicht das Beispiel vom Briefträger und dem Hund zu bemühen) keine Nachricht! Zeitungen, Medien überhaupt, sind Foren, in denen gezielt Interessantes, Ungewöhnliches gesammelt wird – alles andere wäre unsinnig. Ich will deshalb der Verlockung nicht nachgeben, hier auf Sensationsjournalismus herumzuhacken. Wenn man es zu Ende denkt, gibt es gar keinen anderen Journalismus. Selbst die solideste Hintergrund-Berichterstattung lebt vom Interesse des Lesers, Zuschauers, Rezipienten (wenn Sie es akademisch bevorzugen). Was die Leute schon wissen, interessiert sie nicht.

Entscheidend ist etwas anderes: Erstens, stimmen die Fakten, und zweitens, wie berichte ich über die vermeintliche Sensation. Ersteres setze ich erst einmal voraus. Beim zweiten Punkt gibt es immer Zweifelsfälle des guten Geschmacks. Dass ein schwerer Unfall auf der Autobahn eine Nachricht ist, ist unstrittig. Dass wir keine Bilder bringen, bei denen das Blut fließt, Leichen zu sehen sind oder offene Wunden, ist es für uns zumindest ebenfalls. Ich will aber ausdrücklich darauf hinweisen, dass – etwa im Falle von schweren Terror-Anschlägen – die Grausamkeit der Tat durchaus ein relevanter Aspekt der Berichterstattung ist. Hier muss im Einzelfall abgewogen werden, wie weit die Darstellung gehen kann und muss.

Wenn Sie freilich auf ‚Sensationen' im Sinne von Boulevard-Nachrichten abheben, dann ist das nicht unsere Baustelle. Es gibt in unserer Leserschaft eine Gruppe, die klar auf Boulevard fixiert ist, dass sind Jugendliche. Deren Ansprüche können wir allerdings ebenso wenig umfassend befriedigen wie wir Opern- oder Auto-Spezialisten mit breiten Detail-Geschichten versorgen können. Junge Leser (von denen es leider immer weniger gibt) interessieren sich für ihre Stars aus TV-Serien, Pop oder Society. Natürlich erfährt man bei uns, wer DSDS gewonnen hat, aber das Rundum-Paket mit Interview, Homestory, exklusiven Fotos etc. können wir nicht bringen, weil wir am Wettrennen darum nicht teilnehmen und weil andere, ältere Lesergruppen wiederum allergisch auf zu viel Boulevard reagieren. Außerdem leidet die Glaubwürdigkeit der restlichen Berichterstattung, wenn bei einzelnen Unterhaltungsthemen nicht der informierende Aspekt im Vordergrund stünde, sondern die unkritische Fan-Belieferung. Kurz: Unsere Abonnenten erwarten kontinuierliche Information und müssen nicht durch Balkenüberschriften mit windigen Stories geködert werden.

Welche Rolle spielt die Analyse der Lese(r)gewohnheiten?

Eine sehr große. Niemand kann sich heute leisten, Zeitung nach dem „Friss-oder-stirb"-Prinzip zu machen. Je nachdem, wie viel Geld man ausgeben will, kann man seine Leserschaft sehr kleinteilig unter die Lupe nehmen. Die Reader-Scan-Methode untersucht etwa mit Hilfe der Blickführung von Lesern, welche Beiträge wie lange und bis zu welcher Stelle gelesen, welche Bilder angeschaut werden und wo der Käufer einfach weiter blättert. Mit den so genannten Sinus-Milieus analysieren sie anhand einer riesigen Datenmenge nicht nur die Alters- und Sozialstruktur der Leser, sondern auch deren Wertesystem, Geschmack, Vorlieben etc. Allen Analysen gemein ist, dass man auch bei der Auswertung gravierenden Missverständnissen aufsitzen oder nur begrenzt auf die gewonnenen Erkenntnisse reagieren kann. Wer etwa einen Nutzungsanteil des Sports von rund fünfzig Prozent zum Anlass nimmt, Leibesübungen weniger im Blatt zu berücksichtigen, der verkennt, dass Frauen den Sportteil sehr wenig nutzen. Für Männer wird eine Zeitung ohne Sportteil dagegen nahezu wertlos.

Um es also klar zu beantworten: Auch wir versuchen, möglichst detailliert herauszufinden, was unsere Leser wünschen und wie sie ticken, können aber nicht jede Vorliebe bedienen. Viel komplizierter ist es für uns zum Beispiel, auf alteingesessene Leser und solche gleichzeitig einzugehen, die aus Berlin (oft West-Berlin) herausgezogen sind. Die einen fordern besonders liebevollen Umgang mit der DDR-Geschichte und Rücksichtnahme auf alle Reliquien nach dem Motto „Es war nicht alles schlecht", die anderen sind oft eher grün-alternativ angehaucht, fahren ihre Kinder mit dem Fahrrad-Anhänger in die Öko-Kita und fühlen sich eher genervt, wenn man ständig mit Frank Schöbel (DDR-Schlagerstar) oder anderen Nostalgie-Geschichten ankommt. Von politischen Vorlieben ganz zu schweigen. Falkensee beispielsweise oder Kleinmachnow sind Regionen, wo die Ost-Bevölkerung nahezu vollständig verschwunden ist, außerhalb des Autobahnringes stellt sie die Mehrheit unserer Leser. Beide zu bedienen, ohne die jeweils andere Gruppe zu verprellen, ist ein ziemliches Kunststück.

Und die Studien zu den Lesegewohnheiten führen zum Beispiel dazu, dass wir Texte nicht ausufern lassen, weil kaum ein langer Text zu Ende gelesen wird. Gleichzeitig darf man (wie gesagt) den gesunden Menschenverstand nicht ausschalten: Service-Seiten mit Notrufnummern und Öffnungszeiten werden so gut wie gar nicht gelesen, und trotzdem wird jedem einleuchten, dass in dem einen Fall, in dem man einen Notarzt braucht, genau diese Seiten Gold wert sind.

Wächst Ihnen die Leserschaft nach?

Leider nicht. Im Grunde ist genau das Gegenteil der Fall: sie stirbt uns – dramatisch gesagt – weg. Das sieht man nicht nur an den Langzeit-Abos, die gekündigt werden, sondern man kann es auch durch Studien belegen. Anfang der 70er Jahre lasen 60 Prozent eines Jahrgangs Zeitung. Die Zeitung am Morgen gehörte einfach dazu (diese Studien stammen nebenbei gesagt aus der alten Bundesrepublik, im Osten war die Abdeckung aus anderen Gründen – Preis zu vernachlässigen, politische Information als gesellschaftliches Statement etc. – noch größer, aber wohl nicht realistisch). Aktuelle Untersuchungen zeigen, dass die damals 30-Jährigen, heute 70-Jährigen immer noch zu 60 Prozent eine Zeitung halten, dass die Lesegewohnheiten also durchgewachsen sind. Nur die heute 30-Jährigen lesen kaum noch Zeitung. Die Jahrgangsquoten liegen – wenn ich es richtig in Erinnerung habe – zwischen 20 und 30 Prozent, haben sich also mehr als halbiert. Junge Leute sind deutlich unterhaltungsorientierter, interessieren sich mehr für Boulevard, Pop, gesellschaftliches Leben als für Politik, Wirtschaft und Geschichte. Und sie lesen absolut weniger Zeitung. Zur Selbstmotivation verweisen wir dann immer gern darauf, dass Zeitung das tief- und hintergründigste Medium ist, dass der Inhalt der Tagesschau eine Zeitungsseite nicht einmal ganz füllt – das lauteste Pfeifen macht aber aus einem Wald trotzdem keinen Rosengarten. Man wird zum Beispiel berücksichtigen müssen, dass die Mediendichte heute viel größer geworden ist und die meisten Menschen in einem normalen Tagesablauf ohne große Anstrengung überall Informations-Häppchen aufschnappen können: vom Weckradio, auf dem Netz-Weg zum Online-Konto, im Bus, an Multivisionswänden in der Stadt, durch Gratiszeitungen oder am PC im Büro. Als aktuelles Daten-Fundament reicht das vielen aus, den Rest ihrer Spezial-Interessen suchen sie sich dann gezielt, aber nicht in der Allround-Tageszeitung.

Dieses Medienverhalten macht uns die Arbeit nicht leichter. Wir versuchen neben der Grundversorgung etwa auch Nischen-Themen immer mal wieder zu behandeln, so dass auch hier der Gebrauchswert der Zeitung steigt. Man kann auch versuchen, die ‚Router-Funktion' der Zeitung auszubauen, so dass der Leser über TV-, Rundfunk, Internet-Angebote, Konsolen-Spiele etc. informiert wird und so gezielt nach seinen Vorlieben suchen kann. Im *Google*-Zeitalter wird die Zeitung als Rundum-Programmzeitschrift für den Alltag aber vermutlich nur Platz zwei erringen können. Denn *Google* ist kostenlos. Zumindest, wenn man ohnehin über einen Online-Anschluss verfügt.

Wie gehen Sie mit dem regionalen Sonderfall Berlin-Potsdam-Brandenburg um?

Das ist in der Tat eine ‚schöne' Herausforderung. In unserem Verbreitungsgebiet stoßen nicht nur Hauptstadt und Umland zusammen – ein Verhältnis, das schon zu DDR-Zeiten nicht ganz einfach war, sondern auch Ost und

West und Metropole und ländlich-dörfliches Milieu. Berliner gehen selbstverständlich davon aus, dass bei ihnen die Musik spielt, meist tut sie das in politischer, wirtschaftlicher und gesellschaftlicher Hinsicht ja auch. Das finden Märker arrogant und eingebildet, während Berliner Probleme wie den Generationswechsel bei Feldrain-Pappeln vor allem kurios finden. (Wen es interessiert: Meist im gleichen Jahr gesetzt, sterben sie meist auch im gleichen Zeitraum nach etwa 30 Jahren ab oder fallen um, was Folgen für Wind- und Schneeprävention hat, aber auch einfach nur Kosten bei der Holzberäumung verursacht Die politische Kultur unterscheidet sich dramatisch. Jenseits der Stadtgrenze ist die Landespolitik auf Potsdam ausgerichtet, Bundespolitik interessiert deutlich weniger und Berliner Landespolitik so gut wie gar nicht, es sei denn durch die Sperrung von Straßen oder andere alltagsrelevante Entscheidungen ergeben sich Folgen für Pendler oder Einkaufstouren nach Berlin (von Sonderfällen wie Stadtgüter oder JVA für Berliner Delinquenten im Umland einmal abgesehen). Dieser Konflikt wird auch in der Redaktion ausgetragen, wo etliche Redakteure aus Berlin kommen und beispielsweise großstädtische Vorstellungen von ökologischem Lebenswandel mitbringen. Wer aber in Kommentaren den Brandenburgern vorschlägt, doch mehr öffentlichen Verkehrsmittel zu benutzen, der sollte sich mal in Güstebieserlose ins Bushäuschen stellen (kleiner Tipp: reichlich Verpflegung mitnehmen).

Während wir also die Bundespolitik mit etwas günstigeren Voraussetzungen als andere Regionalzeitungen (räumliche Nähe) ins Märkische übersetzen, ist der Umgang mit Berlin schwieriger. Diejenigen, die aus der Stadt herausgezogen sind, richten ihren Blick meist weiter auf Berlin-Mitte, alteingesessene Märker dagegen beschweren sich zuweilen, wenn der Anteil der Berlin-Themen in ‚ihrer' Zeitung zu hoch ist oder wir die Deutsche Oper ohne den Zusatz „in Berlin" erwähnt haben. Veranstaltungstipps etwa können wir für Berlin nicht so kleinteilig bringen wie für die Mark. Für Berlin-ferne Regionen wäre das ohnehin unsinnig, und selbst aus dem Speckgürtel pendeln abends weniger Leute als Interesse an Veranstaltungshinweisen besteht. Aber das ist wohl in Berlin ähnlich: man könnte all die Angebote nutzen, tut es aber nicht.

Im Grunde suchen wir aus den Berliner Themen also die größten heraus und stellen die Anknüpfungspunkte zu Brandenburg in den Mittelpunkt. Die unterschiedlichen Lebenswelten in dörflichem Umfeld und Großstadt zu vereinen ist aber mitunter schlicht unmöglich, weil das Berliner Umland – ganz anders etwa als rund um Frankfurt/Main, München oder Hamburg – nicht durch jahrzehntelangen Austausch auf die Stadt in der Mitte orientiert ist, sondern ausgesprochen dörflich geprägt ist. Wenn der Berliner Zoo-Direktor Kätzchen ertränkt, versteht ein Märker nicht, was dabei die Nachricht oder gar der Skandal sein soll. Jagd, Holzwirtschaft, Ortsdurchfahrten, Kreisgebietsreform, Windkraftanlagen, die Zahl der Polizeipräsidien – alles Themen, mit denen Berliner nichts anfangen können.

Diskussion

Beschreiben Sie die Abläufe und Arbeitsweisen bei der Gestaltung ihres Politikteils. Wie betreiben Sie Agenda-Setting?

Die Arbeitsabläufe unterscheiden sich bei der *MAZ* nicht sonderlich von anderen Tageszeitungen. Der Nachrichten-Input läuft über die großen Nachrichtenagenturen, über das weltweite Korrespondenten-Netz und natürlich über die 15 Lokalredaktionen in der Fläche Brandenburgs. Das sind sozusagen die wichtigsten Messfühler in die Welt. Nebenbei laufen *n-tv* und *Spiegel-Online*, wobei gerade bei letzterem Vorsicht geboten ist. Die geschätzten Kollegen sind – anders als eine Tageszeitung – sehr flexibel wenn es darum geht, Themen als Spot-Nachricht hochzuziehen und bei näherer Recherche und klarer Sicht auf die Dinge dann wieder runterzustufen und auf einen realistischen Nachrichtenplatz zu setzen. Das Nachrichtengeschäft wird dadurch hektischer. Gerade bei der Tageszeitung darf man sich nicht ausschließlich dem Nachrichten-Kompass aus dem Internet anvertrauen, sondern muss seine eigenen Maßstäbe behalten – auch auf die Gefahr hin womöglich am nächsten Morgen falsch zu liegen. Kleinere Redaktionen wie wir können es sich nicht leisten, wegen der Eil-Meldung auf *Spiegel-Online* einen Stab von Mitarbeitern von anderen Dingen abzuziehen und an einen noch etwas undurchsichtigen Coup zu setzen, der sich im Laufe der nächsten Stunden als doch nicht so sensationell herausstellt. Dann ist Arbeitszeit vertan, Plätze sind umlayoutet und man hat womöglich gar am nächsten Morgen ein Thema groß im Blatt, das inzwischen längst aus der Agenda verschwunden ist.

Allerdings ist es im Nachrichtengeschäft wie an der Börse: Wenn alle verkaufen, kann man seine Papiere nicht einfach deshalb behalten, weil die Substanz des Unternehmens gut ist, sonst hat man nächsten Tag vor allem Verluste im Portefeuil. Unter Kollegen sieht man auch als Zeitungsmann mitunter am nächsten Tag, wo sie überall auf *Spiegel-Online* draufgesprungen sind. Wenn dann in der großen Konferenz der Satz kommt: „Die anderen haben das alle größer..." – hat man meist einen schweren Stand. Ganz unabhängig davon, ob die Größe der anderen gerechtfertigt ist. Vielleicht sind sie nur von einem bestimmten Trip nicht mehr rechtzeitig runtergekommen. Wenn man freilich ständig neben der Themengewichtung der gesamten Branche liegt, ist das entweder eine ganz gewiefte Masche, oder man sollte vielleicht doch mal darüber nachdenken, ob man etwas falsch macht.

Neben diesen ,normalen' Nachrichten-Abläufen gibt es natürlich noch die Recherchen, an denen wir selbst dran sind und die (hoffentlich) noch nirgends sonst im Schwange sind. Diese Themen bewegen sich freilich meist im regionalen Kontext, wo unser Schwerpunkt ist und werden deshalb auch überregional oft nicht so gewürdigt. Andersherum kommt es vor, dass man als Regionalzeitung beispielsweise eine außenpolitische Exklusiv-Nachricht hat (wir hatten als

Einzige einen Kollegen in Bagdad als sonst keiner mehr dort war oder haben unlängst exklusiv mit dem BenQ-Chef in Taipeh gesprochen...). In solchen Fällen werden unsere Nachrichten dann leider ebenfalls nicht so zur Kenntnis genommen, weil man uns die Kompetenz auf diesem Gebiet nicht zutraut und lieber wartet, ob das auch über andere Kanäle noch gemeldet wird. Oder um es anderes zu sagen: Wir sind viel zu gut für diese Welt.

Die zeitlichen Abläufe sind bei uns so strukturiert, dass die Redaktion gegen 10 Uhr zu arbeiten beginnt, um 12.30 Uhr legt die große Sitzung die großen Themen fest, um 15 Uhr erfolgt eine Nachjustierung und Übergabe an den Spätdienst, der dann bis kurz vor 24 Uhr die Geschäfte führt. Dazwischen sind immer wieder Interventionen möglich und notwendig.

Lassen Sie mich an dieser Stelle auf ein Phänomen hinweisen, das man immer wieder beobachten kann: Dramatische oder wichtige Ereignisse finden fast immer (oft) gegen oder nach 18 Uhr statt. Bei Politiker-Rücktritten kann man das sogar ansatzweise rational erklären, weil die wenigsten Machtmenschen freiwillig und leichthin aus dem Amt scheiden, geht vermutlich der Tag mit Konsultationen und Einwirkungen Vertrauter hin, die dem Betroffenen klar machen, dass er nicht mehr zu halten ist, sich und seine Partei beschädigt. Dann gibt es da noch die Abgezockten, die mit irgendwelchen Großtaten bei *heute* und der *Tagesschau* die Spitzenmeldung sein wollen – bei Rücktritten wollen sie es allerdings meist nicht. Politische Ereignisse in Amerika, die dort mittags stattfinden, fallen bei uns in die Abendzeit. Was Asiaten bewegen könnte, in tiefer Nacht ihrer Zeitzone irgendetwas vom Zaun zu brechen, weiß ich nicht – jedenfalls haben sich überall auf der Welt niederträchtige Mächte gegen unseren Redaktionsschluss verschworen. Und wer denkt, die Seiten seien soweit in Ordnung, vielleicht kommt man doch einmal gegen 19 Uhr aus der Redaktion heraus, der wird meist eines besseren belehrt und die fatalistische Lebensgefährtin hat wieder einmal recht, dass Kinobesuche einfach nicht planbar sind.

Wie wichtig ist die Internetpräsenz für eine Regionalzeitung?

Sie ist sehr wichtig insofern, als sich keine Zeitung es wirklich leisten kann, nicht im Netz vertreten zu sein. Leser und Nicht-Leser fragen das nach, wenngleich nicht in wirtschaftlich rentablen Umfängen. Wobei wir gleich bei der Einschränkung der Wichtigkeit sind: Es gibt so gut wie keinen Internet-Auftritt eines Mediums, der sich rechnet. Womöglich ist das bei *Spiegel-Online* der Fall (der Verlag behauptet es), allerdings ist das auch der Primus der Branche. Wenn man von praktischen Problemen wie der Tatsache, dass Exklusiv-Geschichten, die zu früh im Netz stehen, von der Konkurrenz nachgedreht werden, wenn davon also einmal absieht, kosten Online-Auftritte mehr Geld als sie einbringen. Und das meist schon dann, wenn die Online-Mitarbeiter nur die Inhalte des Verlages verwalten und noch nicht einmal eigenständige Inhalte erstellen. Die Werbeumsätze im Netz steigen, aber sie steigen nicht bei den Web-Auftritten von Zeitungen. Zeitung wird nach wie vor nicht am Computer gelesen.

Wenn Sie sich die Verlage anschauen, die wirklich etwas Geld mit dem Internet verdienen (*Spiegel-Online, Burda, Holtzbrink, Springer*), dann werden Sie feststellen, dass diese Häuser so ziemlich alles zusammengekauft haben, was im Netz angesagt ist: Spiele-Seiten, Tauschbörsen jeder Art, Anzeigen-Plattformen für Autos, Boote, Immobilien etc., Community-Sites wie Schüler- und Studenten-Netzwerke, Suchmaschinen oder Online-Buchhändler. Mit publizistischen Inhalten verdient keiner Geld. Nun kann es durchaus eine Strategie sein, den ins Netz abwandernden Werbeumsätzen zu folgen, es ist aber doch ein anderer Markt, der nur am Rande mit dem Verlagswesen vernetzbar und der sehr volatil ist. Wenn eine Community plötzlich nicht mehr cool und angesagt ist, ist ein Web-Auftritt schneller tot als eine Zeitung.

Ich denke, dass auf diesem Gebiet noch viel in der Findungsphase ist. Bei Regionalzeitungen können wir beispielsweise im Netz Veranstaltungstipps recht gut zusammentragen, die sonst in einzelnen Lokalausgaben erscheinen würden. Wer aus Rathenow nach Neuruppin fährt, kann vorher nachsehen, was dort los ist. Man muss aber kein Hellseher sein, um sich vorzustellen, dass das zwar sehr praktisch und leserfreundlich ist, aber keinen Massenansturm generiert. Wenn also wieder einmal große Verlagsmenschen davon sprechen, dass die Zukunft im Internet liegt, warte ich immer erst auf eine plausible Überschlagsrechnung der zu erwartenden Erträge. Mitunter werden da auch die eigenen Investments der Vergangenheit nachträglich schön geredet, oder vielleicht soll auch die Konkurrenz auf einen Trip gebracht werden, um den Markt hochzuziehen. Ich will da meine Skepsis gar nicht verhehlen.

Wie schätzen Sie die Zukunft der Regionalzeitungen ein?

Für ‚blühende Landschaften' sind ja andere zuständig, vielleicht kann man es so ausdrücken: Trotz leicht bröckelnder Auflagen bei nahezu allen Zeitungen sehe ich keine Alternative zu Regionalzeitungen. Allerdings immer unter der Voraussetzung betrachtet, dass das Informationsbedürfnis, das unserem Angebot zugrunde liegt, nicht erlischt. Wir können uns auf vieles einstellen, aber Menschen, die nichts mehr wissen wollen, sind dann doch eine schwierige Kundschaft für einen Informationsmakler. Wo das Interesse an der Umwelt sich auf die Promi-Nachrichten reduziert, die der Lidl-Katalog mitliefert, können wir keine aufwändige Redaktion mehr aufrechterhalten. Wo sich ganze Landschaften physisch entleeren, werden die Vertriebswege unbezahlbar oder es sich schlichtweg einfach keine Leser mehr da. In diesen Fällen sind wir ziemlich machtlos. Wer aber nach wie vor wissen will, was seine Gemeinde, sein Kreis- und Landtag beschlossen hat und vielleicht noch ein wenig über diesen Tellerrand hinaus blickt, für den werden wir auch in Zukunft unersetzlich sein – in welcher Form wir auch erscheinen mögen. Wir kommen hier aber zu einem Problem, das viel tiefer geht und nicht nur die Zukunftsaussichten der Zeitungsbranche berührt: den mündigen, mitwirkenden Bürger, der für ein demokratisches Gemeinwesen unerlässlich ist. Wo er fehlt, geht es uns als Zeitung schlecht, aber der Gesellschaft geht es vermutlich noch viel schlechter.

Welche Bedeutung hat das Ost-West-Verhältnis in Deutschland für Ihre Berichterstattung?

Die Ost-West-Thematik ist in verschiedenen Bereichen ständig präsent. Es beginnt mit den so genannten Ost-Nostalgikern (das ist nicht böswillig gemeint, sondern ein Fachbegriff zur Milieu-Einteilung, der nach der Wende eigens vom Sinus-Institut eingeführt wurde), die in unserem Verbreitungsgebiet stark vertreten sind. Ihnen kommen wir insofern entgegen, als wir mit der entsprechenden Ausführlichkeit über die Linkspartei berichten, sowie Jubiläen, Künstler/Prominente und Artefakte der DDR erwähnen. Wir beteiligen uns allerdings nicht an der Umdeutung der deutschen Geschichte oder der besonders gemütlichen Ausgestaltung des Blattes mit mentalem DDR-Inventar. Dass dies immer wieder auch eine Gratwanderung ist, sei an dieser Stelle nicht verschwiegen. Besonders engagierte Aufarbeiter der DDR-Geschichte nehmen uns zuweilen dafür in die Kritik, dass etwa belastete Zeitzeugen überhaupt im Blatt vor- oder zu Wort kommen und dass wir nicht hinter jeden Blödsinn noch einmal ausdrücklich schreiben, dass es solcher ist. Wenn heute noch treue Kader von damals die Beschlüsse des Politbüros rechtfertigen, spricht das für sich, und ich gehe davon aus, dass auch der letzte Leser weiß, wie er es einzuordnen hat. Ich halte uns deshalb für unverdächtig, aus DDR-Nostalgie publizistische Funken zu schlagen.

Ost-West spiegelt sich (wie schon erwähnt) auch in der deutlich anderen Debattenkultur Ostdeutschlands wider, die viele alteingesessene Leser für ermüdend, nicht zielführend und zum Teil auch volksverdummend halten nach dem Motto: „Da hauen sie sich auf offener Bühne die Schädel ein, gehen hinterher ein Bier trinken, teilen die Pfründe untereinander auf und am Ende haben doch die Monopolkonzerne das Sagen." Man merkt es an der Gereiztheit, mit der zum Beispiel Pro&Contra-Beiträge zur Kenntnis genommen werden, die von der Natur der Sache her zumindest zwei Standpunkte beleuchten. Hier gibt es oft Reaktionen, die „den falschen Standpunkt" schlichtweg nicht im Blatte sehen wollen, weil sich das für ein ernsthaftes Blatt in der Öffentlichkeit nicht gehört...

Mit dem spezifisch ostdeutschen Problem der degressiven demographischen Entwicklung haben wir ebenfalls zu tun. In aller Regel gehen die Engagierten, Gebildeten, Interessierten weg, damit sinkt die potenzielle Käuferklientel für eine Qualitätstageszeitung. Die Arbeitslosigkeit ist vergleichsweise höher als in vielen Regionen des Westens, so dass das Thema Arbeit, Arbeitssuche, Beratung, Ansiedlung einen breiteren Raum bei uns einnimmt und die monatliche Statistik aus Nürnberg meist sehr prominent (Seite 1) präsent ist.

In der Folge ist auch die Interessenlage der Menschen eine andere. Über Politik will man in Abwanderungsregionen eher weniger wissen, das Interesse an Unterhaltung steigt. Landwirtschaft bleibt ansässig und wird stärker nachgefragt als in Berlin-nahen Bereichen. Wo Menschen auf Grund ihrer Lebenssituation weniger in soziale Kreisläufe eingebunden sind, dünnt auch das gesellschaftliche Geflecht aus, die Lebenswelten, die solche Menschen in ihrer Zeitung erwarten, werden schmaler. Die Ausdünnung von Infrastruktur und Kultureinrichtungen führt dazu, dass etwa Theaterberichterstattung mancherorts eine Art Auslandskorrespondenz ist.

Man kann nun darüber streiten, in welchem Maße all das ostdeutsche Probleme sind. Mir scheint jedoch, dass etwa Problemregionen an Rhein und Ruhr sehr viel stärker aus vernetzten Metropolen bestehen, so dass etwa ein Konzert oder eine Ausstellung doch öfter in der von Bahn und Autobahn erschlossenen Nachbarschaft stattfindet und nicht nach 100 Kilometern Landstraße. In weniger besiedelten, strukturschwachen Gebieten des Westens haben sich im Laufe der Zeit relativ stabile Strukturen gebildet, Tourismus der auf Kargheit und Ökologie setzt, hat sich bereits etabliert. Hier gibt es im Osten noch etliche weiße Flecke, wenngleich man auch die Boom-Regionen nicht verschweigen sollte, bei denen es ganz danach aussieht, als seien sie gerade dabei, das Blatt zu wenden: die Ostseeküste, Teile Thüringens und Sachsens.

Sehen Sie die Stiftung Brandenburger Identität als Aufgabe Ihrer Zeitung?

Die regionale Zeitung gehört im besten Falle immer zur regionalen Identität der Menschen. Die Leute sind von hier, wir sind von hier, da sollten Blatt und Leser automatisch eine Art Community bilden. Die märkische Identität gewissermaßen aktiv stiften zu wollen, ist zwar in unserem Interesse, weil es einer Region immer gut tut, ihre eigene Identität zu haben, geht in der mechanischen Vorstellung etwas zu weit: Wir sind nicht die Austeiler von Identität. Wir nehmen diese auf, wo sie wächst und gedeiht, können und wollen den Lesern aber nicht penetrant ihre Herkunft um die Ohren hauen. Nebenbei gesagt ist vom Menschenschlag her das ‚Märker-Motivieren' auch eine der härtesten Aufgaben überhaupt. Hier gilt zumeist das Motto: „Wenn ick nüscht saje, isset jut!"

Wo wir können, versuchen wir allerdings etwa durch Herstellung von Öffentlichkeit oder Beteiligung an Veranstaltungen gesellschaftliches Leben und Lebensfreude zu befördern. Wir organisieren Informationsveranstaltungen, sind Partner bei großen Aktionen, Festen und anderen Ereignissen und tragen vielleicht auch als Zeitung selbst dazu bei, die Geschichte der Mark präsent zu halten, interessante Personen vorzustellen, die ihre Wurzeln in der Region haben und überhaupt durch Wissen über das Geschehen in Brandenburg die Beziehung der Menschen zu ihrer Heimat zu vertiefen. Dahinter steckt aber kein pädagogisches Programm. Das ist unsere natürliche Aufgabe. Dafür lesen uns die Leute, dafür machen wir Zeitung.

Woher nehmen Sie die Motivation, trotz sinkenden Interesses (Auflage) und schlechter Stimmung in Brandenburg, weiter Zeitung zu machen?

Wäre ich Politiker, müsste ich die Bestandsaufnahme der Frage schon zurückweisen. So kann ich mich darauf beschränken darauf hinzuweisen, dass die Auflage der *MAZ* recht gesund ist. Man konnte nicht erwarten, dass die flächendeckende Haushaltsabdeckung mit dem SED-Bezirksblatt aus DDR-Zeiten so auch in einer freien Wirtschaft Bestand haben würde. Im Übrigen schreibt man auch nicht stets mit der Auflagenzahl im Hintergrund, fröhlich bei 200 000, missmutig bei 180 000.

Das Leben in Brandenburg ist nach wie vor spannend – politisch wie gesellschaftlich. Die Parteienkonstellation ist sehr eigen: eine nahezu allmächtige SPD mit dennoch äußerst dünner Personaldecke an der Spitze. Eine zerstrittene Union ohne bürgerliche Basis im Land. Grüne und FDP abgeschlagen. Wirtschaftlich gibt es viele Chancen, die noch immer auf ihre Nutzung warten (gut ausgebildete Leute, Berlin-Nähe, geringe Distanzen zwischen Arbeit und wirklicher Erholung...).

Und schließlich beantwortet sich Ihre Frage auch von selbst: Fahren Sie doch einfach mal an einem Frühlingstag raus aus Berlin. Fahren Sie ins Oderbruch durch kleine Dörfer, die noch Dörfer sind, radeln Sie den Deich an der Oder entlang und kehren in einem Landgasthaus ein. Gehen Sie auf der Fläming-Skate auf die Piste, touren mit dem Motorrad um Neuruppin und Rheinsberg, zum Schiffshebewerk Niederfinow oder einfach rein zwischen die Rapsfelder der Uckermark – Sie möchten laut singen vor so wundervoller Landschaft, die einfach da ist, die irgendwie auch Freiheit bedeutet. Spätestens, wenn Sie abends im Prenzelberg oder in Schöneberg wieder einen Parkplatz suchen, wissen Sie, was ich meine.

Ralf Schuler wurde 1965 in Berlin geboren. Nach dem Abitur absolvierte er zunächst eine Ausbildung zum Mechaniker für Metallbearbeitung, 1985 arbeitete er erst als Volontär und anschließend als Redakteur bei der Tageszeitung „Neue Zeit". 1989 Beginn des Fernstudiums der Literatur- und Kulturwissenschaften an der Berliner Humboldt-Universität, vier Jahre später Theodor-Wolff-Preisträger. Anschließend freier Journalist für verschiedene Zeitungen. 1995 wurde Ralf Schuler Redakteur bei der „WELT", ein Jahr später stellvertretender Ressortleiter Berlin der „WELT". Seit 1998 ist er Politikchef der „Märkische Allgemeinen", seit 2000 zusätzlich mit der Verantwortung für „Spezial"-Beilagen und Vermischtes.

Richard Meng

Hinterfragen, verkaufen, berichten: Die alltäglichen Zielkonflikte zwischen politischer Kommunikation und politischem Journalismus

Politische Kommunikation und politischer Journalismus: Dazwischen bleibt ein Spannungsfeld, ein Platz gegenseitiger Missverständnisse. Aber, wenn es gut geht, gibt es auch einen gemeinsamen Anspruch: Die Demokratie vor noch mehr Beliebigkeitspolitik und Medienpopulismus zu bewahren.

Wer eigentlich hat die Macht, eher die Politiker oder eher die Medienleute? Ich habe mich in all den Jahren als Journalist nie mächtig im Sinne von entscheidungsmächtig gefühlt. Vielleicht ist das ein Defizit bei mir selbst. Vielleicht war ich mächtiger, als ich glaubte. Definitionsmächtig war ich gewiss. Denn es bleibt ja die Aufgabe von Medien in der Demokratie, Definitionsmacht – bitte: transparent – auszuüben. Und das passiert schließlich quasi automatisch, durch die Art der Berichterstattung wie durch die Auswahl des Berichteten bzw. Weggelassenen.

Das Machtproblem der Politikjournalisten, so schien es mir oft, kommt manchmal weniger von überschäumenden Machtphantasien her – sondern es hat etwas mit Eitelkeit zu tun. Und mit der Schwierigkeit, stets auf Augenhöhe mit der Politik zu kommunizieren, ohne sich selbst als Politiker misszuverstehen. Die Versuchung, sich selbst an die Stelle der Politik zu setzen, ist ungeheuer groß. Vor allem dann, wenn – hier greift der Faktor Eitelkeit – Journalisten zugleich ‚Fernsehgesichter' sind, also den Selbstspiegelungen dieses Mediums ausgesetzt sind, sozusagen selbst zur Promi-Szene gehören und im Alltagsleben die entsprechenden Rückmeldungen bekommen. Auch so können Machtphantasien wachsen.

Letztlich aber bleibt die politisch korrekte Antwort doch eigentlich immer: Die Macht liegt bei der Politik, und der Journalismus beschreibt, bewertet, begleitet sie. Indes: Wer regelmäßig und näher in Kontakt mit Politikern ist, stellt etwas auf den ersten Blick Überraschendes fest: Nicht etwa die Journalisten fühlen sich manchmal ohnmächtig. **Die Politik fühlt sich ohnmächtig – nicht selten gerade den Medien gegenüber.**

Mag sein, dass wir alle lange Zeit mit dem Machtbegriff etwas zu gedankenlos umgegangen sind. Ich erlebe – zunächst als Journalist, jetzt als Regierungssprecher – jedenfalls immer wieder, dass Politiker das Gefühl haben, sie könnten eigentlich viel zu wenig bewegen. Widerstände allerorten, rechtliche Hürden, Kompetenzgrenzen, medialer Gegenwind: Unter Politikern gehört es mitunter sogar schon zum guten Ton, die Grenzen der Gestaltungskraft herauszustellen. Das geht bis zum Smalltalk. Neulich habe ich einen gestandenen europäischen Staatspräsidenten sagen hören: "Die Leute denken immer, ich hätte Macht. Aber wenn es hoch kommt, habe ich ein bisschen Einfluss". Die Frage ist – zumindest aus Sicht der Politik – also durchaus ernsthaft zu stellen, auch in Richtung Journalisten: Was kann man in dieser globalisierten Welt, zudem in einer Mediendemokratie, in der so viele Faktoren zu beachten sind, überhaupt bewegen?

Unter Kanzler Gerhard Schröder gab es noch eine Phase, in der es schien, als hätten die Inszenierer die Macht. Die Selbstinszenierung dieser Inszenierer hat eine Weile sehr, sehr gut funktioniert. Man bekam den Eindruck, die wirkliche Macht säße bei den Leuten, die Wahlkämpfe entwerfen und nicht bei denjenigen, die sie führen. Denken Sie an die Spindoctor-Diskussion, die sich inzwischen ja denn doch totgelaufen hat. Der allgemeine Wunderglaube hat auch in dieser Hinsicht nachgelassen.

Mein Eindruck ist, dass er sich speziell nach der Bundestagswahl 2005 ein Stück weit erledigt hat. Obwohl die Medien relativ eindeutig auf einen neoliberalen Kurs einschwenkten, ist der schwarz–gelbe Wahlkampf von Angela Merkel und Guido Westerwelle mit den Thesen von Paul Kirchhoff u.a. nicht durchgedrungen. Es zeigte sich: Die Menschen wurden skeptisch, als sie sich damit auseinandersetzten. Das hatte wenig mit Inszenierung und viel mit Realität zu tun. Deswegen finde ich, wir sollten die Inszenierungsdebatte zwar nicht abhaken, aber wir sollten sie heute ein Stück weit relativieren.

Ein anderes Grundproblem, das gleichermaßen Politiker wie Journalisten betrifft, ist allerdings seit dem Start der darauf folgenden Großen Koalition umso unübersehbarer geworden: Wir leben in einer Zeit, in der politische Großthemen immer nur in Trippelschritten bearbeitet werden können. In unserer Lebenszeit gab es nur zweimal Zeiten, in denen das anders und richtig Bewegung in der Republik war. Das waren zum einen die 60er und beginnenden 70er Jahre, als ein tiefreichender Generationskonflikt mit fundamentalen politischen Dimensionen aufbrach. Zum anderen betrifft es alles, was ab 1989 nach dem Mauerfall kam.

Damit meine ich: Es gibt in der Historie Phasen, in denen Grundlegendes gestaltet werden konnte und musste. Aber: **Wir leben heute in einer Zeit, in der wir wieder auf die Nuancen achten müssen.** Nicht nur aus Systemgründen, weil Bundestag, Bundesrat und Europa sich in hohem Maße gegenseitig blockieren, so dass oft überhaupt nichts mehr voran geht. Sondern auch, weil viele Grundentscheidungen ganz einfach schon unwiderruflich gefallen sind. Bei Politikern äußert sich dann dies in der Frage: „Welche Ziele soll es denn über den Tag hinaus überhaupt noch geben?" Grundsätzliches, gar Visionäres erscheint ihnen als weltfremd, zu intellektuell, geradezu naiv. Und bei vielen Journalisten erlebt man das Gleiche, wenn Sie bezogen auf die klassische Institutionenpolitik fragen: „Was sollen wir da denn noch berichten? Was ist denn eigentlich noch neu?" Trippelschritte erscheinen ihnen als zu langweilig, zu erklärungsbedürftig. Umso schneller wird ausgewichen in Personalisierung und inhaltsferne Machtspekulation.

In der Rolle, die ich seit einigen Monaten als Berliner Senatssprecher habe, verstärkt sich ein Eindruck, den ich früher als Journalist schon zunehmend gewonnen hatte: Das größere Problem im Alltag ist nicht die grenzenlose Themenvielfalt, das Auswahlproblem. Das größere Problem in den Medien ist es mittlerweile, überhaupt politische Themen zu finden, die man noch als neu präsentieren und mit denen man sich als Medium interessant machen kann. Denn auch die Selbstpräsentation der Qualitätsmedien ist sehr viel wichtiger geworden, seit speziell der Qualitätsjournalismus so massiv unter Marktdruck gekommen ist.

Es gibt in der Medienlandschaft immer Konjunkturen. Eine dieser schon besonders lange andauernden Konjunkturen ist der permanente Auflagenverlust der Printmedien und das Quotenproblem der öffentlich-rechtlichen Sender. Der Druck, der davon ausgeht, steigt langsam, aber kontinuierlich, weil jüngere Menschen weniger als früher Zeitung lesen und ganz überwiegend zu den Privatsendern wechseln. Das ist ein Prozess, der leider bisher nicht aufgehalten werden konnte. Es gibt eine Reihe von bekannten Folgerungen für die Präsentation des öffentlichen Diskurses: wachsende Bedeutung der Bilder, Veränderung der Sehgewohnheiten, kürzere Verweildauer bei der Lektüre von Texten. Und es gibt eine Profession von marktkonformen Beratern, die den Chefredaktionen einreden, nur immer mehr Anpassung an diese Trends könne weiteren Abstieg verhindern.

Hinzu kommen, was die politische Kommunikation betrifft, einige zusätzliche Entwicklungen. Eine davon hat zu tun mit Berlin als zentralem politischem

Ort. Niemand sollte die Wirkung der Zentralisierung von politischer Kommunikation in einer Hauptstadt, in der sich alle begegnen (Lobbyisten, Journalisten, Politiker, Wirtschaftsleute, Kulturchefs) unterschätzen. Das war in den Bonner Zeiten dann doch anders. Das Zentrum Berlin dominiert die Meinungsbildung bis in die Bundesländer hinein weit umfassender, als es vor Jahrzehnten der Fall war. Eine zweite Entwicklung: Es gibt heute einen Internetjournalismus, der für mich zwar kein neues Genre ist, aber eine neue Bühne. Der die Beschleunigungsprozesse im Umsetzten von Nachrichten nochmals fokussiert. Der auch die dezentralen Zentralen, die Chefredaktionen überall im Land, in Sekundenschnelle erreicht und so Themen setzt, an denen hinterher die Korrespondenten nicht mehr vorbei kommen.

All das sind Trends auf einem Weg, der wie unumkehrbar scheint. Und auf dem die Politik das Gefühl beschleicht, dass, was immer sie tut, die Öffentlichkeit gegen sie ist – weil kaum mehr neugierig und offen zugehört, sondern gleich blitzschnell geurteilt wird. Das führt dann erst recht zu einem gewissen Defensivverhalten der Politik, auch Journalisten gegenüber. Als Journalist konnte ich das oft gar nicht nachvollziehen. Als Regierungssprecher erlebt man es fast täglich und begreift die Motive.

Es gibt ja tatsächlich so etwas wie einen systembedingten Skeptizismus – um nicht zu sagen: Pessimismus - im Journalismus und einen systembedingten Optimismus in der Politik. Es gibt bestimmte Denklogiken. Wenn Sie als Journalist an ein Thema rangehen, überlegen Sie natürlich als erstes: Was ist schief gegangen, wo ist das Problem? Und Sie nähern sich dem Thema mit diesen Fragestellungen, weil das die interessanten sind. Journalismus hat kritisch zu sein, wohl wahr. Aber wo ist die Grenze zum Skeptizismus, der in Politikverachtung mündet oder sie zumindest schürt?

Dinge, die klappen und mit denen alle einverstanden sind, haben weder einen Nachrichtenfaktor, noch ergibt sich so eine schön erzählte Geschichte. Politiker andererseits denken legitimerweise ganz unwillkürlich entlang einer ganz anderen Frage: „Was ist gelungen? Was könnte gelingen? Was haben wir geschafft? Was ist gut gelaufen?" Spätestens an dieser Stelle ergibt sich ein systemisches Gegeneinander, eine von Grund auf verschiedene Wahrnehmungsweise.

Mein eigener Ansatz ist in den verschiedenen Rollen immer gewesen: Ich will Politik erklären. In der Journalistenrolle ist das die logische Konsequenz aus einem im guten Sinne aufklärerischen Ansatz. Und auch Sprecher sind ja nicht Wahrheitsverkünder, auch Sprecher sind Erklärer. Das ist eine Rolle, die – seriös wahrgenommen und nicht rein propagandistisch ausgelegt – eine Bedeutung in der Demokratie hat. Nur: Was ist eigentlich zu erklären, wenn die journalistische Fragestellung in eine bestimmte Richtung schon derart voreingenommen ist, dass die Antwort, die ich wahrhaftig geben kann, überhaupt nicht gesucht wird? Es gibt Situationen, in denen Nachfragende und Antwortende sehr weit auseinander sind. Weil es ihn eben doch gibt – und das nicht zu selten: den reinen Kampagnenjournalismus, im Bund wie im Land, eher zunehmend als abnehmend von Hierarchien innerhalb der Redaktionen gesteuert. Aber nicht selten auch vorauseilend oder vermeintlich idealistisch motiviert. Weil es ja immer nur gut sein kann, Politiker in irgendeiner Hinsicht zu entlarven. Oder?

Es gibt noch keine runde, in sich konsistente Theorie des politischen Journalismus in diesen Zeiten. Es gibt Beobachtungen und Versatzstücke. Bisher hat es noch keiner geschafft, darauf ein Theoriegebäude zu bauen, das dem Praxistest standhielte. Im Gegenteil: So manche Lehrbuchweisheit, gerade wenn es um ethische Prinzipien des politischen Journalismus geht, hält solchen Praxistests eher weniger stand. Und mir persönlich ist, wenn es um die Abstraktion dieses komplizierten Verhältnisses Journalisten-Politiker geht, der Begriff der Logiken der wichtigste: **Medienlogik, auf der einen, Institutionenlogik auf der anderen Seite.**

Medienlogik lebt vom Neuigkeitswert, von Tagesbezogenheit, von Personalisierung. Wenn Sie Ihr eigenes Konsumverhalten anschauen, wie Sie Medien wahrnehmen, was Sie lesen, was Sie sich anschauen: Der Umgang des Publikums mit den Medien hat eine eigene Rationalität. Allerdings eine, die konsumorientiert bleibt. Daneben gibt es Institutionenlogik, die verrechtlicht ist, kaum personalisiert, die ihre Zeit braucht. Wir können uns das Gesetzgebungsverfahren anschauen. Da ist die erste Lesung noch nicht gehalten – aber so manche Journalisten glauben, dieses Gesetz müsse nun doch längst beschlossen sein. Sie berichten kaum mehr darüber, weil sie das Thema langweilig finden. Da gibt es also natürliche Gegensätze und natürliche Spannungen, mit denen Sie im Alltag umgehen müssen. Sei es als Journalist oder als Presssprecher.

Ich bin jemand, der vom politischen Engagement her kommt. In meiner Studienzeit war ich politisch engagiert und habe das beendet, als ich Journalist wurde. Von daher ist mein Berufswechsel in die Sprecherrolle auch eine Art Heimkehr, weg von der beschreibenden und etwas näher heran an die politische Rolle. Ich bin andererseits immer schon gerne ein Journalist gewesen, der etwas bewegen will. Wohlweislich nicht gleichzeitig Politiker sein, das ist etwas anderes. Aber ein Journalist, der nicht nur Themen aufgreift, sondern auch Themen voran bringen will. Ich vermisse das heute gelegentlich bei vielen, vor allem jungen Journalisten. Auch wenn man sich damit in den Meinungsstreit stellt.

Gleichzeitig habe ich immer Politiker gemocht, die mit den Medien umgehen konnten, die diese Medienlogik zwar nicht übernommen haben – das geht überhaupt nicht, weil die Institutionenlogik andere Rhythmen hat – aber die sie verstanden haben und die einverstanden waren, dass man innerhalb der Medienlogik Themen vorantreiben kann. Politiker, die nicht nur mit Defensivverhalten reagiert haben.

Nun kam irgendwann der Punkt, an dem ich das mediale Reagieren, dieses ständige tagesbezogene Arbeiten entlang der Aktualitätskriterien, leid geworden war. Deshalb war es eine privat-lebensgeschichtliche und sehr spannende Entscheidung, nach so vielen Jahren im Journalismus die andere, bis dahin nur vom Beobachten bekannte Seite zu erleben.

Und siehe da: Es gab gleich ein paar wundersame Erfahrungen. Schon in den ersten Wochen hatte ich nach Jahren erstmals wieder das Gefühl, mittelfristig arbeiten zu können. Nicht nur heute für morgen zu produzieren. Ein Gefühl, das ich kaum noch kannte. Als Journalist, selbst in der Chefredaktion der *FR*, hatte ich mir mit der Zeit weithin abgewöhnt, an übermorgen zu denken. Aus professionellen Gründen, wohlgemerkt.

In den letzten Jahren hat sich eine derartige Beschleunigung der Themenauswahl und der Themenumsetzung ergeben, dass dieses Übermorgen zu oft aus dem Blick geriet. Weil man ja genau wusste, dass schon morgen die Welt wieder anders aussieht als heute - themenbezogen. Morgen geben *Bild* oder *SPIEGEL ONLINE* doch sowieso wieder ein ganz anderes Thema vor, auf das man wird reagieren müssen. Und morgen ist wieder irgendwo in der Welt was passiert. Das ist in der Tat ein Trend, den ich für hochgefährlich halte und der mich nicht zuletzt motiviert hat, zu sagen: Das musst du dir nicht den Rest deines Berufslebens antun. Weil sich die Politikberichterstattung quasi selbständig gemacht hat, weil sie immer wieder ihre eigenen Quote-Ereignisse produziert (es rufen ja nur selten die Politiker bei den Journalisten an, meist ist es umgekehrt). Aber natürlich auch deshalb, weil – ein zutiefst journalistisches Motiv – irgendwann keine Neugierde mehr auf solche Prozesse da ist, die man durch und durch zu kennen glaubt.

Es war dann dennoch durchaus eine überraschende Erfahrung, dass Sie innerhalb einer Institutionenlogik, in der ich jetzt arbeite, die Möglichkeit haben, über Monate im Voraus an einem Thema dranzubleiben. Gleichzeitig aber erleben Sie, wenn Sie mit immer noch geschult-journalistischen Augen auf die Politiker schauen: Da ist im politischen Geschäft eine verdammt archaische Konkurrenz im Gang. Aus der Medienperspektive heraus nehmen Sie das so brutal gar nicht wahr. Entweder **er** gewinnt die Wahl, oder **ich** gewinne die Wahl. Und wenn **ich** die Wahl gewinne, ist **er** gescheitert. Dies ist in der Politik eine gnadenlose Alternative. Die eine oder andere Verhaltensweise bei Politikern erklärt sich, wenn man bedenkt, dass an Wahlen auch immer Lebensläufe hängen. Aus der Nähe betrachtet, ist auch das in der Demokratie letztlich logisch, weil es sich bei Wahlen um Auswahl handelt. Aber all das Spielerische, geradezu Leichtfertige, das der Journalistensicht doch oft eigen ist, hat da nichts mehr zu suchen.

Es ist also schon was dran an Politikereindrücken wie dem: „Ihr Journalisten habt eure Planstellen. Ihr wisst, dass Ihr in 10 Jahren auch noch da seid, wenn Euer Medium nicht pleite geht". Ein Satz, den ich oft gehört habe. Gerade, wenn Sie dann im Konkreten erleben, wie hoch in der Politik die Anspannung ist und wie knapp gelegentlich Weichenstellungen ausfallen, die natürlich immer eine Machtkomponente haben und nicht nur eine inhaltliche Komponente: Da schauen Sie mit einem anderem Respekt auf Leute, die sich in diesem Bereich engaieren und sich auch mit vollem Einsatz in einen Meinungsstreit hineinwaen, in dem am Ende einer gewinnt und einer verliert.

Ich will ein paar weitere Beobachtungen aus den Monaten als Regierungssprecher erzählen. Was ich nicht erwartet hatte ist, dass es so häufig Journalisten gibt, die anrufen und, aus meiner Sicht, eher überflüssige Fragen stellen. Wenn ich sie dann darauf anspreche, sagen sie: "Tut mir leid. Ich stelle diese Frage jetzt nicht, weil ich selbst sie stellen will, mein Chefredakteur hätte sie gerne gestellt". Die Hierarchisierung im Journalismus und die Bereitschaft, X-Beliebiges auszuführen, nimmt zu. Da fragt man sich schon: Wo sind unterhalb der Auftraggeber eigentlich noch Leute, die selbst noch journalistisch etwas wollen? Oder – ihre prekäre Lage ist mir wohl bewusst – die sich noch etwas zu wollen trauen können?

Dass der Themenmangel oft die größere Triebkraft ist als die Neugierde, habe ich Ihnen vorhin schon angedeutet. Das sieht man aus der Sprecherperspektive dann auch ein wenig kritischer als aus der des Zeitungsmachers, der jeden Tag eine leere Seite zu füllen hat. **Die News-Orientierung, also der Zwang, jeden Tag Neues zu liefern, kann der Tod der Aufklärung sein.** Das gilt für alle komplizierten Fragestellungen.

Haben Sie eigentlich genaue Informationen bezüglich der Elbvertiefung in Hamburg unter Schwarz-Grün? Wir haben uns allesamt in den vergangenen Wochen, als es um die Koalitionsbildung in Hamburg ging, nur dafür interessiert, ob sich Union und Grüne nun politisch einig werden oder nicht. Die Komplexheit einer solchen Elbvertiefungsfrage, die geht schon in Hamburg unter, geschweige denn aus der Berliner Perspektive. Ähnlich war es übrigens mit dem Flughafen Tempelhof, wenn Sie das Thema aus Frankfurter Sicht betrachtet haben. Da gibt es ein Komplexitätsproblem. Dieses wird meistens in den Medien nur durch eine Art Prozedural–Kommunikation aufgelöst: „Wer hat gewonnen, wer verloren?" Damit glaubt man informiert zu sein, man ist es aber gar nicht.

Die Gesundheitsreform wird mir hierfür ewig ein Beispiel bleiben. Wir Journalisten haben am Ende nur noch analysiert, wer sich durchsetzen konnte. Als die Reform ein halbes Jahr später in Kraft trat, mokierten sich aber alle wegen der Praxisgebühr. Als die beschlossen wurde, hat kein Mensch darüber diskutiert. Obwohl dieses Thema noch nicht mal gar so kompliziert war. Hier zeigt sich der medienlogische Trend, immer mehr auf die Prozedur zu reduzieren. Dabei wird es für Politik sehr schwer, langfristige Themen und vor allem Prolzesse, die über Jahre hinweg laufen, verständlich zu machen. Hier zeigt sich auch ein Stück Versagen von demokratischer Öffentlichkeit - und zwar von uns allen gemeinsam. Von Politik wie von Medien, vom Publikum natürlich auch. Denn es fragt natürlich auch kein Publikum hartnäckig nach.

In den Feuilletons ist in diesem Jahr ein wichtiges Buch unter Wert besprochen worden: Michael Kumpfmüllers *Nachricht an alle*. Der Autor macht den Versuch, mit den Worten des Lektors gesprochen, die Politik in die Literatur zurück zu holen. Er erzählt eine Science-Fiction-Geschichte, die aber relativ nah an der Wirklichkeit der Schröder-Jahre ist. Kumpfmüller lässt darin seinen Kanzler zum Gegenstand von Politik sagen: „Alles ist ein offenes Experiment. Das Problem sind die, die es vorher immer besser wussten." Aus Sicht der Politik ist der Prozess sehr viel offener, und vieles ist mehr Experiment als Strategie. Oft sind es die Journalistinnen und Journalisten, die eilig eine Strategie hinein interpretieren und große Theorien aufstellen. In Wirklichkeit geht es, in Worten von Kumpfmüllers Kanzler, um Experimente mit offenem Ausgang. Aus Sicht der Politik sind das Problem die Besserwisser, zu denen zählte ich früher auch.

Die große Frage ist, wie die Komplexität von Gesellschaft und Politik in einer Welt, in der die symbolische Zuspitzung via Medien letztlich der einzige Weg ist, Themen überhaupt noch zu vermitteln, nicht ausgeblendet wird. Sie können ein EU-Europa mit 27 Mitgliedern nicht in einem Zeitungsartikel erklären. Die Sozialpolitik des Staates Griechenland kennt wahrscheinlich keiner von uns, trotzdem ist sie möglicherweise von einer gewissen Bedeutung für das, was auf EU-Ebene durchsetzbar ist. Ich nehme bewusst diese größeren, abstrakten Beispiele, aber das können Sie anhand der Berliner Politik genau so diskutieren.

Für mich war Journalismus immer Aufklärung. Nicht mit dem erhobenen Zeigefinger, nach dem Motto: Ich weiß, wo es lang geht – dann müsste ich Politiker sein – aber unter der Fragestellung: Wie kann ich die relevanten Informationen und die relevanten Fragestellungen dem Publikum anbieten? Die spannende Frage ist nun doch, inwieweit die neuen Ohnmachtsgefühle der Politik überflüssig wären bei einem besseren, solideren Journalismus oder ob am Ende nicht beide, Journalisten und Politiker, zusammen mit der gesamten demokratischen Öffentlichkeit unter dem gleichen Ohnmachtsproblem leiden, weil die großen politischen Prozesse (einschließlich der Transformation der Öffentlichkeit im Eventsinne) im Vergleich wie Naturgewalten daher kommen. Die Reflexe in den Institutionen sind mittlerweile eher die: nur nicht angreifbar werden. Schlagzeilen sind prinzipiell eher schlecht als gut, weil sie die Aufmerksamkeit auf ein Problem lenken.

Die unterschiedlichen Apparate sind einander, im Hinblick auf solche Reflexe, gar nicht so fremd. Wenn Sie es in der Medienwelt mit einer Gegendarstellung zu tun haben, ist da ein ähnliches Erschrecken, wie wenn Sie es in der Verwaltungswelt mit heiklen Journalistenanfragen zu tun haben. Die Abschottung der jeweiligen Systeme, sowohl medial als auch institutionell, ist immens. Dahinter steckt die Erfahrung, dass Diskurs in der Regel wenig nutzt. Und wer hinterfragt dann überhaupt noch das Große? Wer wirft noch die Demokratiefrage auf, die in solchen Verhältnissen doch immer dringlicher wird?

Für mich ist im Zusammenhang mit der Diskussion, die wir hier führen, die Demokratiefrage gestellt. Bei allem Verständnis für die gegenseitigen Missverständnisse zwischen Journalismus und Politik: Die sind angelegt. Trotzdem sollte man den gemeinsamen Anspruch haben, die Demokratie vor noch mehr Beliebigkeitspolitik auf der einen Seite und Medienpopulismus auf der anderen Seite zu schützen. Wohl wahr, das ist eine Lehrmeinung. Die Populismusfrage ist auf beiden Seiten der Medaille ungeklärt. Es gibt journalistischen Populismus und es gibt politischen Populismus.

Gerade Medien, die unter Aufmerksamkeitsdruck stehen, die auffallen müssen, machen es sich aber oft leicht mit einer schnellen, populären Schlagzeile und dem Versuch, auf den Politikern rumzuprügeln, auf denen gerade alle rumprügeln. Hier entstehen dann die berühmten Loose–loose- Situationen, in denen Politiker sagen können was sie wollen: Sie sehen immer schlecht dabei aus.

Ich habe vorhin schon darauf hingewiesen, dass gute Sprecher für mich Erklärer sind. Sprecher sind für mich nicht in erster Linie Verkäufer. Ich halte vom Verkaufen von Politik herzlich wenig, weil damit Politik zur Ware deklassiert wird. Politik ist aber etwas, was aus Meinungsstreit heraus entsteht. Wo man nur glaubwürdig ist, wenn man sich voll engagiert und wenn man sich damit auch voll in die Diskussion hinein begibt. Die Prozedual-Kommission in den Medien erschlägt das gelegentlich. Und manchmal ist es ganz schwer, aus den daraus entstehenden kommunikativen Fallen heraus zu kommen.

Aber letzten Endes ist da eben doch – ich erinnere an die Kategorie vom Anfang – Macht im Spiel. Erinnern Sie sich noch an den Satz von Edmund Stoiber: „Es darf nicht sein, dass letztlich die Frustrierten über das Schicksal Deutschlands entscheiden?" Der Satz hat Macht gewonnen - über Edmund Stoiber. Indem er einige Tage später in der Leipziger Volkszeitung abgedruckt wurde und die Empörungswelle losging. Erinnern Sie sich noch daran, was Roland Koch genau im Januar gesagt hatte? Ein Satz, der Macht gewonnen hat über ihn, auch gegen ihn. Es ging entfernt um „Kinder in den Knast", jedenfalls in der öffentlichen Perzeption, befeuert selbstverständlich durch die politischen Konkurrenten im Landtagswahlkampf. Hinterher nahm der Regierungssprecher die

Schuld auf sich, den so interpretierbaren Satz nicht aus dem betreffenden Interview rausgestrichen zu haben.

Sie merken: Es ist nicht belanglos, was Politiker sagen. Auch, wenn sie sich selbst relativ ohnmächtig vorkommen. Da kann ein einziger Satz der entscheidende gewesen sei. **Insofern ist politische Kommunikation für Politiker in der Regel eine hochriskante Angelegenheit.** Eine, die ganz gerne an echte oder vermeintliche Profis delegiert wird. Aber auch das ist dann wieder so ein Trend, der nicht nur seine guten Seiten hat. Denn wer delegiert, stellt sich selbst zum Problem nicht mehr. Und damit wandert, wenn es weiter schlecht läuft, in der Parteienwelt die Medienkompetenz endgültig aus.

Ich habe vor ein paar Wochen mit einem Coach für Manager gesprochen. Manager sind wir ja irgendwie alle, sowohl die Kommunikationsspezialisten, die Politiker als auch die Journalisten. Dieser Coach sagte, er würde neuerdings die Manager vor allem mit einer Frage konfrontieren. Die Frage lautet: Was wollen Sie eigentlich selbst? Damit hat er einen wunden Punkt getroffen, weil er den Eindruck hat, dass sich diese Frage viele Manager gar nicht mehr stellen, sondern dass sie nur noch innerhalb ihres Systems funktionieren.

Wir sind hier an einem Kern des Problems, sowohl im Journalismus als auch in der Politik. Das ist die Frage: Was willst Du eigentlich selbst? Was willst Du bewegen? Eine Frage, die bei manchen sogar schon als sehr unprofessionell gilt. Die Politiker glauben, sehr genau zu wissen, wie Journalisten ticken. Die Journalisten glauben auch, sehr genau zu wissen, wie Politiker ticken. Ich warne vor beiden Aussagen. Ich halte beide für sehr gruppenbezogen.

Die Kernfrage bleibt doch: Wer arbeitet eigentlich noch am Großen und am Ganzen? Das ist eine Frage, die mich seit langem in diesem Journalisten- und Politikeralltag umtreibt, der einen so gerne auffrisst, der immer nur sehr pragmatische und so häufig kaum mehr als aktualitätsbezogene Antworten zulässt. Oder ist dieses große Ganze etwa selbst die Illusion? Mag sein. Aber wir sollten davon nicht lassen. Weil der Blick darauf und über die kleineren Tagesfragen hinaus, eine der großen demokratischen Triebkräfte ist, weil erst dadurch wirkliche Politik entsteht, in welcher Rolle auch immer man sich solchen großen Fragestellungen nähert.

Es mag wohl sein, dass man die große Baustelle dann doch nirgends findet. Dass man so auch Selbstüberforderung produziert. Aber ein bisschen mehr Anspruch, ein bisschen mehr Anforderung würde uns in diesen Apparaten, sei es in den journalistischen wie in den politischen, doch allen ganz gut tun. Manchmal wirkt es so, als wäre überall nur Selbstüberforderung. Vielleicht ist auch das ein Grund gegenseitigen professionellen Misstrauens und gegenseitiger professioneller Herausforderung.

Glaubwürdigkeit ist das größte Kapital in der Demokratie. Sie ist nicht von selbst da. Sie ist in den vergangenen Jahren eher zu einem relativ raren Kapital geworden. Wenn Sie das, was Ihnen im Land an Vorurteilen über die Politik entgegenschlägt, interpretieren – Vorurteile, Werturteile, Aburteile muss man manchmal sagen – dann wird es einem Angst um die Demokratie. Man erlebt es gelegentlich in Sendungen, bei denen Hörer oder Zuschauer anrufen. Man erlebt es relativ häufig am Rande von Versammlungen, wenn Menschen entlang pauschaler Vorurteile schimpfen - Marke: Ihr da oben, stopft Euch doch nur die Taschen voll. Ich spüre in solchen Momenten inzwischen, wie ich innerlich zusammenzucke.

Es gibt in dieser Informationsgesellschaft, zumindest in eher politikfernen Teilen, eine tatsächlich wachsende Distanz. Wenn Journalisten dann nicht nur immer weiter die Empörungsmaschinerie betreiben und Politiker nicht nur versuchen, sich taktisch geschickt wegzuducken, dann hätten wir wirklich ein gemeinsames Problem zu bearbeiten. Wen wählen die Leute eigentlich und vor allem warum? Wie beliebig sind die Inhalte geworden, wenn nur die Psychologie einer Performance zur Erwartungshaltung passt? Vielleicht ist demnächst ja *change* das große Wort, falls Barack Obama gewinnt. Ich wäre schon jetzt gespannt, wie selbst Frau Merkel noch versuchen wird, dann mit *change* in den nächsten Bundestagswahlkampf zu gehen.

Hier erkennen Sie, wo ein Spannungsbogen auch enden kann: im politischen Nirgendwo. Und der Verlust an Glaubwürdigkeit jedenfalls ist in solchen Verhältnissen ein Problem, das Sprecher wie Journalisten haben. Wer ihn vermeiden will, sollte sich hin und wieder selbst hinterfragen. Dazu Anstöße zu geben, war heute mein Ziel. Hinterfragen als ein Zeichen von Stärke, nicht von Schwäche. Auch, wenn es von denen, die nur aus ihren eigenen Welten heraus denken mögen, oft fälschlich als Schwäche wahrgenommen wird.

Diskussion:

Sie haben gesagt, aufgrund der Komplexität vieler Themen gäbe es zumindest ein partielles Versagen von Medienpolitik. Das ist sicherlich richtig, aber sehr abstrakt. Wo kann man den Hebel ansetzten, diese ‚simplify our political life'-Falle zu durchbrechen, und was erwarten Sie dann von den Massenmedien? Insbesondere vom öffentlich-rechtlichen? Mehr als von den privatkommerziellen?

Klar erwarte ich da vom öffentlich-rechtlichen Rundfunk mehr, weil er einen dezidierten Auftrag hat, eben nicht allein marktabhängig ist. Und durch die Gebührenfinanzierung auch ein Fundament aufweist, das ein bisschen weiter tragen kann. Aber wir reden natürlich bei diesem Thema immer nur zu gerne kritisch über die Guten und nicht über die Bösen. Wir reden über die seriösen Zeitungen und über die öffentlich-rechtlichen Rundfunkanstalten. Das sind die, mit denen wir überhaupt noch darüber reden können! Wenn wir über die Privatsender reden oder über das eine oder andere Boulevardblatt, kommen Sie mit dem Argument schon gar nicht mehr an.

So gesehen möchte ich hier eine Einschränkung machen: Mut zur Differenziertheit. Auch: Mut zum Journalismus. Und an die Politik: Mut zur Ernsthaftigkeit. Natürlich braucht es auch in der Politik Mut dazu, nicht allein zu überlegen: Was nutzt mir heute? Und nicht nur zu überlegen: Wo könnte ich mich einklinken in eine Diskussion, die gerade läuft und sie ein Stück weitertreiben, um irgendwo mit meinem Namen zu erscheinen? Nur Mut zu der Frage, die dieser Coach stellt: Was willst Du eigentlich selber?

Und dann bitte auch mal an einem Thema dranbleiben. Ein Thema weiter verfolgen. Sich diesem elenden Zwang zur Tagesaktualität zwar nicht ganz entziehen, aber sich ihm ein Stück weit zu widersetzen. Es ist wichtig, auch darauf zu achten, was am Ende das Ergebnis ist: Was ist eigentlich aus einer Initiative, einem Vorstoß geworden? Es ging mir im Journalismus manchmal so, dass ich schon nicht mehr wusste, was eigentlich vorherige Woche das Thema war. Ich musste nachschlagen. Je mehr man sich dann auf den Tag kapriziert (und Medien, die finanziell unter Druck stehen, haben ja noch einen doppelten Zwang, Aufmerksamkeit zu finden) kommt man in eine Spirale hinein, in der es nur schwer ein Entrinnen gibt.

Es gibt immer noch sehr gute Medien in Deutschland, das will ich an dieser Stelle auch mal sagen, weil man sonst zu leicht ins Gejammer ab rutscht Der öffentlich-rechtliche Rundfunk hat immer noch sehr gute Nischen. Es sind Nischen, es sind Minderheitenprogramme. *Phoenix* als Dokumentationskanal, *ARTE* als anspruchsvoller Sender. Das gibt es alles. Wenn Sie dann manchmal auf die Einschaltquoten sehen und schauen, was daneben alles mit weit mehr Resonanz läuft, dann graut es Sie. Aber so ist die Gesellschaft geworden. Es sind eben nicht alle informationswillig und nicht alle informiert. Das finde ich aber auch hinzunehmen. Nur: Im Kampf um die Frage, was ist wichtig, braucht es sowohl in der Politik als auch im Journalismus den Mut, zu Inhalten zu stehen. Das ist etwas, für das wir nur alle gemeinsam eintreten können. Es ist ein täglicher Kampf, wohl wahr. Und es ist immer leichter, sich an irgendeine Kampagne dranzuhängen oder an irgendein Ein-Tages-Thema. Damit treibt man die Spirale aber nur ein Stück weiter.

Das ist alles immer auch eine Gratwanderung. Wir sind ja manchmal auch versucht, alles zu negativ darzustellen. Ich will nicht jammern. Wenn Sie es mit anderen Ländern vergleichen, mit Großbritannien oder den USA, wo Sie kaum nationale Zeitungen haben, oder mit Russland oder gar China: Dann haben wir immer noch eine Öffentlichkeit, die in ihrer Differenziertheit Möglichkeiten schafft. Darauf kommt es an. Und hier erleben Sie in der Politik zu leicht den Reflex, dass das alles doch nichts bringe nach dem Prinzip: „Die werden am Ende sowieso nur wieder das Haar in der Suppe suchen, wozu sollen wir uns dann um sie bemühen?" Das ist leider auch eine Fragestellung, mit der alle zu tun haben, die an dieser Weltengrenze zwischen Medien und Politik stehen. Aber es hilft nichts - außer selbst dagegen anzugehen bzw. selbst Vorbild zu sein.

Sie sagten, Sie sehen sich hauptsächlich als Erklärer und wollten nicht verkaufen. Ich glaube aber, dass genau das auch die Aufgabe eines Pressesprechers ist, Nachrichten zu verkaufen und sie sogar auch zu verpacken. Das heißt, Sie müssen den Journalisten einen Anreiz geben, warum sie genau über dieses Thema jetzt berichten sollen.

Ich sehe mich in der Tat als jemand, der erklärt. Der Zusammenhänge erklärt, aber der natürlich auch Sinn erklärt. Wenn Sie das verkaufen nennen würden, dann meinen wir das Gleiche. Ich habe mich von dem Begriff ‚verkaufen' ein wenig abgesetzt, weil ich finde, Verkäufer müssen mit der Ware nichts zu tun haben. Wenn man gut verkaufen kann, dann kann man Badewannen verkaufen und Bücher. So jemand möchte ich nicht sein. Natürlich muss man auch über die Präsentation versuchen, Aufmerksamkeit zu wecken. Das ist auch ein hartes Brot.

Die elektronischen Medien haben einen großen Anteil an der Beschleunigung der Politikvermittlung und daran, dass die Neuigkeit vom Morgen am Abend nicht mehr gilt. Aber gibt es nicht trotzdem Tendenzen, dass Inhalte auch wieder langsamer produziert werden oder Diskurse sich in andere Räume verlagern?

Ich komme aus der Tageszeitungsarbeit, da sehe ich das nicht. Dass es bei jedem großen Trend einen kleinen Gegentrend gibt, ist klar. Bei jeder großen Entwicklung in die eine Richtung gibt es kleinere Nischen für die andere Richtung. Ich habe *ARTE* erwähnt. Es gibt sehr fundierten, sehr guten Journalismus, der aber teilweise beinahe unter Ausschluss des öffentlichen Interesses stattfindet. Ob diese Diversifizierung ein Fortschritt ist? Sie ist sowieso unumkehrbar. Es gibt dieses Andere auch, ja. Die Vorstellung, wie sie die 68er noch hatten, die dachten, sie könnten mit Aufklärung die ganze Gesellschaft erreichen und mobilisieren, ist eine Illusion. Der Intellektuellendiskurs ist ein Minderheitenprogramm. Die offene Frage nach dem Mut zu Inhalten ist in der Politik allerdings noch sehr viel konsequenter zu stellen, denn sie muss Mehrheiten erreichen. Sie haben mittlerweile in Teilen der Gesellschaften und in Teilen der Medien einen Politikabwehrreflex. Und Sie bekommen mit politischen Konzepten ganz selten einen Diskurs hin, der zustimmend ist. Das ist leider auch die Wahrheit und hat zunehmend dazu geführt, dass die wichtigen politischen Entscheidungen nie vor Wahlen angekündigt worden sind.

Ich halte das großteils nicht für einen bewussten Prozess, sondern für einen, der sich objektiv ergeben hat aus den beschriebenen Mechanismen. Zu dem Zeitpunkt, zu dem Parteien Wahlprogramme aufstellen, ist es professionellerweise ein Ziel, bloß nicht konkret zu werden. Erst dann, wenn man Koalitionsgespräche führt und festlegt, was denn konkret zu tun ist, sitzt man wirklich vor dem Knoten und es entsteht plötzlich eine Agenda 2010, weil man merkt, dass mit dem, was im Wahlprogramm stand, keine Politik zu machen ist. Unabhängig was man von dieser Agenda hält, der Mechanismus ist schon interessant. Es ist ein Öffentlichkeitsvermeidungsmechanismus. Nicht bewusst, aber objektiv. Und die mediale Öffentlichkeit ist daran beteiligt, dass es so wurde, wie es geworden ist.

***Richard Meng** studierte Mathematik, Politikwissenschaft und Soziologie in Gießen. Ab 1980 berichtete er neben dem Studium als freier Journalist über regionale und bildungspolitische Themen für Zeitungen und Fachmagazine. 1980 bis 1982 absolvierte als sein Lehramtsreferendariat am Gymnasium in Friedberg (Hessen). 1984 promovierte Richard Meng in Gießen. Ab 1984 war er Redakteur bei der Frankfurter Rundschau und arbeitete u.a. als Hessenreporter, bei der Seite3-Redaktion und bis 1996 als landespolitischer Korrespondent in Wiesbaden. Weiter war er als bundespolitischer Korrespondent sowohl in Bonn, als auch ab 1999 in Berlin tätig. Ab 2006 war Richard Meng stellvertretender Chefredakteur der FR und Leiter der Berliner Redaktion. Nebenbei leitete er Seminare in der Erwachsenenbildung der Friedrich-Ebert-Stiftung, hatte Lehraufträge zu Fragen der Theorie und Praxis des politischen Journalismus an der Universität Marburg und Journalistenhochschule Köln sowie seit dem Wintersemester 2006/2007 an der FU Berlin. Neben regelmäßigen Fachveröffentlichungen zu Fragen des Parteiensystems und der Mediengesellschaft veröffentlichte er mehrere Bücher, zuletzt: ‚Der Medienkanzler. Was bleibt vom System Schröder' und ‚Merkelland. Wohin führt die Kanzlerin?' Seit Dezember 2007 ist Richard Meng Staatssekretär und Sprecher des Senats von Berlin.*

Ernst Elitz

Der nationale Hörfunk als Agendasetter: Auftrag, Inhalt, Zielgruppen

Foto: Mayer

Sechs Millionen Hörer schalten den Deutschlandfunk regelmäßig ein. Nach repräsentativen Eliteumfragen verfügt er im Kreise der Entscheider (Journalisten, Politiker, Manager) über Marktanteile bis zu fünfzig Prozent und wird, was die Glaubwürdigkeit und die Hintergrundberichterstattung angeht, gleichrangig, zum Teil höher bewertet als die großen überregionalen Tageszeitungen.

„Aha, Sie sind also die deutsche *BBC*", begrüßte mich ein paar Jahre nach der Gründung des *Deutschlandradios* ein Diplomat aus den Vereinigten Staaten. Stimmt! Das *Deutschlandradio* ist mit der Qualität seiner Programmangebote wie mit seiner nationalen Ausstrahlung tatsächlich mit der englischen *BBC* oder *Radio France* zu vergleichen. Nationale Programme sind in fast allen Staaten der Welt die Regel. Die Bundesrepublik Deutschland hatte mit der Wiedervereinigung die Chance zur Gründung und Ausstrahlung nationaler Radioprogramme bekommen und sie genutzt.

In Deutschland prägen aufgrund der föderalen Struktur - anders als in den meisten europäischen Staaten - regionale öffentlich-rechtliche Veranstalter die Medienlandschaft. Die regional ausgestrahlten Programme der Landesrundfunkanstalten spiegeln und stärken die Identität eines Landes, einer Region, einer Stadt. Die Verwurzelung in der Region - das beweisen auch die Zeitungen täglich - bietet eine Fülle spannender Stoffe, schafft enge, fast familiäre Bindungen zum Publikum. Dieses Erfolgsrezept gilt für das regionale Radio ebenso wie für die dritten Fernsehprogramme. *Der Deutschlandfunk* dagegen dokumentiert publizistisch die Einheit des Staates, in dem er das Wichtigste aus allen Regionen überall hörbar macht. Er steht für die unitarische Komponente in der föderalen Republik.

Es gab ein weiteres Motiv für die Gründung des *Deutschlandradios*, nämlich den politischen Willen, ein Modell für ein rein gebührenfinanziertes werbefreies öffentlich-rechtliches Angebot zu schaffen, das sich auf den Kern der Grundversorgung, Information und Kultur, konzentrierte. Deshalb ist *Deutschlandradio* von den aktuellen medienpolitischen Debatten weitgehend verschont.

Im Gründungsstaatsvertrag, der nach der Verabschiedung in allen Länderparlamenten zum 1. Januar 1994 in Kraft trat, waren diese Vorgaben eindeutig formuliert. Die Programme des *Deutschlandradios* sollten ein „umfassendes Bild der deutschen Wirklichkeit" vermitteln, die Programme hätten ihre „Schwerpunkte in den Bereichen Information und Kultur" und sie dürften keine Werbung enthalten. Sponsoring war ebenso untersagt. Unter ökonomischen Gesichtspunkten wurde dem *Deutschlandradio* vorgegeben, eng mit *ARD* und *ZDF* zusammenzuarbeiten „soweit dies programmlich vertretbar und wirtschaftlich ist" (Gründungsstaatsvertrag Deutschlandradio §§ 2-6). Damit war der Prototyp eines neuen öffentlich-rechtlichen Senders geschaffen, der seine beiden Programme *Deutschlandfunk* und *Deutschlandradio Berlin* mit dem Inkrafttreten des Staatsvertrages am 01. Januar 1994 ausstrahlte.

Der *Nationale Hörfunk* war ein Produkt der deutschen Wiedervereinigung, und er konnte zwei Sendeanstalten integrieren, deren spezielle Aufgabenstellung während der Teilung die Information der Bevölkerung im Osten über politische und kulturelle Entwicklung im freien Teil der Welt war und die expressis verbis den Auftrag hatten, den Gedanken an die Wiedervereinigung zu bewahren.

Die Vorgeschichte des *Nationalen Hörfunks* reicht zurück bis in das Jahr 1946. Als Reaktion auf den unter sowjetischer Aufsicht sendenden *Berliner Rundfunk* etablierte die amerikanische Militärregierung einen Rundfunk im amerikanischen Sektor *(RIAS)*. Der *RIAS* als „freie Stimme der freien Welt" sah seine Aufgabe darin, die Bevölkerung in allen vier Sektoren und in der sowjetischen Besatzungszone durch politische und kulturelle Sendungen an den gesellschaftlichen Entwicklungsprozessen des Westens teilhaben zu lassen. Finanziert wurde der *RIAS* ursprünglich durch die *United States Information Agency (USIA)*. Die Sendeaufsicht wurde durch von der *USIA* entsandte Mitarbeiter wahrgenommen. Erst 1969 - acht Jahre nach dem Mauerbau - beteiligte sich die Bundesregierung an der Finanzierung des *RIAS*. Seit 1973 wurde fünfundneunzig Prozent des *RIAS*-Etats aus dem Bundeshaushalt finanziert.

Mit der Mischung von Politik, Kultur und Unterhaltung wurde der *RIAS* zum beliebtesten Sender in Berlin und im Osten Deutschlands. Im Funkhaus am Hans-Rosenthal-Platz, das Ende der dreißiger Jahre als Berliner Hauptverwaltung der Bayerischen Stickstoffwerke errichtet worden war, begann mit dem populären Quizmaster Hans Rosenthal der Siegeszug der Ratesendungen im deutschen Rundfunk. Über Deckadressen wandten sich zig Tausende von Bürgern der sowjetischen Zone und der DDR an den *RIAS*. Über Jahrzehnte versuchte die *SED* den Erfolg des Senders durch Propagandakampagnen („Wer den *RIAS* hört, den Frieden stört", „Der *RIAS* lügt, die Wahrheit siegt") und den Einsatz jaulender Störsender zu beeinträchtigen. Erfolglos. Orientiert an amerikanischen Vorbildern hatte der *RIAS* bereits 1961 ein durchgängiges Magazin-Profil von Wortbeiträgen und Musiktiteln etabliert und war damit zum Vorbild für die Radioentwicklung bei den Landesrundfunkanstalten geworden.

Einen ähnlichen Sonderstatus wie der *RIAS* in der ‚Vier-Mächte-Stadt' hatte der mit dem Gesetz über die Errichtung von Rundfunkanstalten des Bundesrechts vom 29. November 1960 gegründete und in Köln angesiedelte *Deutschlandfunk*. Angesichts der Kultur- und Rundfunkhoheit der Länder war die Etablierung des *Deutschlandfunks* qua Bundesrecht lange umstritten und wurde erst 1986 mit einem Urteil des Bundesverwaltungsgerichtes dahingehend bestätigt, dass das *Deutschlandfunk*-Programm eben kein Programm für die BRD, sondern vorwiegend für die Bewohner der DDR wäre. Die Frequenz-Ausstattung des *Deutschlandfunks* orientierte sich an dieser Zielsetzung. Er strahlte überdies ein Programm über Mittel- und Langwelle vor allem in jene Gebiete der DDR aus, die vom Berliner *RIAS* schlecht zu erreichen waren. Und er wurde als „Wiedervereinigungs-Sender" und „Klammer zwischen West und Ost" apostrophiert.

Am Anfang stand ein Bekenntnis des ersten Intendanten, Hermann Franz Gerhard Starke, zum fairen und unvoreingenommenen Journalismus: „Der *Deutschlandfunk* ist kein Kampfsender, der *Deutschlandfunk* wird ein Informationssender sein."

Es war ein Jahr nach dem Mauerbau, als der *Deutschlandfunk* zum 01. Januar 1962 seinen Sendebetrieb aufnahm. Der *Deutschlandfunk* hatte wie der *RIAS* aufmerksame Hörer auch im Polit-Büro der *SED*, im staatlichen Rundfunkkomitee und im Ministerium für Staatssicherheit der DDR. Objektive Information und freie Meinungsäußerung galten dort als „Gift gegen die DDR, gegen die ganze sozialistische Welt, gegen die gesamte fortschrittliche Arbeiterbewegung".

Neben dem *RIAS* und dem *Deutschlandfunk* war nach dem Mauerfall auch in der DDR durch eine Entscheidung des Runden Tisches ein Sender entstanden, der ebenfalls Anspruch erhob, überregional für ganz Deutschland zu senden. Es war der *Deutschlandsender Kultur*, der seine Aufgabe darin sah, die „geistigen

Integrationsprozesse in und zwischen den ost- und westdeutschen Ländern" zu fördern und den Osten im Bewusstsein der alten Bundesländer stärker zu verankern und gleichzeitig zu einer Erweiterung des Horizonts der Menschen in den neuen Bundesländern beizutragen". So äußerten sich die Senderverantwortlichen. *DS-Kultur* nahm seinen Sendebetrieb am 16. Juni 1990 im Funkhaus des ehemaligen DDR-Rundfunks in Berlin-Oberschöneweide in der Nalepastraße auf. Er sendete vornehmlich klassische Musik und Kulturbeiträge und übernahm die Nachrichtensendungen von *RIAS Berlin*. Bereits 1991 hatten die Ministerpräsidenten entschieden, dass *DS-Kultur* gemeinsam mit *Deutschlandfunk* und *RIAS* die dritte Säule für die Gründung des *Nationalen Hörfunks Deutschlandradio* bilden sollte. Die Verwaltung wurde durch das ZDF gewährleistet. *DS-Kultur* verfügte lediglich über Ausstrahlungskapazitäten auf dem Gebiet der ehemaligen DDR.

Aus der Gründungsgeschichte der drei Vorgänger-Anstalten des *Nationalen Hörfunks* resultierte ein jeweils unterschiedliches journalistisches Verständnis, eine spezifische berufliche Sozialisation, ein konkurrierendes Programmverständnis und ein unterschiedliches Selbstbewusstsein, mithin drei Unternehmenskulturen. **Deutschlandradio war ein Produkt der Einheit**.
Und es barg alle Chancen und Risiken, die der Einigungsprozess im Großen zu bewältigen hatte. Die Chance war, dass Mitarbeiter aus Ost und West gemeinsam zwei bundesweite Programme produzieren konnten und dass sie aufgrund ihrer unterschiedlichen Herkunft und ihrer unterschiedlichen Sichtweisen – Köln, Berlin-West, Berlin-Ost – ihre jeweiligen Erfahrungen und ihre Neugier stellvertretend für die Hörer in die Programme einbringen konnten. Jeder konnte für sich neue Erfahrungen machen, Gemeinsames und Trennendes entdecken, man konnte diskutieren, Fragen stellen, Antworten geben – ein für die Programmgestaltung höchst kreativer Prozess.

So konnte im eigenen Unternehmen eine Kultur des Kennenlernens entwickelt werden, die über die Produktion und Ausstrahlung der Programme diese Kultur des Kennenlernens den Hörern in ganz Deutschland vermittelte. Auch der Intendant machte dabei seine eigenen Erfahrungen. Eine Kollegin aus dem Osten fragte: „Was bitteschön ist das kameralistische System? Ich bin jetzt 52, doch dieses Wort habe ich noch nie in meinem Leben gehört. Jetzt weiß ich es." Dieses Bekenntnis war exemplarisch für viele andere Entdeckungen, die die Journalisten in Ost und West stellvertretend für ihre Hörer machten. Dabei scheuten die Ostdeutschen nicht, Fragen zu stellen, während die Westdeutschen meinten, schon alles zu wissen. Auch insoweit war das *Deutschlandradio* schon in seiner Gründungszeit ein Spiegel der Einheit.

Am Anfang standen drei Unternehmenskulturen, die in eine neue Unternehmenskultur des *Deutschlandradios* übergehen mussten, in ein Unternehmen, das den Hörern zwei nationale Programme bietet, die inzwischen in der

Hörfunklandschaft jeweils klare Alleinstellungsmerkmale erreicht haben. Beide werden national ausgestrahlt, sind vollkommen werbe- und sponsoringfrei, spiegeln die Vielfalt des internationalen Geschehens und des Geschehens in allen Regionen, sind stark wortorientiert (bis zu 80 Prozent Wort beim *Deutschlandfunk*) und haben eine hohe Eigenproduktionsrate von 68,7 Prozent. Beide Programme werden öffentlich für ihre standardsetzenden Qualitätsangebote wertgeschätzt. Der *Deutschlandfunk* ist die Informationsmarke des *Deutschlandradios*, profiliert vor allem durch seine morgendlichen Informationssendungen, die Fortschreibung aller Ereignisse in ausführlichen Berichten über den Tag, Hintergrundberichte, Wirtschafts- und Wissenschaftssendungen. *Deutschlandradio Kultur* ist die Kulturmarke des *Nationalen Hörfunks* mit einer Fülle kultureller Eigenproduktionen wie Hörspiele, Konzerte und einem sechsstündigen Radiofeuilleton, das aktuelle Kulturberichte und aktuellen Kulturservice bietet, unter anderem sechs Buchrezensionen pro Tag. Die Programme werden an zwei Standorten produziert: In Köln der *Deutschlandfunk*, in Berlin *Deutschlandradio Kultur*.

Der Integrationsauftrag, der für den Sender ursprünglich für den Osten und den Westen galt, ist inzwischen zu einem Informations- und Integrationsauftrag für alle 16 Bundesländer geworden. Angesichts der starken föderalen Tendenzen ist der *Nationale Hörfunk* zu einer wichtigen publizistischen Klammer vergleichbar mit den überregionalen Tageszeitungen geworden.

Mit ihrem jetzt gerade verhandelten neuen Rundfunkstaatsvertrag wollen die Ministerpräsidenten dem *Deutschlandradio* die Möglichkeit eines dritten Programms geben, das künftig digital, aber vorerst über Internet ausgestrahlt werden könnte. Nach unserer Programmkonzeption wird es ein Programm sein, dessen Kernzielgruppe junge Erwachsene sind und das vornehmlich Hintergründe zum aktuellen Geschehen in Politik und Wissenschaft bietet. Wir glauben, für ein solches Programmkonzept gute Voraussetzung zu haben. Während die meisten Informations- und Kulturprogramme ihre Nutzungsschwerpunkte rund um die Altersgruppe der 60-jährigen haben, ist es uns mit dem *Deutschlandradio Kultur* gelungen, das Durchschnittsalter der Hörerschaft für ein anspruchsvolles Programm auf 48 bis 50 Jahre abzusenken. Auf diesen Erfahrungen wollen wir aufbauen.

Das Programm soll Wissenswertes aus allen Forschungs- und Wissensbereichen bieten und der Zielgruppe entsprechend Themen aus dem Bildungs- und Hochschulalltag junger Erwachsener aufnehmen. Wir waren mit dem *Deutschlandfunk* die ersten und sind auch immer noch die einzigen, die täglich ein halbstündiges Campus- & Karriere-Magazin anbieten. Das neue Programm soll Hinweise auf weiterführende Angebote in der Literatur und anderen Medien bieten und in Form eines Talk-Radios jeweils aktuell Gesprächspartner von Forschungsinstitutionen, aus Hochschulen, Fachleute aus Stiftungen etc. zu Wort kommen lassen. Außerdem sollen Autoren und Experten von *ARD, ZDF, ARTE* und *3sat* eingebunden werden, und es soll auf entsprechende anspruchsvolle Sendungen in diesen Programmen hingewiesen werden. So wird es uns gelingen, den Gesamtauftritt des öffentlich-rechtliche Systems und seine Qualität zu dokumentieren. Und darin sehen wir auch eine besondere Aufgabe des *Nationalen Hörfunks*.

Das war ein Blick in unsere Zukunftswerkstatt. Die jetzt von uns ausgestrahlten Programme, vornehmlich der *Deutschlandfunk*, gelten als Leitmedium und Agendasetter. Das heißt, Themen oder Sichtweisen, die von uns, vor allem in den Morgensendungen gesetzt werden, werden von anderen Medien aufgenommen. Sie werden von Agenturen weitervermittelt, in Zeitungen und elektronischen Medien zitiert oder in den Inforadios der *ARD* ausschnittsweise übernommen. Der *Deutschlandfunk* ist der meistzitierte Hörfunksender, *Deutschlandradio Kultur* steht auf Platz zwei. Nicht nur über das Einschaltverhalten, sondern auch durch die vielfältige Aufnahme von Meldungen aus dem Deutschlandfunk durch andere Medien ist er der bekannteste Radiosender in Deutschland überhaupt.

Wer hört zu? Beide Programme haben zusammen 8,6 Millionen regelmäßige und 1,5 Millionen tägliche Hörer. In den Bundesländern, in denen eine angemessene technische Empfangssituation besteht, erreichen die Programme Marktanteile von 2 bis 3,5 Prozent in der täglichen Hörerschaft. Das ist für anspruchsvolle Radioprogramme ein hoher Wert.

2007 hatte *Deutschlandradio* eine Analyse der Hörerschaft beider Programme nach Sinus Milieus in Auftrag gegeben. Die Methode der Sinus Milieus ist für die Analyse und die typologische Beschreibung von Konsumenten- und Werbemärkten konzipiert, wird aber im Printbereich und beim Fernsehen auch für die Nutzeranalyse herangezogen. Von den zehn definierten Sinus Milieus ist in der Hörerschaft der Programme des *Deutschlandradios* das ‚Postmaterielle Milieu' am stärksten vertreten. Ihm gehören mehr als ein Drittel der Hörer des *Deutschlandfunks* wie auch von *Deutschlandradio Kultur* an. Es wird charakterisiert als ‚aufgeklärtes Nach-68er-Milieu' mit liberaler Grundhaltung, postmateriellen Werten und intellektuellen Interessen. 18 bzw. 16 Prozent der *Deutschlandradio*-Hörer zählen zur Gruppe der Etablierten, dem ‚selbstbewussten Establishment'.

Von den anderen vier Sinus Milieus, die jeweils zu etwa 10 Prozent unter den Hörern vertreten sind – ‚bürgerliche Mitte', ‚Konservative', ‚Experimentalisten' und ‚moderne Performer' – sind die beiden letztgenannten für *Deutschlandradio* in Hinblick auf die Erschließung neuer, jüngerer Hörergruppen von besonderem Interesse. Die ‚Experimentalisten' und ‚modernen Performer' sind durchschnittlich etwa 34 Jahre alt und werden definiert als ‚individualistische neue Bohème' und ‚Lifestyle Avantgarde' bzw. als 'junge, unkonventionelle Leistungselite'. Es muss unser Ziel sein, unseren Höreranteil gerade in diesen Milieus zu erhöhen. Da ‚Experimentalisten' und ‚moderne Performer' stärker als andere Milieus das Internet nutzen, ist die Gestaltung unseres Online-Inhalts und unseres Online-Auftritts unter *www.dradio.de* für die Ansprache dieser Zielgruppe von hervorgehobener Bedeutung.

Mit Blick auf die Funktion von *Deutschlandfunk* und *Deutschlandradio Kultur* als Leitmedien sind zwei repräsentative Untersuchungen unter Eliten interessant, die wir 2003 und 2005 angestellt haben. Die nächste ist gerade in Vorbereitung. Zu den Eliten gehören bekanntlich – man mag sich über die Zusammensetzung streiten – Politiker, Journalisten und Wirtschaftsmanager. Die Hälfte der Befragten gab an, die Programme des *Deutschlandradios* regelmäßig, das heißt täglich oder doch mindestens drei bis vier Mal in der Woche zu hören. Bei den Journalisten sind es sogar 60 Prozent. Allein durch teilnehmende Beobachtung werden Sie feststellen, dass Journalisten ein ganz spezifisches Mediennutzungsverhalten haben: Sie hören morgens zu Hause und dann im Auto den *Deutschlandfunk* und die erste Zeitung, die sie in der Redaktion aufschlagen, ist die *BILD-Zeitung*. Insoweit ist man mit der Aufnahme präziser Informationen, der politischen Trends und der Stimmungen am Boulevard bestens für den Tag gerüstet.

Dieses Mediennutzungsverhalten der Multiplikatoren ist Motiv für Politiker und Verbandsmanager, das Angebot unserer Programme für Interviews zu nutzen, um ihre Botschaften zu platzieren. Die Zielgruppendurchdringung ist garantiert, der Streuverlust gering. In der schon zitierten Elitenstudie von TNSemnid ist denn auch nicht so überraschend, dass die Multiplikatoren sich beim Hören unserer Programme wie bei der Lektüre der überregionalen Zeitungen am besten mit Hintergrundinformationen versorgt fühlen. Erst danach folgen *ARD*, Internet, *ZDF*, die dritten Fernsehprogramme, die Radioprogramme der Landesrundfunkanstalten und die regionalen Tageszeitungen.

Was uns selbst überrascht hat, ist die Tatsache, dass die Programme des *Deutschlandradios* – nach dieser Untersuchung – von allen Medienangeboten in Sachen Glaubwürdigkeit und Seriosität bei den Befragten das höchste Vertrauen genießen.

Wir erfüllen für diese Multiplikatoren ihre Vorstellungen bezüglich eines bundesweiten Informations- und Kulturprogramms. Eine repräsentative Umfrage unter der Gesamtbevölkerung können wir schon aus Kostengründen nicht durchführen lassen, aber dass diejenigen, die berufsmäßig mit Informationen umgehen und auf verlässliche Informationen angewiesen sind, zu diesem Urteil kommen, erfüllt uns bei aller Bescheidenheit auch mit einer gewissen Zufriedenheit.

Ich will zum Schluss noch auf zwei Aspekte eingehen: die Empfangbarkeit der Programme und der Online-Auftritt des *Deutschlandradios*. Bei seiner Gründung 1994 verfügte das *Deutschlandradio* über ca. 30 UKW-Sender, inzwischen ist die Zahl auf 300 gewachsen. Bei den neu zugewiesenen Frequenzen handelt es sich aber weitgehend um äußerst schwache Sendeanlagen, die nur eine subregionale bzw. lokale Versorgung ermöglichen.

Die UKW-Frequenzkapazitäten – der noch immer genutzte klassische Verbreitungsweg – wurden vor einem halben Jahrhundert zugewiesen und werden von den Landesrundfunkanstalten als unantastbarer Besitzstand behandelt. Ähnlich verhalten sich Privatveranstalter, die in den achtziger Jahren Kapazitäten für ihre Programme unbefristet zugewiesen bekommen haben.

Die Gründung des *Nationalen Hörfunks*, der laut Staatsvertrag die Grundversorgung mit einem Informations- und einem Kulturprogramm mit flächendeckender Versorgung in ganz Deutschland sicherzustellen hat, und die Dynamik in der kommerziellen Radioszene haben in den letzten Jahrzehnten eine neue Nachfrage nach Ausstrahlungskapazitäten geschaffen.

Eine angemessene Umverteilung der Kapazitäten aber wird durch das Besitzstandsdenken aus dem vorigen Jahrhundert blockiert. Die seit Jahrzehnten etablierten Programme sind an einem Ort oder in einer Region häufig gleichzeitig über mehrere unterschiedliche Frequenzen zu empfangen, sie strahlen weit über das gesetzlich vorgegebene Ausstrahlungsgebiet hinaus und sie geben den Frequenz-Besitzern die Möglichkeit, aus ihrem Frequenzfundus neue Kapazitätspakete für die Ausstrahlung zusätzlicher Programme zusammenzustellen. Einzelne Landesrundfunkanstalten strahlen bis zu sieben UKW-Programme aus.

Angesichts dieser extremen Ungleichgewichtigkeit bei den Ausstrahlungskapazitäten fordern sowohl das *Deutschlandradio* wie auch der *Verband Privater Rundfunk und Telekommunikation e. V. (VPRT)* eine an ökonomischen Kriterien orientierte grundlegende Neuordnung der UKW-Versorgung in Deutschland. Dabei geht es um den Abbau von Doppel- und Mehrfachversorgungen, um die technische Optimierung bei der Nutzung des verfügbaren Frequenzspektrums durch Verringerung des Kanalabstandes und durch eine bedarfsgerechte Neuverteilung der Frequenzen an alle bestehenden öffentlich-rechtlichen und privaten Hörfunkanbieter (*VPRT*, 2.9.2005).

Die *Bundesnetzagentur*, die ehemalige Regulierungsbehörde für Telekommunikation und Post, hat am 11. Januar 2006 in einem Eckpunktepapier für die „bedarfsgerechte Bereitstellung für Übertragungskapazitäten" ebenfalls die bestehende Praxis der unkonditionierten Zuweisung von Frequenzen an die Landesrundfunkanstalten und deren Tendenz zur Hortung von Frequenzen kritisiert. Die Frequenzbesitzer haben darauf nicht reagiert. Die Politik ist nicht zu einer Umsetzung von notwendigen Veränderungen bereit.

Eine neue digitale Technologie, die für das Fernsehen schon angewandt wird, und die für den Hörfunk unter dem Stichwort *DAB (Digital Audio Broadcast)* bekannt ist, könnte die Versorgungsprobleme auf einen Schlag lösen. Das *DAB*-Frequenz-Spektrum verfügt über die Möglichkeit, weit mehr Programme als bisher anzubieten. Von der Internationalen Wellenkonferenz wurden 2006 Deutschland hinreichende Kapazitäten für regionale und nationale Multiplexe zugewiesen. Im Rahmen eines solchen Nationalen Multiplexes könnten die Programme des Deutschlandradios und das im neuen Rundfunkänderungsstaatsvertrag vorgesehene weitere Programm des Nationalen Hörfunks bundesweit jeweils auf der gleichen Frequenz ausgestrahlt werden (Gleichwellenprinzip). Dies würde also, wenn es zu einem Umstieg auf die digitale Ausstrahlung kommt, die Probleme des Deutschlandradios und seiner Hörer schnell lösen.

Aber wie alle neuen Technologien setzt sich die Technologie der *DAB*-Systemfamilie in Deutschland nur schwer durch. Zuständig sind 16 Bundesländer auf der Grundlage ihrer Kultur- und Rundfunkhoheit, alle öffentlich-rechtlichen Radioveranstalter, 14 Landesmedienanstalten und Hunderte von privaten Sendern. Staatliche zentrale Vorgaben wie in anderen Staaten sind in Deutschland nicht möglich.

Da sich aufgrund der in den Technologieprozess eingebauten Blockaden *DAB* nur schwierig durchzusetzen ist, hat die *KEF* die weitere Finanzierung gestoppt und wartet auf neue Vorschläge für die Digitalisierung von Seiten des Rundfunks und der Geräteindustrie. Der Prozess wird sich also noch ziemlich lange dahinschleppen. Die von der *KEF* geforderten verbindlichen Zusagen für künftige Kosten, Geräteanzahl und Gerätepreise lassen sich in einer freien Marktwirtschaft nicht machen. Künftiges Marktverhalten ist schwer zu prognostizieren. Das heißt für Sie, dass Sie weiter mit Schwierigkeiten beim Empfang unserer Programme rechnen müssen. Wir bemühen uns aber, im Internet-Bereich präsent zu sein, und den Content, den Sie über die reguläre analoge Ausstrahlung vermissen, dort zu präsentieren. Das tun wir bereits erfolgreich.

Künftig – und das ist ein weiterer Blick in die Zukunftswerkstatt – werden Medien sich weniger über ihren klassischen Übermittlungsweg, sondern über ihren Inhalt definieren.

Und so wie die Printmedien, wie *ARD* und *ZDF* ins Internet drängen, vermitteln wir unsere Inhalte auch über *www.dradio.de*. Eine Seite, die ich Ichnen empfehlen kann. Dort sind z.B. die meisten unserer Interviews verschriftet, Sie finden über viertausend Buchrezensionen, zur Zeit 300 Film- und 100 Theaterrezensionen. Diese Online-Präsenz werden wir weiter ausbauen. Insgesamt werden bereits über 100 Sendungen von *Deutschlandfunk* und *Deutschlandradio Kultur* im Internet begleitet, wobei die bei den Nutzern am meisten nachgefragten Online-Auftritte bei der Sendung *Forschung Aktuell*, beim *Büchermarkt* und bei der Kindersendung *Kakadu* liegen.

Darüber hinaus bieten wir Podcasts von 79 Sendungen an. Diese Sendungen können Sie mithin zeit- und ortsunabhängig hören. Die Zahl der Seitenaufrufe hat seit Jahren eine steigende Tendenz. Im April wurden 4,8 Millionen gezählt und über 1,3 Millionen Visits. Angesichts der aktuellen Diskussion über die Berechtigung von *ARD* und *ZDF* zum Online-Auftritt entspricht unsere Position schon seit langem den jetzt geplanten Vorgaben der Sendungsbezogenheit. Aber wir würden gegen die Interessen unserer Nutzer verstoßen, wenn wir diese Inhalte jeweils nach der Sendung - wie vage geplant - nur sieben Tage im Netz anbieten dürften. Auch in diesem Fall hat die Rundfunkkommission der Länder für kulturell und zeitgeschichtlich interessante Themen eine Ausnahmegenehmigung annonciert.

Wie auch immer Sie die Inhalte des *Deutschlandradios* nutzen wollen – auf dem klassischen Weg der Radioübertragung, im Internet oder als Podcast-Abonnement – Sie können es. Immer nach den Slogans, mit denen wir unsere Programme bewerben: **Hören ist Wissen und Kultur ist überall.**

Diskussion

Sie haben sich ja einleitend ein bisschen mit dem BBC verglichen. Der ist auch weltweit ein Bild seines Landes. Beschränkt sich das bei Ihnen auf die Internetdarstellung?

Hier muss man unterscheiden zwischen der *Deutschen Welle* und dem *Deutschlandradio*. Die *Deutsche Welle* ist für die Versorgung von Fernseh- und Radioprogrammen außerhalb Deutschlands zuständig und wird von der Bundesregierung als Auslandssender finanziert - während das *Deutschlandradio* ganz klar den nationalen Auftrag hat und über die Gebühr finanziert wird. Die Bundesregierung hat zwar Vertreter in unseren Gremien, aber wir sind nicht von der Bundesregierung finanziert. Dies ist der Unterschied, obwohl es durchaus auch Kooperationen mit der *Deutschen Welle* gibt, aber es gilt der Grundsatz: Für das Ausland ist die *Deutsche Welle* zuständig, und für das Inland ist das *Deutschlandradio* zuständig. Über das Internet können Sie unsere Programme natürlich auch als Live-Stream in Yokohama hören. Ich erinnere mich auch, dass es große Begeisterungsstürme im Auswärtigen Amt ausgelöst hat, als wir ins Internet gegangen sind. Denn Diplomaten, die sich besonders für Deutschland interessieren, die sich tiefgehend informieren wollen, für die sind unsere Programme – das schämt jetzt nicht die Kollegen von der *Deutschen Welle* – die bessere Grundlage.

Mich würde interessieren, wer denn das Deutschlandradio macht, also grob: Sind es überwiegend feste, sind es viele freie Mitarbeiter, sind es Frauen oder Männer, alte oder junge Mitarbeiter, aus Ost oder West?

Als ich 1994 das *Deutschlandradio* übernommen habe, hatten wir ca. 1000 fest angestellte Mitarbeiter, aber wir hatten die staatsvertragliche Vorgabe, bis Ende 1996 auf eine Planstellenzahl von 710 zu reduzieren. Wir hatten dieser Pflicht zu genügen, und inzwischen haben wir 640 fest angestellte Redakteure und Redakteurinnen und das für zwei 24-Stunden-Programme mit, wie ich dargelegt habe, einem hohen Eigenproduktionsanteil. Wenn ich dies einem Kollegen von der Zeitung erzähle, dann sagt der immer "Wow, so viele", weil der natürlich immer meint, das wären alles Redakteure. Aber beim Rundfunk ist es verglichen mit Zeitungen natürlich so: da ist die Verwaltung, die Technik und die Produktion dabei, wir haben also ungefähr 180 Redakteure. Und diese Redakteure sind dann hauptsächlich Redaktionsmanager, denn das Bild des Redakteurs hat sich auch gewandelt. Er hat ein Budget zu verwalten, er kauft Beiträge ein, er leitet freie Mitarbeiter an, er achtet darauf, dass der spezifische Stil einer Sendung inhaltlich und formal eingehalten wird.

Zu Ihrer Frage nach dem Verhältnis von weiblichen und männlichen Mitarbeitern: Im Moment sind es noch mehr Männer, in ungefähr zehn Jahren wird es umgekehrt sein. Denn Frauen drängen sehr stark in den Journalistenberuf. Und auch auf die Gefahr hin, gegen irgendwelche Gender-Kriterien zu verstoßen: Frauen sind (Männer hören das nicht so gerne) offener und unbefangener im Zugang zu bestimmten Themen, und das ist für ein Kommunikationsunternehmen, das sich nicht nur schriftlich, sondern auch persönlich an andere wendet, schon mal ein großer Vorteil. Jetzt mal ganz laienpsychologisch ausgedrückt: Der Mann weiß immer alles besser, es ist immer irgendwie blöd, wenn ich jemanden interviewe und den etwas fragen muss, während sich eine Frau das alles erstmal anhört und dann ihre Fragen stellt. Aber dies ist wie gesagt natürlich reine Laienpsychologie. Die Entwicklung geht dahin, dass die Zahl der Frauen in den Programmen steigt und auch die Zahl der Frauen in Leitungsfunktionen steigt. Das kann natürlich nicht von jetzt auf gleich gehen, ich muss erstmal Redakteurin sein, und dann kann ich Abteilungsleiterin werden, und wenn ich da genügend Erfahrungen gesammelt habe, dann kann ich Hauptabteilungsleiterin werden. Für den Rundfunk ist es darüber hinaus gut, wenn sich Frauen- und Männerstimmen abwechseln, allein zum Hören. Nur Männerstimmen sind irgendwie langweilig, da geht eine in die andere über, und nur Frauenstimmen sind auch nicht so gut. Denn der Zuhörer braucht immer wieder Brüche, um sich neu konzentrieren zu können, und da haben wir manchmal schon das Problem, dass es in Sendungen zu viele Frauenstimmen gibt. Wir bemühen uns also, Sendungsstrecken so zu besetzen, dass von der Moderation immer beides vertreten ist. Das ist jetzt ein sehr pragmatischer Gesichtspunkt.

Zu unserem organisatorischem Aufbau: Wir haben bei uns einen Intendanten (der bekanntlich für alles zuständig ist, was er nicht beeinflussen kann) und dann haben wir zwei Direktoren. Eine Verwaltungs- und Betriebsdirektorin, das ist eine Frau. Und einen Programmdirektor. Darunter gibt es sowohl bei

Deutschlandfunk als auch beim *Deutschlandradio Kultur* zwei Hauptabteilungen: Die eine Hauptabteilung ist die Hauptabteilung Politik und Information. Traditionsgemäß trägt der Hauptabteilungsleiter den Titel Chefredakteur. Dann gibt es noch die Hauptabteilung Kultur und Musik. So dass wir für jedes Programm zwei Hauptabteilungsleiter haben, jeweils einen Chefredakteur und einen, der für die Kultur zuständig ist, und da wir flache Hierarchien haben, gibt es darunter einfach Abteilungen. Ressorts haben wir nicht, denn bei 200 Redakteuren würde das eine gewisse Überregulierung bedeuten, wenn wir dann darunter die Hierarchien noch verästeln würden. Außerdem haben wir in jeder Landeshauptstadt einen Landeskorrespondenten, das sind aber – da zeichnet sich diese Entwicklung bereits ab – zu zwei Dritteln Frauen. Und wir haben fünf bzw. sechs, je nachdem, wie man es rechnet, Auslandskorrespondentenplätze - in Hamburg, in Brüssel, in London, in Paris, in Moskau und neuerdings auch in Prag. Und dann nutzen wir das Netz der Hörfunkauslandskorrespondenten der *ARD* und zahlen auch dafür. Knapp ein Drittel der Kosten des Hörfunkauslandskorrespondentennetzes der *ARD* wird von uns finanziert, weil wir gerade in diesem Bereich natürlich ein hohes Aufkommen haben. Und deshalb haben wir in den genannten sechs Städten auch eigene Korrespondenten, denn wir haben andere Formate (also nicht nur das Format 1:30 oder 2:00), sondern bei uns müssen die Beiträge länger sein, und sie müssen nach Möglichkeit von einer Person über den Tag gezogen und immer wieder erneuert werden.

Sie haben ihren Sender vorhin als Produkt der Einheit beschrieben, mich würde interessieren, inwieweit sich die Nutzungsverhalten in Ost und West unterscheiden?

Es mag auch an der Zusammensetzung unserer redaktionellen Equipe liegen, dass wir schon frühzeitig in Ost und West ungefähr einen gleichen Marktanteil hatten. Das ist normalerweise nicht üblich, sondern Westmedien waren im Westen, Ostmedien im Osten. Manche Hoffnung, die sich gerade Verleger damals gemacht haben, sich mit Westmedien auf dem Ostmarkt etablieren zu können, ist nicht aufgegangen, weil es einfach ein bestimmtes Nutzungsverhalten gab. Traditionen sind gewachsen. Die Zeitungen in Ostdeutschland haben – ähnlich wie bei uns im Programm – denselben Lernprozess durchgemacht wie die Bevölkerung/ihre Leser. Und wenn die Zeitungen im Osten das geschickt gemacht haben, dann hat man keinen Anlass diese Zeitung abzubestellen, sondern geht mit ihr weiter diesen Weg, weil der Entwicklungsprozess der Redaktion der war, den man auch selbst vollzogen hat.

Sie zielen, gerade was Entwicklung neuer Formate angeht, auf Eliten ab, und ich habe, wenn ich ihr Programm höre, auch den Eindruck, dass es generell etwas gehobener ist. Das schließt ja schon einen großen Teil der Bevölkerung aus?

Wir haben mit beiden Programmen acht Millionen regelmäßige Zuhörer. Das wäre natürlich super, wenn acht Millionen Menschen in Deutschland der Elite angehören würden. Es gibt eben diesen sozialwissenschaftlichen Begriff der Elite, der in diesen repräsentativen Umfragen genutzt wird, der beschreibt bestimmte Funktionen, und diese Funktionsinhaber werden dann als Elite definiert. Heutzutage wendet sich ein jedes Medienangebot an eine Zielgruppe. Wenn Sie an einen Zeitungskiosk gehen oder wenn Sie die Vielfalt der Fernsehangebote mal durchzappen, dann sehen Sie, dass alle diese Angebote auf eine bestimmte Zielgruppe hin zugeschnitten sind. Es gibt das erste und das zweite Fernsehprogramm, die noch aus der Tradition kommen, für alle, für die ganze Familie Fernsehen zu machen. Aber wenn Sie sich den Altersdurchschnitt der beiden ansehen, der über 60 Jahre liegt, dann geht ein solches Konzept heute nicht mehr auf. Weil junge Menschen, Menschen unterschiedlicher beruflicher Gruppen, Alters, regionaler Verwurzelung ganz spezifische Wünsche und Interessen gegenüber den Medien haben. Wenn Sie früher, in den alten Zeiten, an einen Zeitungskiosk gegangen sind, dann haben Sie da vielleicht 20 Zeitungen und 20 Illustrierte gesehen. Damals war die Gesellschaft noch nicht so ausdifferenziert wie heute. Wenn Sie heute an einen Kiosk gehen, dann finden Sie eine solche Vielfalt an Angeboten auch zu einzelnen Bereichen, es gibt sicher zehn Magazine für Segler, es gibt zehn für Angler, 20 für Hundehalter, differenziert ob Pudel oder Schäferhund, für Einmannjolle und Yacht. Und das spiegelt auch das Medienangebot wider. Und gerade diese Sinusmilieus, die ich vorhin angesprochen habe, also diese Typologie der Wünsche und der Interessen der Einzelnen, dient dazu herauszubekommen, für welche Zielgruppe kann ich mein Programm platzieren. Diese Sinusmilieus sind übrigens erstmals von der Werbetreibenden Industrie aufgebracht worden, denn die Werbetreibende Industrie hat natürlich ein großes Interesse daran, dass es bei ihrer Werbung keine Streuverluste gibt. Denn wenn ich für ein Gerät für Fliegenfischer Werbung machen will, dann will ich 100% Fliegenfischer damit erreichen. Und deshalb werde ich in einem Magazin speziell für Fliegenfischer inserieren, denn da interessieren sich 100% der Menschen für mein Produkt. Es ist nicht umsonst, dass Sie beim *ZDF* viel Werbung für gesundheitliche Ertüchtigung der älteren Generation sehen. Denn aufgrund des Altersdurchschnittes des *ZDFs* man dort eine Zielgruppe erreicht, die man, sagen wir mal mit *Einslive* oder *RTL II*, nicht erreicht, denn dort gucken hauptsächlich jüngere Leute zu. Insoweit muss man sich immer überlegen, für welche Zielgruppe mache ich ein Programm. Es gibt also in diesem Sinne kaum noch Integrationsmedien. Und unsere Zielgruppe sind eben die an Information und Kultur interessierten Bürger, an die wenden wir uns. Und deshalb ist das Programm stark wortorientiert, orientiert sich an deren Interessen und auch an deren Kenntnisstand. Ich kann nicht ein Programm machen, mit dem ich den Studenten der Politikwissenschaft genauso anspreche wie einen Hauptschüler, der sich gerade in einer berufsbegleitenden Maßnahme befindet. Und deshalb machen wir ein Programm für Leute, die überregional interessiert sind (wir haben eine hohe Deckungsgleichheit unserer Hörerschaft mit den

Abonnenten überregionaler Zeitungen wie *FAZ, Süddeutsche, ZEIT, SPIEGEL*) und für Leute, die eine gewisse Vorbildung und damit auch ein gewisses Interesse an Information und Kultur haben. So muss man sich heute bei jedem Medienangebot aufstellen, sonst erleidet man Schiffbruch.

Wie sieht es bei Ihnen mit dem - wie man es in den USA nennt - Diversity Management aus, also wie sorgen Sie dafür, dass in ihren Programmen die Vielfalt in ethnischer und politischer Hinsicht abbildet?

Es ist insoweit eine schwierige Frage, als dass wir ja wissen, dass diejenigen Migranten, die einen höheren Bildungsstandard haben, genauso die *FAZ* lesen wie Leute gleichen Bildungsstandards, die deutscher Herkunft sind. Insofern spiegelt sich das bei uns automatisch. Wir sagen jetzt nicht, der MdB türkischer Herfunkt kommt bei uns doppelt so häufig zu Wort wie ein anderer, sondern wir spiegeln die deutsche Gesellschaft wider, und das ist auch bei unseren Zuhörern der Fall. Wir haben uns aber in den Selbstverpflichtungserklärungen, die die Rundfunkanstalten abgeben müssen gegenüber der Politik, darauf verpflichtet, unterschiedliche Weltanschauungen, und das beinhaltet natürlich *auch* den Islam, und unterschiedliche Traditionen bei uns in den Programmen und Sendungen zu berücksichtigen. Wir wollen Neugier wecken und Fragen beantworten, indem wir Hintergrundberichterstattung betreiben. Aber wir haben jetzt keine ‚Ecke', bei der man sagt, montags von 12-12.30 Uhr ist Islam dran. Denn das wäre meiner Meinung nach ein falsches Sendekonzept, denn dann ist es wie in der Kirche: Es gehen nur die hin, die eh schon katholisch sind. Sondern ich muss solche Themen, die mir gesellschaftspolitisch wichtig sind, auf unterschiedlichen Sendeflächen für ein unterschiedliches Publikum immer wieder aufbereiten und so nahe bringen. Wenn wir Schwerpunkte machen, dann haben wir morgens ein Interview in den Informationen am Morgen, dann haben wir vielleicht noch eine Diskussionssendung oder auch noch ein Hörspiel, die sich auch mit dieser Thematik beschäftigen und machen vielleicht auch noch in der Wirtschaftssendung einen Beitrag dazu. In den unterschiedlichsten Sendegefäßen bieten wir so solche Informationen an. Wir sind gegen dieses Kästchendenken. Denn wir wissen, dann schalten nur die ein, die sich ohnehin dafür interessieren.

Sind Sie nicht auch Getriebener, mit Blick auf Themenauswahl und Tagesaktualität?

Ein Journalist ist nicht Getriebener, er treibt. Er muss neue Informationen sammeln, er muss gesellschaftspolitische Diskussionen vorantreiben. Ein guter Journalist treibt.

Ernst Elitz *ist Intendant des Nationalen Hörfunks Deutschlandradio mit den Programmen Deutschlandfunk und Deutschlandradio Kultur und Honorarprofessor für Kultur- und Medienmanagement an der Freien Universität Berlin. Er arbeitete während des Studiums, das er mit dem M.A. der Philosophischen Fakultät abschloss, als Reporter und Redakteur bei RIAS Berlin. 1969 wechselte er als Redakteur mit dem Schwerpunkt Bildungs-, Hochschul- und Wissenschaftspolitik zum SPIEGEL nach Hamburg. Von 1974 bis 1985 arbeitete Elitz als Berlin-Korrespondent des ZDF und als Moderator und stellvertretender Leiter der Sendereihe „Kennzeichen D". Ab 1983 war er Stellvertretender Leiter und Moderator des „heute journals". 1985 wurde er durch den Intendanten Hans Bausch als Chefredakteur Fernsehen zum Süddeutschen Rundfunk berufen. Er moderierte dort die Sendungen „Pro & Contra", „Weltspiegel", „Brennpunkt" und „Wortwechsel". 1994 wurde er Gründungs-Intendant des Nationalen Hörfunks. Elitz ist Mitglied im Hochschulrat der Hochschule der Medien in Stuttgart und Vorsitzender des Kunstbeirates der Landesregierung Baden-Württemberg. Er hat eine Vielzahl medien- und kulturpolitischer Aufsätze in Fachzeitschriften veröffentlicht.*

Uwe-Karsten Heye

Vorwärts – offen und parteilich

Vor Ihnen, meine Damen und Herren, liegt eine Ausgabe des *vorwärts*, der zur Zeit mit einer Auflage von rund 540 000 Exemplaren den Mitgliedern der SPD und als Monatsblatt auch an ausgewählten Bahnhofskiosken und an Flughäfen gekauft werden kann.

Leider ist der Verkaufserfolg noch nicht so, dass man auch nur entfernt von einem Durchbruch sprechen könnte. Dafür ist der ökonomische Atem des Blattes nicht stark genug, um jede Ausgabe etwa angemessen bewerben zu können. Immerhin: der erste Schritt ist getan. Nun könnte, wer die Geschichte des *vorwärts* kennt, auf die Idee kommen, alle jene der Hochstapelei verdächtigen, die auf eine Zukunft für das parteiliche und sozialdemokratische Blatt pochen.

Auf den ersten Blick wäre das wohl nicht völlig von der Hand zu weisen. Dennoch gibt es da einige Aspekte unserer Gegenwarts-Öffentlichkeit, die es nicht als völlig aussichtslos erscheinen ließen, sich eine Zukunft für ein Blatt der linken Mitte vorzustellen, das seinen intellektuellen Zufluss aus den Teilen der Gesellschaft findet, die – und seien die Fäden noch so dünn geworden – sich eine Bindung an die große gesellschaftliche Sammlungsbewegung „Sozialdemokratie" erhalten haben. Darunter fallen nicht nur Günter Grass oder Lea Rosh oder Peter Schneider, sondern auch Juli Zeh oder Ulrich Wickert und viele andere, die für ein offenes und kritisches Forum zu gewinnen wären, gäbe der *vorwärts* dafür den Raum.

Um also gleich mit der Tür ins Haus zu fallen, das eben könnte die Richtung sein, die den *vorwärts* zukunftsfähig machen könnte. Allerdings hieße das, dafür auch den politischen Willen zu entwickeln, mit dem die Parteiführung einen strategischen Wandel in der Nutzung des Blattes anstreben müsste. Dieser Prozess steht noch aus, wie ich unmittelbar zugeben muss.

Was unterscheidet den also denkbaren erneuten Versuch heute von ähnlichen und dann gescheiterten Versuchen der Vergangenheit?

Es hatte ja lange gedauert, bis dem letzten Leser des *vorwärts* klar war, dass die Zeit der als Parteipresse zu identifizierenden Periodika offenbar abgelaufen war. Der *vorwärts* stellte sein Erscheinen im Januar 1989 ein und wurde als Unterzeile dem Mitgliedermagazin der *SPD* zugeschlagen. Davor hatte es aber eine kleine Wahrnehmung öffentlichen Interesses am noch lebenden Objekt gegeben, als der *vorwärts* als erste westliche Publikation in Moskau für den Preis von zwei Rubeln gekauft beziehungsweise verkauft werden durfte. Darauf hatte sich der damalige *SPD*-Vorsitzende Hans-Jochen Vogel mit Michail Gorbatschow, dem Vorsitzenden des Obersten Sowjet im Zeichen von Glasnost und Perestroika geeinigt. Chefredakteur zu der Zeit war Günter Verheugen, der nach der Amputation des linksliberalen Flügels der *FDP* zur *SPD* gestoßen war. Im übrigen stand erstmals damals im *vorwärts*, was dann so viele Jahre brauchte, um in Berlin Wirklichkeit zu werden: Lea Rosh forderte die Errichtung eines Holocaust-Denkmals in der alten Hauptstadt.

Kurz zu einem Teil der Nachkriegsgeschichte des *vorwärts*. Trotz großer Bemühungen einen attraktiven und journalistisch tapferen *vorwärts* zu produzieren, es führte nicht zu einer nennenswerten Auflage, sie stagnierte bei knapp 50 000 verkauften Exemplaren. Die damalige Parteiführung, die sich ohnehin schwer tat mit dem Wochenblatt, in dem sie jede Woche auch Gegenstand kritischer Kommentierung war, mochte die notwendigen Zuschüsse für das defizitäre Blatt nicht mehr leisten. Die Geschichte des *vorwärts* schien beendet.

Damals mag der eine oder andere im Vorstand der *SPD* ja noch die Erwartung gehabt haben, dass das Hamburger Medienzentrum um *Stern* und *Spiegel* die für die Politik der *SPD* so unendlich wichtige aufklärende Vorfeldarbeit leisten würde. Diese Illusion ist längst geplatzt. Heute hat bestenfalls noch die Wochenzeitung *Die Zeit* den Platz und das ansteigende Leserpublikum, um auf die dringlichen Reformen zu verweisen, die dem Land zugewiesen sind, das sich mit Globalisierung, einer ansteigenden dramatischen Drift zwischen arm und reich und dem demografischen Wandel zu beschäftigen hätte. Wenigstens von dort der Versuch, Politik nicht als Unterhaltungsrummel verkommen zu lassen.

Also, was wäre heute anders als 1989? Ich bin mir ziemlich sicher, dass der *vorwärts* bis zu seiner Einstellung vor allem durch die Anhänglichkeit der Mitgliedschaft der *SPD* im halben Nachkriegsdeutschland so lange lebte und überlebte. Denn er lebte von den vier Prozent der *SPD*-Mitglieder, die das Blatt jede Woche erwarben oder als Abonnenten bezogen. Damals hatte die *SPD* noch mehr als eine Million Mitglieder. Diese Treue kaschierte wohl, was die große Enttäuschung für Kurt Schumacher geworden war, der noch vor der ersten Bundestagswahl 1949 fest davon ausging, dass nach dem nationalsozialistischen Ungeist nur die Partei werde gewinnen können, die sich tapfer und mit vielen Opfern den braunen Kreaturen entgegen gestemmt hatte. Es war ein Trugschluss, wie man weiß.

Die Überlebenden des deutschen Zivilisationszusammenbruchs wollten vergessen, jedenfalls verdrängen, was sie selbst zu diesem Desaster beigetragen hatten. Aber wie sollte ihnen das bei einer Partei möglich sein, deren Vorsitzender als sichtbar gezeichneter KZ-Überlebender die personifizierte Erinnerung an eben die Zeit war, die zu verdrängen man entschlossen war. Ablenkung war gefragt und nicht Aufarbeitung. Das begann erst Jahrzehnte später. Hier wird also deutlich, dass es nach dem Krieg jenseits sozialdemokratisch gesonnener Bürger kein Publikum für den *vorwärts* gab. Die Illusion, dass es dennoch anders war, hielt jedoch lange an.

Und heute? Schon aus der generativen Sicht haben wir eine völlig andere Landschaft gegenüber der, die in den 50er Jahren und danach den Zeitgeist beherrschte. Die Bilderflut der modernen Medien macht Erklärung und Kenntnis der Zusammenhänge wichtiger denn je. Das weltweite Datennetz ist zudem wie ein Urwald, in dem sich nur bewegen kann, wer über eine Machete verfügt, um sich einen Weg zu bahnen zu seinen informationellen Zielen. Das heißt, **gerade wegen der unübersichtlichen Datenflut bedarf es der Einordnung und Orientierung.** Und mit dem Wechsel vom analogen zum digitalen Zeitalter, das eher zu einem Zeitraffer mutiert, braucht es erst recht Entschleunigung und das Beharren auf Erklären und Zusammenfügen. Könnte das der fruchtbare Boden werden, auf dem ein neuer *vorwärts* gedeihen würde? Vielleicht. Jedenfalls eher für ein Qualitätsblatt von eminent politischer Provenienz wie den *vorwärts* als für die merkwürdigen, ausschließlich referenziellen Produkte der Parteienkonkurrenz wie *Bayernkurier* oder das Vierteljahresheft der CDU.

Aber auch ein anderes Phänomen könnte hilfreich werden. Was sich derzeit nach meinem festen Eindruck in die Gesellschaften diesseits und jenseits des Äquators einzunisten beginnt, scheint die Rückkehr ideologischer Erklärungsmuster zu werden. Vielleicht steht das ideologische Zeitalter erneut an, das in den letzten Jahren immer wieder mit hörbarer Erleichterung begraben worden war. Und dazu hätten seine kapitalistischen Totengräber mehr beigetragen als sie es sich in ihren schlimmsten Albträumen vorgestellt haben dürften. Der sich selbst überschlagende Turbo-Kapitalismus, der abertausende Arbeitnehmer ‚freisetzt' – welch ein verniedlichendes Wort für einen derart profanen Vorgang wie ‚entlassen' oder heuern und feuern – und dessen Fabriken moralfrei dorthin vagabundieren, wo die ‚geringsten' Kosten zu drücken scheinen.

Oder die Raffgier der Banker dies- und jenseits des großen Teiches, die jüngst mehrere hundert Milliarden Euro verzockt haben, nur weil sie den Hals nicht voll kriegten.

Oder die kriminelle Vereinigung unter dem Namen *Siemens*, wo unter den offenbar geschlossenen Augen des Aufsichtsrates und diverser Vorstände fast eineinhalb Milliarden Schwarzgeld in schwarze Kassen floss, um denkbare Auftraggeber gefügig zu machen.

Oder die Causa Zumwinkel und der Zusammenschluss von Steuerflüchtigen und Stiftungsmodellen der besonderen, der Liechtensteiner Art.

Dazu passt dann der Armutsbericht der Bundesregierung, nach dem in unserem Land jeder Achte in Armut lebt, also von weniger als 800 Euro im Monat. Und kaum plausibel wird unter diesen Auspizien die heftige Kritik daran, die Rente um ein bis zwei Prozent zu erhöhen, was etwa 7 Euro pro Rentner im Monat bedeutet und insgesamt unter 10 Milliarden kostet. Und wer dann auf die Parteienlandschaft der Bundesrepublik schaut, wird dort tektonische Verschiebungen bemerken, die auf diese Entwicklung reagieren und schon jetzt – eine, wenn auch nicht verwertbare – linke Mehrheit erkennen lassen.

Ähnliches ist auf der rechten Seite des politischen Spektrums zu sehen, wo zumindest regional wie in Thüringen oder in Sachsen die Grenzen zwischen konservativ und rechts außen zu verschwimmen beginnen. Offen bleibt, welchen Einfluss die zweite große Koalition in der Nachkriegsgeschichte darauf hat, dass die Ränder links oder rechts stärker werden. Dennoch könnte dies zur Rückkehr ideologischer Kontexte führen und damit möglicherweise auch und erneut zu einer randschärferen Trennung zwischen den großen Volksparteien. Auch das könnte für den *vorwärts* Rückkehr ins Geschäft bedeuten.

Jedenfalls wäre das der Raum, der notwendig ist, um die Themen anzumahnen und sich mit ihnen auseinander zu setzen, die nach meiner Überzeugung eine sozialdemokratische, also reformistische Antwort brauchen, die sich aus der Zuneigung für den unteren, den proletarischen Teil der Gesellschaft speist und für Chancengleichheit kämpft.

Dieser Standort wäre umso dringlicher besetzt zu halten, als wir vor einer weiteren unaufhaltsamen Entwicklung stehen: dem demografische Wandel.

Darunter verstehen wir die aus zwei sich selbst verstärkenden Entwicklungen resultierende ‚Alternde Gesellschaft'. Einmal der dramatische Rückgang der Reproduktionsrate – also immer weniger Kinder – und die tatsächliche und nach oben offene Erweiterung des ‚aktiven' Lebensalters, was uns seit der Wende zum 20. Jahrhundert bis heute eine Verlängerung der durchschnittlichen Lebenserwartung von 35 Jahren gebracht hat. Konnte der wilhelminisch kaiserliche Regent davon ausgehen, dass die von Bismarck initiierte Sozial- und Rentengesetzgebung, die von ursprünglich 70 auf 65 Jahre herab gesetzt worden war, von der damaligen Rentnergeneration statistisch im Schnitt höchstens vier Monate in Anspruch genommen wurde, so könnte sich das heute auf 30 bis 40 Jahre erweitern. Das hat Konsequenzen, die geradezu revolutionäre Wirkungen in die Gesellschaft tragen müssen. Ich versuche sie in meinem Buch *„Gewonnene Jahre"* zu beschreiben. Schon jetzt ist entlang der Paradoxien unserer Zeit erkennbar, wohin die Entwicklung zielt:

Wir werden allesamt später in Rente gehen als heute mit durchschnittlich 60 Jahren.

Lebenslanges Lernen wird selbstverständlich werden

Daraus folgt zudem, dass die 50- bis 70jährigen solange wie möglich in Arbeit gehalten werden müssen, damit uns die sozialen Sicherungssysteme nicht wegbrechen.

Ebenso klar wird schon bei dieser Aufzählung, dass wir noch nicht einmal in der Nähe des Veränderungsprozesses angelangt sind, den wir erreichen müssen, um den gesellschaftlichen Wandel zu steuern, den die Alterung der Gesellschaft nach sich ziehen wird. Was folgt aus all dem für unser Thema? **Wir werden Medien brauchen, die sich der Themen annehmen, die unsere gesellschaftliche Entwicklung verändern, ja revolutionieren werden.**

Die Themenwoche der *ARD* war ein Einstieg. Ihm müssen Themenwochen folgen, die über die Kraft der Bilder nahe bringen, wohin alles zielt. Dann werden wir im Netz und wohl auch in konservativ gedruckten Medien nacharbeiten können, was neben Schulplänen und jeder Art didaktischer Aufbereitung ergänzt werden muss. Natürlich hat hier der *vorwärts* ein Feld. Vorausgesetzt, die *SPD* sieht in ihm nicht den Wiederkäuer ihrer inneren Widersprüche, sondern die Tribüne, auf der sie den Diskurs will, der sie selbst programmatisch befeuert.

Wie gesagt, diese Entscheidung steht noch aus. Allerdings wird der Druck steigen, bis zu dem die *SPD* sich zu einer Entscheidung darüber wird durchringen müssen, welche strategische Option sie für den *vorwärts* ziehen will. Spätestens nach dem Wahljahr 2009 werden wir erleben, dass die *SPD* sich neu wird ordnen müssen. Das wird sie zu tun haben, gleichgültig wie erfolgreich oder erfolglos die Wahlen für sie ausgehen. Je nach Stimmenanteil und Wahlkampfkosten-Erstattung wird die materielle Lage zu definieren sein, von der aus die Parteiführung die Zukunft bestimmen muss. Ohne Einsparungen dürfte es nur schwerlich abgehen. Dann wird auch der *vorwärts* auf der Kostenseite gewogen werden und hoffentlich nicht zu leicht befunden.

Es ist ziemlich eindeutig, dass das Blatt für viele Mitglieder die einzige unmittelbare Verbindung zur Mutterpartei in Berlin ist. Und dem entspricht das kleine Magazin, das der *vorwärts* als Container trägt. Es heißt *Parteileben* und wird ergänzt durch weitere vier Seiten aus den Regionalparteien. Allein für sich wären beide Produkte zu wenig attraktiv, um sie einem Bezieherkreis außerhalb der Mitgliedschaft anzubieten. Das kann nur der *vorwärts*, der beide Produkte trägt und zu den Mitgliedern bringt. Für die Leser, die den *vorwärts* am Kiosk kaufen, haben wir daher das Magazin *Zeitblende* entwickelt, das im ersten Jahr vor allem die aktuelle und historische Auseinandersetzung mit den neuen und alten Nazis zum Inhalt hatte. Jetzt geht es mehr um Zeitgeist-Themen und um Sonderthemen wie zu „60 Jahre Israel".

Nach den nächsten Bundestagswahlen wird also die Entscheidung über die strategische Nutzung des *vorwärts* für die kommenden Jahre zu treffen sein. Redaktion und Verlag werden sich darauf vorzubereiten haben und mit eigenen Vorschlägen in die Auseinandersetzung gehen. Bei allem wird der Blick in die gesamtgesellschaftliche Entwicklung nicht fehlen dürfen. Denn da wird zu entscheiden sein, mit welchen Instrumenten die Deutsche Sozialdemokratie ihre Programmatik deutlich machen will, um neues Vertrauen zu erwerben.

Manchmal hilft ein Blick über den Zaun, meinethalben auch über den Atlantik. Die amerikanische Linke stützt und unterstützt die Demokraten. Dazu gibt es spannende Portale im Netz, die von vielen Intellektuellen genutzt werden, um die durchaus eigenwilligen Standpunkte und, wenn nötig, auch Standpauken abzulegen.

Gewiss, die USA und die dort agierenden Parteien sind nicht mit uns vergleichbar. Dennoch wünschte ich mir ein wenig von der Lebendigkeit der Auseinandersetzung, die allein zwischen den Protagonisten dort möglich gemacht wurde. Auf einmal hat Politik wieder einen Stellenwert. Dies könnte der Weg sein, den die *SPD*-Führung ihrem *vorwärts* frei gibt.

Das Debattenforum *vorwärts* als Signal der Sozialdemokratie, sich aus der selbstreferenziellen Fesselung zu befreien und darauf zu setzen, dass der *vorwärts* gedruckt und im Netz sich jene Attraktivität zurück erobert, für die seine Autoren Kurt Tucholsky, Walter Mehring, Günther Grass, Max Halbe, Sebastian Haffner, Walter Jens und andere im Blick zurück und nach vorn immer gut waren.

135 Jahre hat das Blatt in seiner wechselvollen Geschichte auf dem Buckel. Es gehörte in den 20er Jahren mit einer Morgen- und einer Abendausgabe und jeweils einer Auflage von 300 000 Exemplaren zu den großen in der Weimarer Republik. Es war das Hassobjekt der Nazis. Es hat eine gute Geschichte wie die *SPD* eben auch. Und bei all dem, was da vor uns liegt, sollte es dabei bleiben, dass der *vorwärts* immer mehr war als ein Parteiblatt. Das sollte auch ein Maßstab für seine Zukunft bleiben.

Diskussion

Mir ist die Zitierhäufigkeit des vorwärts entgangen. Es gibt da ja immer auch Erscheinungszeiten, die eine Rolle spielen, z.B. bei der Osnabrücker Zeitung, die ja wohl einen besonderen Trick anwendet, um zitiert zu werden, aber wie oft wird der vorwärts in den letzten 5 Jahren von den Anderen zitiert?

Ich muss ehrlich sagen, ich könnte Ihnen da jetzt keine Zahlen nennen, zumal ich selber erst seit über einem Jahr die Verantwortung für das Blatt trage.

Seit ich da bin, hat sich das, und das beziehe ich nicht nur auf mich, sondern auf den ‚Spirit', der in das Blatt hineingeraten ist, verbessert. Er wird wahrgenommen.
    Das hat auch natürlich damit zu tun, dass wir, wenn auch den ganz vorsichtigen Weg wieder nach draußen genommen haben. An die Kioske in Bahnhöfen und Flughäfen. Das können wir überschauen und das können wir auch finanzieren, das ist ja immer auch die Frage, woher das Geld nehmen, damit man sich ein wenig verbreitern kann. Es werden so 400, 500 vielleicht mal 600 und bei diesem Exemplar fast 1000 zusätzliche Leser auf diese Weise gewonnen und über mangelnde Zitierfähigkeit muss diese Ausgabe nicht klagen. Wir waren, glaube ich, von der *Süddeutschen* bis zum *Tagesspiegel* in so ziemlich allen Blättern, weil die werten Kollegen den Eindruck hatten der *vorwärts* würde von der *SPD*-Spitze unter Druck gesetzt. Ich hab das immer anders empfunden. Wir haben einen sehr emotionalen Titel gemacht: Pflegeskandal. Und natürlich ist das ein sehr vermachteter Bereich. Das wissen wir auch, und entsprechend vital war das Echo aus diesem vermachteten Bereich. Darüber kann ich mich doch nicht beklagen, das war genau die Absicht. Es wäre doch schrecklich, wenn das völlig versandet und niemand nimmt Notiz davon. Großartig finde ich das. Das könnte ein Weg sein, um wieder eine Neugier zu entwickeln. Dass selbst ein Blatt, das seine politische Quelle, seine Herkunft nicht verschweigt, sondern im Gegenteil, der Untertitel im *vorwärts* lautet: Das Monatsblatt für Soziale Demokratie. Sehr lange und sehr intensiv kann man dieses Blatt, das seine eigene Legende auch ist, zurückverfolgen, und ich finde hier viel vorbildhaftes, was vielen in den sogenannten freien Medien oder in den Medien der freien Wirtschaft auch nicht zur Verfügung steht, nämlich die Freiheit alles zu schreiben, wovon sie glauben, dass es die Leser interessiert. Ich glaube, wir machen das langsam, Schritt für Schritt, auch so, dass vor allem aus der Mitgliedschaft ein Echo kommt, was ich sehr schön finde. Das uns ermutigt weiter zu machen, nicht beizugeben und eine spannende Monatszeitung zu machen.

Ich will bei dem eben skizzierten Konflikt bleiben, weil er vielleicht auch für die Zukunft des Blattes Signalwirkung hat. Sie haben ein Blatt mit dem Titel ‚Der Altenpflegeskandal' gemacht, in dem Sie sich auseinandersetzen mit der Situation in Deutschlands Pflegeheimen. Diese Ausgabe spricht Klartext. Der Vorsitzende der sozialdemokratischen Arbeiterwohlfahrt nimmt übel, der Parteivorsitzende entschuldigt sich, und man könnte den Eindruck haben, Sie sind ein Chefredakteur auf Bewährung. Ist das so, hat der vorwärts eine Bewährungschance oder hat er eine Zukunft?

    Naja, ich habe mich mit seiner Zukunft auseinander gesetzt. Ich glaube, er hat eine. Ich glaube, dass der gesellschaftliche Diskurs in den meisten Medien zu kurz kommt. Was da berichtet wird von einer Wutwelle zur anderen ist, dass auf eine ganz bestimmte Weise Zukunftsfähigkeit in unserer Gesellschaft zu Tode geritten wird und kurzfristige Interessen eine besondere, eine herausragende Bedeutung haben. Ich finde und glaube, dass nicht viele Blätter in der Lage sind, dagegen Stellung zu beziehen. Selbst bei den ordentlich gemachten Tageszeitungen findet das, was auf uns zu kommt, nicht wirklich die vertiefende Debatte, die es braucht, damit Menschen verstehen, was auf sie wirkt und was Ängste auslöst. Also, Ihre Frage war bezogen auf dieses brisante Thema. Wir haben zur Zeit etwa 2,4 Millionen Menschen in der Pflege in unterschiedlichsten Trägern. In wenigen Jahrzehnten wird sich diese Zahl verdoppeln. Etwa 10% der gegenwärtig in der Pflege befindlichen Menschen, das sind mehr als 200000, leben in solchen Verhältnissen, wie wir sie da beschreiben. Das sind nur 10%, 90% nicht. Okay, aber 200 000, das ist eine mittlere Großstadt, und wenn sich das auch noch verdoppelt, ich glaube wir müssen dahin gucken, und das ist genau der Sinn dieses Artikels. Auch diejenigen, die in diesem Bereich sind und die wir nicht auf die Anklagebank stellen wollten, darauf aufmerksam zu machen, dass es in ihrem Interesse ist, dass die schwarze Schafe erkannt und ihnen das Handwerk gelegt wird. Das Pflege nicht zur Ware, wie fast alles in unserer Gesellschaft, Bildung eingeschlossen, degeneriert wird. Jeder kann sich und seinen Kindern das kaufen, wenn er Geld dafür hat. Von daher muss man auch den Konflikt in der eigenen Partei aushalten und sehen, dass daraus was wird. Nämlich die zunehmende Fähigkeit zu akzeptieren, dass der *vorwärts* nicht dazu da ist, ‚Harmoniesoße' über alles zu träufeln, sondern dass er dazu da ist diejenigen, die interessiert sind an einer sozial gerechten Gesellschaft, auszustatten mit Argumenten, die es ihnen ermöglicht, sich im öffentlichen Prozess bemerkbar zu machen. Das ist mein Ziel, wenig genug, aber immerhin, und wenn wir da in Streit geraten, find ich das wunderbar. Es ist doch ganz schrecklich, wenn alle das Blatt nehmen, zur Seite legen und sagen, das war ganz nett, aber sonst passiert da nichts. Also, ich bin froh über den Streit und solange die *SPD* das aushält und das tut sie.

Sie haben die durchaus respektable Geschichte des vorwärts sowie auch die Zukunft, im Sinne von Neuausrichtung, betont. Was mir ein bisschen gefehlt hat war die Gegenwart. Wie ist den die Resonanz auf den vorwärts zur Zeit? Gibt es ein Forum, das er hat, und wie gestaltet sich dieser Journalismus, der parteilich aber ohne Brett vorm Kopf ist, wie sieht das aus?

Also, es ist mir gelungen, Autoren zu gewinnen, von denen ich gar nicht weiß, ob sie in irgendeiner Partei sind. Weil mir die Qualität dessen, was sie zu sagen haben, wichtig ist, und sie haben alle als Autoren im *vorwärts* geschrieben, von Tissy Bruns bis Hartmut Palme, einer *Spiegel*, andere *Tagesspiegel*. Weit davon entfernt davon, Mitglied der *SPD* zu sein. Die haben alle einen viel zu eigenen Kopf als das sie das wären. Im übrigen hab ich auch nie nachgefragt. Ich glaube, das ist das, was ich unter Offenheit verstehe. Dass das Blatt in die Lage kommt und in der Lage bleiben muss, den Diskurs auch dort zu suchen, wo er der *SPD* nicht gefällt, oder wo neue Antworten zu suchen sind, auf die immergleich gestellten Fragen danach, wie denn soziale Gerechtigkeit unter den jeweils veränderten Bedingungen hergestellt werden muss. Da braucht man viele Debattenbeiträge, bis sich so etwas wie ein ‚Mainstream' entwickelt und Überzeugung daraus wächst, dass das ein Weg ist, der Mehrheiten hinter sich bringt. Ich hab da kein Patentrezept außer dem Willen, parteilich und offen die Dimension auszuloten, die der *vorwärts* hat, und er hat nicht die der *Zeit*, darf er auch gar nicht haben. Aber in dem Konzert in dem die *Zeit* die erste Geige spielt, vielleicht doch die dritte oder vierte Geige zu werden, das könnte funktionieren, wenn es Offenheit, intellektuelle Debatte wirklich ernst nimmt und ernst meint. Dann bedarf es dann auch einer langsamen Gewöhnung der Parteiführung daran, dass es vielleicht doch sinnvoller ist, eine interessante Diskussion und keine gelenkte Diskussion zu haben.

Uwe-Karsten Heye wuchs in Danzig, Rostock, Hamburg und Mainz auf. Nachdem er eine Ausbildung zum Chemographen in den Graphischen Kunstanstalten Markgraf und Fischer in Mainz abgeschlossen hatte, besuchte er 1959 über den zweiten Bildungsweg das Gymnasium. Von 1960-1962 absolvierte er ein Volontariat bei der Mainzer Allgemeinen Zeitung und arbeitete bei ihr bis 1963 als Redakteur. Im Anschluss war er bis 1965 Redakteur bei United Press International in Bonn. Von 1965 bis 1973 arbeitete Heye zunächst als freier Korrespondent, sowie ab 1968 als Korrespondent der Süddeutschen Zeitung in Bonn. Von 1974 bis 1979 war Heye Pressereferent des damaligen SPD-Vorsitzenden Willy Brandt. 1976 trat er in die SPD ein. Ab 1979 arbeitete Heye als freier Fernsehautor und Journalist für ARD, ZDF und diverse Rundfunkanstalten in Bonn. 1990 bis 1998 war er Staatssekretär der Niedersächsischen Landesregierung, sowie Regierungssprecher und Leiter der Presse- und Informationsstelle der Niedersächsischen Landesregierung. Von 1998 bis 2002 war Heye als Staatssekretär der Bundesregierung, Regierungssprecher sowie Chef des Presse- und Informationsamtes der Bundesregierung, tätig. Ab Oktober 2002 bis April 2003 befand sich Heye im einstweiligen Ruhestand, um aus diesem als Generalkonsul der Bundesrepublik Deutschland in New York tätig zu werden. Seit Juli 2005 arbeitet Heye als freier Publizist in Potsdam. Seit 2006 ist er Chefredakteur des vorwärts.

Thomas Steg

Regierungskommunikation – Politikvermittlung zwischen Information und Marketing

Regierungs-PR und staatliche Öffentlichkeitsarbeit haben eine lange Tradition. Sie sind seit ihren ersten Tagen zweckbestimmt: Sie wollen die öffentliche Meinung beeinflussen, sie sollen für Vertrauen und für Zustimmung zur Regierungspolitik sorgen. Das Bundesverfassungsgericht hat der Regierungskommunikation Grenzen gesetzt, zugleich aber der Regierung eine unbedingte Informationspflicht gegenüber den Bürgern auferlegt. Welche Folgen haben juristische Schranken, gesellschaftlicher Wandel sowie Veränderungen in der Mediennutzung und im Informationsverhalten für die Regierungskommunikation? Wie erfolgt Politikvermittlung zwischen Information und Marketing?

Unter so genannten Experten aus Wissenschaft, Politikberatung und Medien besteht allgemeines Einvernehmen darüber, dass politisches Handeln kommunikativ – also semantisch, rhetorisch, symbolisch etc. – eingekleidet, verpackt, ja aufgehübscht werden müsse, damit Macht und Politik attraktiv und interessant erscheinen. So wird im einschlägigen Handbuch *Regierungs-PR* apodiktisch festgestellt: „Ohne die richtigen Kommunikations-Tools kann jede Regierung schnell wieder einpacken. Professionelle, moderne Kommunikation ist zu einer conditio sine qua non für erfolgreiches Regieren geworden."

Wann aber ist eine Kommunikation professionell? Was unterscheidet eine moderne von einer unmodernen Kommunikation? Der Autor des Beitrages gibt darauf zwar keine Antworten, aber in der ebenso eingängigen wie schlichten Jargonsprache der Politikberatung formuliert er Anforderungen an politische Öffentlichkeitsarbeit oder Regierungskommunikation, die je nach Blickwinkel der

Betrachtung eine unbestreitbare Tatsache wie auch eine nichtssagende Leerformel sein können. **Demnach dürfe Regierungskommunikation nicht mehr ‚top-down' und nicht bloß ‚add-on' erfolgen, müsse sie systematisch in den politischen Entscheidungsprozess integriert sein und vor allem authentisch inszeniert werden.**

Ich werde auf derartig mechanistische Sichtweisen von politischer Kommunikation noch zurückkommen. An dieser Stelle nur so viel: Ich bin der Letzte, der sich über Kommunikations-Tools mokieren wollte. **Nur, über das Schicksal einer Regierung entscheidet weniger das Werkzeug als vielmehr das Werkstück, also zuallererst die konkrete materielle Politik der Regierung, ob sie von den Bürgerinnen und Bürgern als gut oder schlecht, als richtig oder falsch empfunden wird.**

Und noch eine einleitende Bemerkung sei gestattet. Politische Öffentlichkeitsarbeit oder Regierungs-PR sind weder ein Phänomen jüngeren Datums noch eine amerikanische Erfindung. Vielmehr lässt sich so etwas wie eine spezifisch deutsche Tradition der staatlichen und politischen Öffentlichkeitsarbeit feststellen, die bei den preußischen Reformern um Hardenberg ihren Ursprung hat. Damals wie heute galt es, die öffentliche Meinung möglichst gezielt durch Informationen, durch Vermittlung und Aufklärung zu beeinflussen, und zugleich ging es darum, Macht zu erhalten, Macht zu erwerben, Legitimation zu beschaffen, öffentliches Zutrauen und Vertrauen zu gewinnen.

Karl August von Hardenberg (1750-1822) war gewissermaßen der erste staatliche PR-Arbeiter. Er entwickelte und prägte maßgeblich die preußische staatliche Öffentlichkeitsarbeit. 1816 richtete er sein so genanntes ‚Literarisches Büro' ein – praktisch den Vorläufer der heutigen Pressestellen. Über dieses Literarische Büro sollten Standpunkte der preußischen Regierung veröffentlicht und verbreitet werden, wichtige Publikationen zu zentralen Fragen vorgehalten und der Öffentlichkeit angeboten werden.

Es sollte Überzeugungsarbeit geleistet, die öffentliche Meinung gesteuert und so etwas wie Imagepflege im Ausland betrieben werden. Hardenberg hatte also schon eine ziemlich klare Vorstellung vom kommunikativen Marketing des Staates.

Natürlich sind die Ansätze, Methoden und Instrumente der politischen und staatlichen Öffentlichkeitsarbeit in knapp zwei Jahrhunderten erweitert und verfeinert worden, doch an der Ziel- und Zweckbestimmung hat sich im Grunde nichts geändert. Staatliche Öffentlichkeitsarbeit als besondere Form intentionaler und persuasiver Kommunikation ist keine altruistische Angelegenheit; sie will informieren und aufklären, genau dadurch aber auch in ganz bestimmter Weise auf die öffentliche Meinung einwirken und sie formen. Es geht um die

Kreation und die Vereinheitlichung einer öffentlichen Meinung. Es geht um die Organisation von Zustimmung. Diese Absicht darf und muss staatlicher Öffentlichkeitsarbeit sehr wohl unterstellt werden, indes, ob das Unterfangen gelingt, ist weniger denn je in das Belieben staatlicher Kommunikatoren gestellt. Denn zwischen den Absendern staatlich erwünschter Botschaften und dem Bürger und Wähler als Adressaten schieben sich Medien, die die Botschaften in aller Regel filtern, bearbeiten, verändern, damit auch neutralisieren oder gar gegen die Absender verkehren.

Wegen ihrer Funktion und der beschriebenen Kontinuität sieht sich die staatliche Öffentlichkeitsarbeit oder Regierungs-PR einer fundamentalen, moralisch begründeten Kritik ausgesetzt. Angesichts ihrer Versuche, durch gezielte Impulse und Informationen Menschen, Sachverhalte oder öffentliche Meinung zu lenken und zu beeinflussen, wird die politische Öffentlichkeitsarbeit mit dem Vorwurf der Manipulation konfrontiert. Der negativ besetzte Begriff der Manipulation, die assoziiert wird mit Betrug, Machenschaft, Tricksereien und Täuschung, entstammt aus sozialwissenschaftlichen Forschungsarbeiten zum Massenonsum, zur Politik, zur öffentlichen Meinung und zum Totalitarismus der 20er Jahre des vergangenen Jahrhunderts.

Unter dem Eindruck des Nationalsozialismus wurden dann in den 50er Jahren Arbeiten über die Möglichkeiten einer unbewussten Steuerung von Gesellschaft durch Berücksichtigung psychologischer Prozesse, effizienter PR-Techniken (geheime Verführer) veröffentlicht. Demnach würde Manipulation als Herrschaftstechnik zu einer Uniformierung der Gesellschaft führen. Moderne Forschungen haben diese Befürchtungen, haben diesen Alarmismus widerlegt. Gegen Manipulation und Propaganda wirken - wie Studien belegen - Resistenz, Immunität, selektive Wahrnehmung, Eskapismus oder intentionale Selbststeuerung.

Durch den allgegenwärtigen Manipulationsverdacht ist Manipulation selbst zu einem Kampfbegriff geworden. In der Sprache, in der Rhetorik, in der Inszenierung, im Marketing, in der Kommunikation fällt es zunehmend schwer, zwischen Überzeugung (Argumentieren) und Überredung (Manipulieren) zu unterscheiden. Positiv konnotiert sind Überzeugungskunst und Überredungskunst, den Übergang zur Ambivalenz markiert als instrumenteller, sozialtechnologischer Begriff die Überredungstechnik (trickreich) und als offen täuschend und betrügerisch gilt die bloße Fassadentechnik.

Vor diesem Hintergrund ist es überaus bemerkenswert, wenn das Bundesverfassungsgericht 1977 in einem Grundlagenurteil wohltuend sachlich eine Informationspflicht des Staates und seiner Instanzen postuliert und proklamiert: „Öffentlichkeitsarbeit von Regierung und gesetzgebenden Körperschaften ist in Grenzen nicht nur verfassungsrechtlich zulässig, sondern notwendig. Die Demokratie des Grundgesetzes bedarf ... eines weitgehenden Einverständnisses der Bürger mit der vom Grundgesetz geschaffenen Staatsordnung ... Diesen Grundkonsens lebendig zu halten, ist Aufgabe staatlicher Öffentlichkeitsarbeit."

Einige Jahre später konstatierten die Verfassungsrichter im Urteil zum so genannten Glykolskandal: „Das Schweigen der Regierung könnte im Übrigen als Versagen bewertet werden und zu Legitimationsverlusten führen."

Allerdings setzt das Bundesverfassungsgericht den staatlichen Kommunikationsaktivitäten auch Grenzen. **Staatliche Öffentlichkeitsarbeit wird dann unzulässig, wenn sie nicht mehr primär und erkennbar der Informationsübermittlung dient, also im normativen Verständnis einem Aufklärungsinteresse entspricht:** „Tritt der informative Gehalt einer Druckschrift oder Anzeige eindeutig hinter die reklamehafte Aufmachung zurück, so kann das ein Anzeichen dafür sein, dass die Grenze zur unzulässigen Wahlwerbung überschritten ist", befanden die Karlsruher Richter in ihrem Urteil von 1977.

So unbestimmt die Abgrenzungen letztlich auch geblieben sind, so eindeutig werden doch die Antipoden benannt: Information versus Werbung, Regierung versus Parteien. Und damit ist auch klar, dass der Titel des heutigen Vortrages „Politikvermittlung zwischen Information und Marketing" tatsächlich keine sich ausschließenden Gegensätze beschreibt, sondern die Seiten- und Begrenzungslinien eines Korridors, in dem Tag für Tag politische Öffentlichkeitsarbeit stattfindet. Während Michael Kunczik Politikmarketing als überwölbenden Begriff für politische Kommunikation (ÖA, PR, Werbung) auffasst, wird Marketing in unserem Kontext verstanden als zusammenfasssender Ausdruck für alle systematischen Aktivitäten in der politischen Kommunikation, die auf Absatz, also auf Aufnahme in den Medien gerichtet sind. Deswegen erscheint es mir sinnvoller, von Kommunikationsmanagement denn von Marketing zu sprechen.

Wir leben in einer Mediengesellschaft. Diese Feststellung wird niemand ernsthaft bestreiten. Aber was besagt die Aussage? Und was besagt sie für Bedingungen und Anforderungen an Politikvermittlung?

In einer global vernetzten Informationsgesellschaft ist Kommunikation nicht nur Schlüsseltechnologie und Wirtschaftsfaktor, sondern eine für das Zusammenleben der Menschen ganz zentrale Kulturtechnik. Kommunikation besitzt für uns Menschen eine universale Qualität. Sie vermittelt und transformiert individuelles Handeln in soziales Handeln. In ein Handeln, das menschliche Gemeinschaft konstituiert.

Mehr noch: Adäquate politische Entscheidungen lassen sich in modernen, pluralistischen Gesellschaften weder in obrigkeitsstaatlicher Manier noch in hierarchischer Willensbildung treffen. Das Prinzip von Anordnung und Verkündigung verspricht auf Dauer keinen Erfolg. Politische Herrschaft beruht besonders in der Demokratie auf Zustimmung und Akzeptanz. Akzeptanz und Zustimmung jedoch resultieren aus spezifischen Prozessen: Legitimation durch Verfahren sowie Legitimation durch Kommunikation (verhandlungsorientierte und mediale Politikvermittlung).

Legitimation durch Kommunikation verweist auf einen einfachen Sachverhalt: **Politische Entscheidungen müssen vermittelt werden. Sie müssen verständlich und nachvollziehbar sein. Motive und Beweggründe der Akteure müssen erkennbar sein.**

Politische Kommunikation soll dazu beitragen, allgemein verbindliche Entscheidungen zu formulieren, zu begründen und durchzusetzen. Insoweit ist politische Kommunikation nicht nur Mittel der Politik, sondern selbst Politik.

In komplexen, ausdifferenzierten Gesellschaften lässt sich politische Kommunikation indes nicht mehr allein in Formen interpersonaler Kommunikation (face to face) in Encounter-, Präsenz- oder Versammlungsöffentlichkeiten umsetzen. Für die notwendige Vermittlung braucht es eine besondere Instanz, die Medien eben oder genauer die modernen Massenmedien.

Halten wir fest: Mediengesellschaft verweist also auf eine besondere Funktion von Medien, nämlich immer mehr Kommunikations- und Vermittlungsleistungen in der Gesellschaft über die verschiedenen Medien abzuwickeln. Gleichgültig für welche Zwecke, wer Menschen erreichen will, ist zwingend auf Medien als Überbrückungs- und Vermittlungsinstanzen angewiesen. Sie ermöglichen die Integration räumlich getrennter Individuen durch Gleichzeitigkeit der Information.

Für demokratisch verfasste Gesellschaften ist die Freiheit der Medien konstitutiv. Presse-, Informations- und Meinungsfreiheit gelten als Lebenselixier der Demokratie.

Die besondere Privilegierung der Massenmedien durch Gesetzgebung und Rechtsprechung wird mit ihren politischen und soziokulturellen Funktionen für die demokratische Gesellschaft begründet. Die Medien erfüllen eine öffentliche Aufgabe und nehmen eine öffentliche Funktion wahr. Sie stellen einen Raum der Öffentlichkeit her, leisten eine politische Sozialisationsfunktion, übernehmen Integrationsaufgaben, üben Kritik und Kontrolle an den politischen Verantwortlichen und tragen zur politischen Bildung bei.

Das Medienangebot ist allerdings bloß eine Option auf Öffentlichkeit. Öffentlich wird vieles, Öffentlichkeit hingegen nur, was auf Resonanz stößt. Das ist nicht für alle Mitglieder einer Gesellschaft einheitlich, das differenziert sich nach Geschmack und Interessenlage aus. Nach Schicht und Habitus. In der Praxis existiert also nicht die Öffentlichkeit, sondern eine Vielzahl von Öffentlichkeiten oder eine vieldimensionale Öffentlichkeit. In mehr wissenschaftlicher Terminologie: Zerstreute oder fragmentierte Öffentlichkeit.

Es ist daher alles andere als nebensächlich, immer wieder auf die besonderen Bedingungen und Anforderungen an eine erfolgreiche Kommunikation hinzuweisen. Politische Kommunikation kann nur gelingen, wenn Adressaten erreichbar sind, wenn die Adressaten dem Mitgeteilten Aufmerksamkeit schenken, wenn die Adressaten das Mitgeteilte verstehen und wenn die Adressaten dem Mitgeteilten zustimmen und ihr Handeln danach ausrichten.

Aber bedenken wir stets: In der modernen Mediengesellschaft mit garantierter demokratischer Kommunikationsfreiheit ist ein Adressat staatlicher Botschaften grundsätzlich zu gar nichts verpflichtet. Wie Ralf Dahrendorf lakonisch meinte, könne der mündige Bürger auch ein müder Bürger sein, der ebenso gut Ja wie Nein sagen könne. Die Abwesenheit von Zwang jeder Art ist der materielle Kern der demokratischen Freiheit.

Und aus eben dieser Freiheit - wenn man so will, der Freiheit zum Desinteresse und zur Ignoranz - begründen sich Notwendigkeit und Bedeutungszuwachs von Kommunikation. Fortan ist die Kommunikation selbst von zentraler Bedeutung, werden von der Politik erhebliche kommunikative Qualitäten verlangt, um die für demokratische Herrschaft zwangsläufigen Kontroll- und Steuerungsverluste zu kompensieren.

Kommunikative Prozesse und Leistungen entscheiden in einer Demokratie wesentlich darüber, ob Macht errungen und verteidigt wird, ob sich Werte vermitteln und durchsetzen lassen, ob das Gemeinwohl gestärkt wird, wie Konflikte ausgetragen werden und ob Konsens hergestellt werden kann.

Wer sich mit Politikvermittlung befasst, hat sich unweigerlich mit dem spezifischen Verhältnis von Medien und Politik auseinanderzusetzen. Hierzu sind mehrere Modelle entwickelt worden. Der Dependenzthese zufolge ist die Politik in die Abhängigkeit der Medien geraten, wodurch Autonomie und Funktionalität der politischen Instanzen gefährdet sind. Die Instrumentalisierungsthese beklagt hingegen einen Autonomieverlust der Medien, die dem bestimmenden Einfluss der politischen Instanzen erliegen und ihrer Kritik- und Kontrollfunktion nicht mehr gerecht werden. In der Praxis erscheint es jedoch weder begründet, von der Unterwerfung der Politik unter die Medien noch von der Domestizierung der Medien durch die Politik auszugehen. Die Symbiose – oder Interdependenzthese beschreibt dagegen ganz zutreffend, wie Medien und Politik versuchen, voneinander zu profitieren, ohne ein gemeinsames Ziel zu verfolgen.

Die Medien orientieren sich dabei durchaus an der Entscheidungs- und Steuerungslogik der Politik. Die Politik wiederum macht sich die Auswahl- und Thematisierungslogik der Medien zu Eigen.

Wenn die Politik also durch ‚Mediaperformance', ‚Mediafitness' oder politisches Ereignismanagement der immanenten Logik des Mediensystems zu entsprechen versucht, dann handelt es sich weder um die Selbstaufgabe der Politik noch um einen einseitigen Akt der Anpassung. Es ist Teil eines spezifischen Beziehungsspiels, in dem die Beteiligten in aller Regel wissen, dass sie aufeinander angewiesen sind.

Die Medien stellen politische Themen nach ganz eigenen Regeln der Be- und Verarbeitung für die Öffentlichkeit bereit, wobei sie auf Informationsangebote der Politik angewiesen sind. Und die Politik benötigt die Medien für die eigene Inszenierung und die eigenen Öffentlichkeitsstrategien, weshalb sie sich auf die Arbeits- und Funktionsweise der Medien einstellt, gleichzeitig jedoch die Thematisierungsstrategien der Medien stimuliert. In aller Regel verhält sich die Politik gegenüber den Medien also äußerst rational, effektiv und systemkonform.

Wenn nahezu alle öffentlichen Angelegenheiten über Medien transportiert und verhandelt werden, dann kann Politik Themen nur dann setzen, Meinungsführerschaft gar nur dann erlangen, wenn politische Kommunikation erfolgreich über Massenmedien geschieht. Insoweit umfasst politisches Handeln immer auch das Planen und Entwerfen von politischer Kommunikation. Dabei meint politische Kommunikation nicht nur die Festlegung von Inhalten, sondern ein Bewusstsein von der öffentlichen Umsetzung der Politik generell.

Wir sind in unseren Ausführungen davon ausgegangen, dass Regierungs-PR vor allem darauf hin überprüft werden muss, ob es ihr durch Einsatz vermeintlich manipulativer Methoden und raffinierter Kommunikationstechniken gelingt, eine geneigte öffentliche Meinung zu erzeugen.

Betrachten wir aber nur einmal die praktischen Erfahrungen mit der politischen Kommunikation von Reformpolitik in den vergangenen Jahren, präsentiert sich trotz elaborierter Strategien wie Themenmanagement, news management, event management, Erwartungsmanagement, agenda setting, agenda building, agenda cutting, framing, priming, negative campaigning oder spindoctoring ein ganz anderer Sachverhalt. **Eine angeblich mächtige Kommunikationsmaschinerie hinterlässt einen anscheinend ohnmächtigen Eindruck. Das Verdikt ist schnell ausgesprochen: Politik hat ein Vermittlungsproblem.**

Und diesem vermuteten Kommunikationsdefizit soll mit noch mehr Kommunikation begegnet werden. Aber sind die unbestreitbaren Kommunikations- und Vermittlungsprobleme, die gelegentlich für die Akzeptanz- und Repräsentationskrise des demokratischen Systems verantwortlich gemacht werden, wirklich mit einigen filigranen wie beherzten Kunstgriffen in den Instrumentenkasten der Regierungs-PR zu lösen, oder reichen die Problemdimensionen nicht sehr viel tiefer und weiter? Oder anders: Wer von Politikvermittlung redet, darf über Politik nicht schweigen.

Erstens: Die große Mehrheit der Bevölkerung erkennt unbestritten einen enormen Reformbedarf. Aber zugleich ist das, was die Sozialwissenschaft und die Demoskopie feststellen, unverändert richtig: die abstrakte Einsicht in die Reformnotwendigkeit ist nicht deckungsgleich mit der individuellen Bereitschaft, Reformen mitzutragen.

Es ist ebenfalls keine neue Erkenntnis, aber man muss sich bezogen auf politische Kommunikation immer wieder bewusst machen, dass wir es mit den Menschen in einer besonderen Weise zu tun haben. Sie sind sozusagen multiple Persönlichkeiten. Diese Pluralität ist Ausdruck je besonderer kultureller, materieller, sozialer etc. Interessen. Einmal ist es der Staatsbürger, ein anderes Mal der Wähler, der Familienvater, der Pendler, der Eigenheimbesitzer, der Gewerkschafter, das Kirchenmitglied, der Altautofahrer, der Privatversicherte, der Aktienbesitzer oder was und wer auch immer, der einem als Adressat politischer Botschaften gegenübertritt. Es gibt einen ständigen Wechsel der Rollen und Identitäten bei den Menschen und nicht nur eine einzige Perspektive.

Dadurch entwickeln sich bei jedem Thema auch völlig unterschiedlich zusammengesetzte Öffentlichkeiten. Es ist nicht mehr verlässlich, wie Sie den berühmten Herrn Mustermann gerade ansprechen müssen, beziehungsweise in welcher Rolle er überhaupt ansprechbar ist. Dieses Rollenspiel ist stets zu bedenken, wenn Menschen von politischer Kommunikation erreicht werden sollen.

Zweitens: Diese Bemerkung ist fast banal: Kommunikation kann scheitern. Sie kann im Alltag scheitern - das sind dann die berühmten Missverständnisse - und in der politischen Kommunikation zumal. Politische Kommunikation ist etwas fundamental anderes als Marken-PR für Windeln oder Weißbier. Bei der politischen Kommunikation weiß man bei Lichte betrachtet doch recht wenig über die potenziellen Empfänger und ihre wirklichen Erwartungen. Operieren wir nicht vielmehr mit Annahmen, mit Erwartungen über die Erwartungen der Bürger? Also mit den berühmten Erwartungserwartungen?

Aber unterstellen wir nur, wir haben einen Empfänger erreicht, dann wissen wir nicht, ob der Empfänger uns so verstanden hat, wie wir es gerne wollten. Wenn er uns so verstanden hat, wie wir es wollten, wissen wir nicht, ob er daraus die richtigen Konsequenzen zieht, ob das gewünschte Handeln auf die Information folgt. Das muss man sich immer wieder bewusst machen. Eine Garantie für erfolgreiche Kommunikation kann niemand geben.

Das heißt, politische Kommunikation ist vielleicht sogar mehr noch als jede alltägliche zwischenmenschliche Kommunikation ein unwägbarer, jedenfalls ein auch mit noch so guten Methoden bestenfalls relativ zu steuernder Prozess. Er ist vielmehr mit Zufällen behaftet. Nur am Rande sei erwähnt: Nicht zuletzt auch wegen der Vielzahl der möglichen Akteure.

Und nicht zu vergessen wegen der Medien selbst. Die außerordentlich allergisch auf alle Versuche der Instrumentalisierung reagieren. Die sich nicht zum Büttel und zum Werbeträger staatlicher Instanzen degradieren lassen wollen. Die auf ihrer Autonomie beharren. Die weiterhin ihre diskretionäre Macht ausüben wollen. Die eigenständig entscheiden, was und worüber und wie sie berichten. Deren Verhältnis zur Politik sich durch eine Dialektik von Nähe und Distanz auszeichnet. Eine fragile, instabile, anfällige Beziehung. Denn Medien stellen Politiker nicht nur gern auf das Podest, sie demontieren ihre Helden ebenso gern mit Lust und Leidenschaft. Der Umschlag kommt regelhaft überraschend, das fighting-back ohne große Ankündigung. Dann herrscht statt freundlich-harmloser Kumpelei und Kumpanei bloß noch kalter Zynismus.

Drittens: Wie bereits angemerkt haben sich die homogenen Öffentlichkeiten in den entwickelten Demokratien in Westeuropa und in den westlichen Gesellschaften aufgelöst.

Öffentlichkeit zerfällt zusehends in disparate, vielfältige, vielzählige Teilpublika. Nehmen wir ein ganz profanes Beispiel: In den Medienwissenschaften wird zwischen informations- und unterhaltungsorientierten Mediennutzern unterschieden. Wir können einfach davon ausgehen, dass es immer noch Menschen gibt, die sich aus freien Stücken informieren und politische Debatten verfolgen. Auf der anderen Seite gibt es sehr viele Menschen, die geradezu krampfhaft versuchen, durch virtuose Handhabung der Fernbedienung jedem Informationangebot aus dem Weg zu gehen.

Alles, was die Menschen sehen, hören oder lesen können, ist optional. Informationen kann man meiden und vermeiden. Wer in der Politikvermittlung ausschließlich auf ein rational-kognitives Modell der sachlichen Information und Aufklärung setzt, mag daher vielleicht bestimmten demokratie- und diskurstheoretischen Idealen entsprechen, allerdings kaum die Bürger erreichen.

Viertens: Es geht in der Politik natürlich auch um Wahrheiten. Vor allen Dingen geht es aber um Meinungen und Entscheidungen. Hannah Arendt hat den Begriff der Tatsachenwahrheit geprägt. Eine betrifft zum Beispiel den demographischen Wandel. Verkürzt ausgedrückt: Unsere Gesellschaft wird älter. Das ist eine Tatsachenwahrheit. Das bestreitet auch niemand. Aber die Konsequenzen, die man daraus zieht, sind politische Entscheidungen, die in jedem Einzelfall umstritten sind. Wir dürfen in der politischen Kommunikation nichts als gegeben, als allgemein akzeptiert, gar als selbstverständlich voraussetzen. Jede noch so banale Äußerung ist umstritten, weil man jedes Thema auch anders betrachten kann. Man darf auch nicht vergessen, dass man es gerade bei den Reformdiskussionen und in der Vermittlung von Politik immer mit Verlustängsten zu tun hat, weil die Menschen die Sorge haben, dass Entscheidungen nicht nur relative und absolute Gewinner produzieren, sondern auch Betroffene, die etwas abgeben müssen und sich folglich als Verlierer empfinden können.

Fünftens: Es gibt sozusagen ein Paradoxon von Reformkommunikation. Kommunikation scheint fast vergeblich, wenn für politische Entscheidungen Zustimmung erreicht werden soll. Zugleich aber ist Kommunikation so unverzichtbar wie nie zuvor und muss so viel leisten wie nie zuvor.

Es gilt der Satz: „**What you can't communicate you can't realize.**" Wie schwierig auch immer - an dieser Anstrengung kommt niemand vorbei.

Ich bin sicher, dass man das nicht dem Zufall überlassen muss. Ich glaube nur, dass neben Technik, Handwerk und Inhalten der Kommunikation noch etwas hinzukommt, nämlich eine ganz bestimmte Erwartung an Politik und an Politiker, dass das, was man in der Politik macht und wie man sich als Person verhält, als ehrlich, glaubwürdig, aufrichtig, redlich, nachvollziehbar, beispielhaft und vertrauenswürdig erscheinen muss.

Sechstens: Etwas salopp formuliert, müsste ein Credo der Politikvermittlung lauten „Lieber keine Inszenierung als falsche Symbolik". Von Oscar Wilde stammt der Ausspruch: „Nur eine Sache auf der Welt ist schlimmer, als Gesprächsthema zu sein: Und das ist, kein Gesprächsthema zu sein." Mag Oscar Wilde auch nicht nur an Politiker gedacht haben, so trifft seine Aussage sehr wohl und uneingeschränkt auf Politiker zu.

In der Kommunikation ist Aufmerksamkeit die alles entscheidende Ressource. Was keine Aufmerksamkeit erlangt, hat letztlich keine Relevanz, beeinflusst weder das Denken noch das Verhalten der Adressaten medialer Botschaften.

Da aber Politik in ihrer alltäglichen Form mit endlosen Marathon-Sitzungen nicht mediengerecht und schon gar nicht telegen ist, müssen sich Politiker etwas einfallen lassen, müssen sie Politik gewissermaßen medienfähig machen, um Menschen zu erreichen. Da sich die Wahrnehmungsgewohnheiten der Medienutzer verändert haben (Bilder verdrängen Sprache, Gefühle wirken intensiver als Argumente, Schlagzeilen haben Vorrang vor Hintergrundberichten), muss Politik personalisiert und emotionalisiert werden, in Bildern präsentiert werden, also auch inszeniert werden, um Menschen zu begeistern, mindestens aber zu interessieren.

Die deutsche Politik hat sich mehr und mehr auf die Anforderungen des Mediensystems eingestellt. Dies als Substanzverlust von Politik zu kritisieren, ist nicht gerechtfertigt. Auf Medientauglichkeit in der politischen Kommunikation zu achten, kommt nicht der Selbstaufgabe von Politik gleich, sondern ist Ausweis von Professionalität. Da Politik sich in aller Regel nicht autoritär durchsetzen lässt, muss Politik für Medien interessant sein oder sich zur Not und bei Bedarf interessant machen. Dabei hat eine Regierung einen unschätzbaren strukturellen Vorteil, denn sie verfügt per se über Relevanz, Prominenz, Prestige, politische Initiative und materielle Ressourcen.

Die Sozialwissenschaftlerin Sigrid Baringhorst bezeichnet den zu beobachtenden Wandel von Politik in der Fernsehwelt als „symbolischen Inszenierungszauber". Auch dieser Begriff ist ambivalent wie das zugrundeliegende Konzept zur symbolischen Politik von Murray Edelman, das alle politischen Handlungen nach einem instrumentellen Nennwert und einem dramaturgischen Symbolwert unterscheidet. Ambivalenz bezieht sich in diesem Fall durchaus auf eine positive wie eine negative Konnotation des Begriffs Inszenierungszauber. Symbolische Politik ist keinesfalls ausschließlich abfällig zu betrachten. Jemanden verzaubern heißt eben auch, jemanden zu faszinieren und zu begeistern, jemanden in den Bann schlagen. Auch hier kommt es letztlich auf die Übereinstimmung von Form und Inhalt an (Kniefall von Willy Brandt in Warschau 1970).

Im Gegensatz zu diesem geradezu leuchtenden Beispiel gelungener politischer Symbolik sind jene Pseudo-Ereignisse zu nennen, die ausschließlich stattfinden, um Medienberichte zu provozieren. Hierbei handelt es sich um Inszenierungen im eigentlichen Sinn. Das ist der fallschirmspringende Politiker, das ist der Umweltminister, der durch den Rhein schwimmt, das ist der Landwirtschaftsminister, der rohen Fisch isst, das ist der Jungpolitiker im BigBrother-Container. Politik kann, darf und soll sogar unterhalten und unterhaltsam sein. Aber ohne gleich zur Sparte der Unterhaltungsindustrie zu degenerieren.

Der Eindruck einer unaufhaltsamen ‚Kernerisierung' der Politik ist verheerend. Er bewirkt einen nachhaltigen Vertrauensverlust. Nicht Marketing oder Manipulationsabsicht sind das Problem, sondern der Vertrauensentzug durch die Bürger. Sie durchschauen die Inszenierungen und wenden sich ab.

Inszenierungen, die falsch oder nur falsch dosiert sind, vergrößern das Glaubwürdigkeitsdefizit der Politik. Das ist der Preis für eine Auffassung von

Politik, deren mediale Inszenierung nicht auf eine Veränderung der Wirklichkeit, sondern auf eine Veränderung der Wahrnehmung von Wirklichkeit zielt.

Politik ohne Dramaturgie und Symbolik gibt es sicherlich nicht. Auch die großen Redner in der Antike haben neben ihren inhaltlichen Botschaften auf Rhetorik und Präsentation beim Vortrag größten Wert gelegt. Mit nüchternen Fakten lassen sich Zuhörer nur selten überzeugen und beeindrucken. Man muss sich präsentieren, um Vertrauen zu schaffen, um Kompetenz zu beweisen, um Führungsstärke zu dokumentieren, um Orientierung zu geben.

Zu kritisieren ist also nicht symbolische Politik schlechthin, im Gegenteil, allzu häufig fehlt es an überzeugender Symbolik. Nein, zu kritisieren ist die falsche oder fehlerhafte Symbolik, und ganz entschieden zu kritisieren ist die künstliche Symbolik, der keinerlei politische Substanz entspricht.

Siebtens: Der Erfolg jeder politischen Kommunikation hängt wesentlich davon ab, ob sich eine gemeinsame Wahrnehmung der Ausgangssituation erreichen lässt. In den vergangenen Jahren ist vielleicht zu wenig darauf Wert gelegt worden, erst einmal zu definieren: Was hat man für eine Ausgangssituation, und warum macht man etwas? Das ist keine Petitesse. Denn wenn die Bürger ein Problem gar nicht als Problem begreifen, dann wirkt Politik schnell befremdlich, unverständlich und verunsichernd. Das lässt sich dann auch mit noch so kunstvoller Kommunikationstechnik nicht kaschieren. Politische Kommunikation hat also darauf zu achten, dass – verkürzt – Politik, Medien und Bevölkerung nicht in ganz verschiedenen Wahrnehmungsrealitäten agieren.

Um mehrheitlich Zustimmung zu bekommen, muss man bei jeder politischen Kommunikation also sehr früh ansetzen und Mehrheiten bereits in der Phase der Problemdefinition generieren, nicht erst beim Versuch, getroffene Entscheidungen zu vermitteln. Das Verhältnis von sogenannter Politikerstellung und Politikdarstellung, von ‚Politik machen' und ‚Politik verkaufen' ist immer wieder aufs Neue zu reflektieren. Herstellung-Vermittlung-Darstellung-Wahrnehmung folgen im politischen Prozess eben nicht einer schematischen Chronologie; sie sind nur analytisch zu trennen.

Schließlich: In der politischen Kommunikation ist eine Entschleunigung notwendig. Ernsthaftigkeit, Beharrlichkeit und Verlässlichkeit sind erforderlich. Politische Kommunikation sollte tunlichst vermeiden, unter Zeitdruck zu geraten und das Gefühl zu vermitteln, unter Bedingungen von Hast und Eile zu agieren. Das wirkt dann kopflos und aktionistisch. Erwartet wird von der Politik zuallererst Souveränität.

Anders: Bevor Politik kommunizieren kann, muss sie entschieden haben. Und bevor sie entscheidet, muss sie sich Klarheit über die eigenen Ziele und Absichten verschaffen. Vor allem sollte Politik sich nicht durch beliebige, uneinlösbare Versprechen selbst überfordern. Aus enttäuschten Erwartungen werden schnell erwartete Enttäuschungen. Soll der grassierende Vertrauensschwund gestoppt werden, muss sich Politik aus der selbst gestellten Kompetenzfalle (Otfried Jarren) befreien, für alles zuständig sein zu wollen und für alles eine Lösung haben zu können.

Wir haben bislang viel über Politik und Medien gesprochen. Nur die Journalisten sind etwas zu kurz gekommen. Da das weder ihrer Bedeutung noch ihrem Selbstbild gerecht wird, richten wir zum Abschluss unser Augenmerk auf sie.

Kommunikation wird auch in Zukunft auf Journalisten nicht verzichten können. Journalisten treffen eine Auswahl, schaffen Übersicht, bereiten Nachrichten auf und vor, präsentieren sie gewissermaßen kundengerecht und erleichtern damit das Zurechtfinden im üppigen und überfordernden Medienangebot.

Fülle und Beliebigkeit von Informationen müssen in eine verständige Ordnung gebracht werden. Informationen allein sind häufig nichtssagend, werden erst im Kontext relevant. Journalisten sind ‚Gatekeeper' oder ‚Navigatoren' für die Mediennutzer. Diese Orientierungsfunktion wird aus meiner Sicht tendenziell wichtiger.

Ein Aspekt soll in diesem Zusammenhang nicht unerwähnt bleiben, der vielleicht noch gravierender ist als die Inszenierungs- und Marketingabsichten der Politik. Es hat evidente Veränderungen im Verständnis und im Selbstverständnis von Journalismus und Journalisten gegeben. Nachdrücklich davon betroffen ist das Verhältnis von Medien und Politik gerade in Berlin, in der ‚nervösen Zone' einer fragilen Interaktion von Akteuren, die den Ehrgeiz haben, ‚Themen zu setzen', die Meinungsführer sein wollen, die darauf bedacht sind, die jeweils andere Seite für sich zu nutzen, ohne selbst instrumentalisiert zu werden, wie Lutz Hachmeister es beschreibt.

Nicht nur bei den sogenannten Alpha-Journalisten ist eine Neuinterpretation der journalistischen Rolle festzustellen. Aus Beobachtern werden selbst repräsentative Figuren in der Mediengesellschaft. Dazu gehören offenbar auch politische Ambitionen, also sich nicht auf die Rolle als Beobachter und Chronist, auf die klassische Kontroll- und Kritikfunktion der Medien zu beschränken, sondern selbst politisch zu intervenieren, zum Akteur zu werden, bis hin zur Hybris, eine demokratisch gewählte und legitimierte Bundesregierung ‚wegschreiben', mindestens ihr aber die ‚richtige' Politik ‚vorschreiben' zu wollen.

In der Terminologie von Pierre Bourdieu: das politische Feld nicht nur zu beschreiben und zu kommentieren, sondern bewusst darauf einzuwirken, den

Zustand des politischen Feldes zu verändern. Qualitativ ist das aus meiner Sicht eine andere Haltung als jenes Selbstbewusstsein wohl aller Journalistengenerationen, es eigentlich immer besser zu wissen als die gerade Regierenden oder Herrschenden.

Politische Selbstanmaßung und Wirklichkeitsverlust des Journalismus oder genauer der auflagenstarken überregionalen Printmedien im Wahlkampf 2005 müssen einerseits durchaus beängstigen, andererseits kann der Eigensinn und die Widerständigkeit der Bürger bei ihrer Wahlentscheidung nur als beruhigend empfunden werden. Dass sich die Bürger weder von Journalisten noch von Demoskopen einflüstern oder vorschreiben lassen, wen oder was sie zu wählen haben, ist ohne Frage ein Zeugnis demokratischer Reife. Ein Testat, das sich der deutsche Journalismus in den Tagen nach der Bundestagswahl 2005 selbstverständlicherweise nicht ausstellen wollte. Zu groß war die Entfremdung zwischen einzelnen Medien/Redaktionen und dem Volk. Doch hat die kurze Phase schuldbewusster Selbstkritik zu einer wirklichen Läuterung oder gar wirksamen Immunisierung gegen eine unangemessene politische Selbstermächtigung geführt? Mir scheint Skepsis angebracht. Für den Journalismus ist wohl eher von einer latenten Anfälligkeit auszugehen, künftig immer wieder aktiv in politische Prozesse eingreifen zu wollen. Spätestens wenn die Medien die nächste Reformwelle ausrufen und auslösen, wird das zu erleben sein. Insofern war das Wahljahr 2005 keine einmalige Regelverletzung, sondern noch eher Ausdruck eines künftig chronisch rezidivierenden Phänomens.

Thomas Steg wurde 1960 in Braunschweig geboren. Er studierte von 1980-1982 an der TU Braunschweig Psychologie und von 1981-1987 an der Universität Hannover Sozialwissenschaften. Nach einem Volontariat bei der Braunschweiger Zeitung wurde er dort 1987 Redakteur. Danach war er von 1988-1991 Pressesprecher beim DGB Landesbezirk Niedersachsen/Bremen, 1991-1995 Pressesprecher des niedersächsischen Sozialministeriums. 1992 promovierte Steg zum Dr. Phil. an der Fakultät für Geistes- und Sozialwissenschaften der Universität Hannover. 1995-1998 war er Pressesprecher der SPD-Landtagsfraktion, April 1998-Oktober 1998 Arbeitsgruppe Projektentwicklung in der niedersächsischen Staatskanzlei. Von 1998-2002 war Steg Stellvertretender Leiter des Kanzlerbüros im Bundeskanzleramt und ist seit 2002 Stellvertretender Sprecher der Bundesregierung und Seit 2005 Stellvertretender Sprecher der Bundesregierung und stellvertretender Leiter des Presse- und Informationsamtes der Bundesregierung.

Renate Künast

Inhalt oder Zuspitzung? Politische Kommunikation in der Opposition

Was oft als Widerspruch erscheint, Schlagzahl und Zuspitzung der Medienberichterstattung zu nutzen und durchdachte Konzepte zu vermitteln, ist im Alltag kaum voneinander zu trennen. Politische Kommunikation braucht beides.

Ob Regierung oder Opposition: Immer muss man verstehen, wie Gesellschaft überhaupt kommuniziert. Auf welcher Ebene, mit welchen technischen Mitteln findet Kommunikation statt? Ob Regierung oder Opposition: **Man muss die Gesetze und Regeln der Mediengesellschaft kennen und ernstnehmen, um darin agieren zu können.**

Ich möchte vorab, bevor ich auf die Frage eingehe, wo politische Kommunikation stattfindet, die Frage stellen: In welcher politischen Situation befinden wir uns denn eigentlich? Schauen wir uns einmal die Situation der Großen Koalition an, wie diese miteinander agiert und welche Themen im Augenblick bespielt werden: Sehe ich mir Merkel an, sehe ich mir Frau von der Leyen an, dann sind das zwei Personen, über deren Themensetzung man vielleicht sagen könnte: Sie repräsentieren originär ‚grüne' Themen. Die Frauenbewegung wird von Ursula von der Leyen und der Klimaschutz durch Angela Merkel dargestellt. Manchmal ist ja darüber geredet worden, dass es eine Art ‚Enteignung' der *Grünen* gibt. Nehmen wir das Thema Klima und Umwelt. Es gelingt Angela Merkel in dieser Mediengesellschaft mittlerweile eine Aufführung, die sie vor 20 Jahren in gleicher Art und Weise nicht zur Vorführung hätte bringen können.

Frau Merkel war auf sämtlichen Titelblättern, als sie gänzlich unökologisch für ein Gespräch mit dem grönländischen Ministerpräsidenten und zwei, drei Fotos vor einem Gletscher nach Grönland geflogen ist. Da hätte man schreiben können: „So nicht, Frau Merkel! Klimaschutz stellen wir uns so nicht vor."

Stattdessen zeigte ein Titelblatt nach dem nächsten die Szene, in der die Bundeskanzlerin im roten Anorak vor einem schmelzenden Gletscher stand. Immer noch wird geschrieben, dass Merkel beim G8-Gipfel, wo sie mit mächtigen Männern im Strandkorb saß, die USA dazu bewogen hat, Klimaschutzmaßnahmen zuzustimmen. Das Titelblatt, wo auf der einen Seite steht, was Merkel auf dem G8-Gipfel gesagt hat, und auf der anderen Seite, was die Bundesregierung in Brüssel in Sachen Klimaschutz unterlassen hat, gibt es nicht. Dann hätte sie nämlich sagen müssen, wir wollten zwar Klimawandel, aber...

Jetzt schauen wir uns mal an, was sie seit 2005 für den Klimawandel getan hat: Kein Tempolimit. Das würde 2,5 Millionen CO_2 pro Jahr auf den Autobahnen einsparen. Keine Kfz-Steuer, die sich am CO_2-Ausstoß orientiert. Und in Brüssel kämpft Merkel sogar dagegen, dass es ehrgeizige CO_2-Regeln für Neuwagen ab 2012 gibt. Beim Thema Wettbewerb im Energiesektor setzt sich die deutsche Bundesregierung am stärksten gegen die Trennung von Netz und Produktion und für die Oligopole ein. Es gibt Regelungen für Effizienzmaßnahmen und erneuerbare Energien im Wohnungsneubau, aber nichts für bereits bestehende Gebäude.

All das zeigt mir, dass Angela Merkel der Mut fehlt, Mut zu haben. Es ist so ein bisschen wie bei Karl Valentin: „Wollen hätte ich schon gemocht, aber dürfen habe ich mich nicht getraut". Stattdessen werden das Grönland-Foto und das G8-Strandkorb-Foto hochgehalten. An dieser Stelle sieht man, dass Kommunikation mit wirklichen Taten nichts zu tun hat. Kritischer Journalismus sollte eigentlich genau hier ansetzen.

Jetzt mache ich das Gleiche mal für Frau von der Leyen: Viele sagen, sie macht einen verdammt harten und guten Job. In Kategorien der *CDU/CSU* würde ich das sofort unterschreiben. Frau von der Leyen holt die *CDU/CSU* ins 21. Jahrhundert. Wenn wir uns erinnern, als wir unter *Rot-Grün* das Tagesbetreuungsausbau-Gesetz gemacht haben und den Bundesländern Geld gaben, um Betreuungsplätze zu schaffen, da sagten Herr Koch und die *CDU*: „Was? Die *Rot-Grünen* wollen die deutsche Mutter aus der Familie rauszwingen!" Man nahm schon Haltung an und dachte an die Abschaffung des Mutterkreuzes. Es wurde alles blockiert, zum Teil auch wider besseres Wissen, weil damals die Devise hieß: *Rot-Grün* darf überhaupt gar nichts mehr durch den Bundesrat kriegen.

Als die *CDU* dann an der Regierung war, kam die *CDU/CSU*-Fraktion aber um eine Erkenntnis nicht herum: Dass es einen evidenten und eklatanten Mangel an Betreuungsplätzen gab und gibt. Frau von der Leyen hat sich jetzt auf den Weg gemacht. Beispielsweise Elterngeld: Durchaus eine gute Sache, wenn man davon absieht, dass einige dabei Geld verlieren. Für Menschen in höheren Gehaltsgruppen bleibt die Frage: Was ist, wenn 12 bzw. 14 Monate um sind, wer betreut dann das Kind? Da bietet Frau von der Leyen für 30 Prozent aller Kinder ab 2013 einen Betreuungsplatz an. Was ist mit den anderen 70 Prozent?

Das Beispiel zeigt, wie man jemanden nach außen aufbaut. Ihre Gesetze haben noch gar keine Wirkung gezeigt. Das, was sich bisher verändert hat, sind

Kindergartenplätze und Betreuungsplätze aus der Zeit der rot-grünen Bundesregierung. Aber von der Leyen schafft es, ein Image zu entwickeln, das so aussieht als hätte sie etwas bewegt, obwohl es noch gar nicht umgesetzt und finanziert ist.

Wo hat sich eigentlich die Situation von Frauen durch von der Leyen verändert, wenn es um die Frage der gleichen Bezahlung in Jobs geht? Wenn es um die Frage geht, warum sind wir Frauen nicht zur Hälfte in den Vorständen der großen Unternehmen vertreten, wo wir doch die Hälfte der Bevölkerung ausmachen und genauso klug und genauso dumm sind wie die Männer. Wo sind die Frauen in den Aufsichtsräten, wo bei den Bundesbehörden? Es liegt vieles im Argen. Es ist immer noch so, dass Männer leichter Karriere machen und die Bezahlung für Frauen in den gleichen Jobs schlechter ist. Sie sind diejenigen, die die Familienarbeit machen und in den unteren Lohngruppen, wie dem Dienstleistungsbereich und in der Zeitarbeit landen und unter teilweise miserablen Bedingungen sehenden Auges in die Altersarmut gehen.

Es ist als Oppositionspartei sowieso schwerer, in den Medien angemessen aufzutauchen. In einer Großen Koalition kommt noch dazu, dass sich beide Partner selbst genug sind. Beide Parteien bilden gegenüber dem Koalitionspartner jeweils die Opposition. Aber ich will mich gar nicht entschuldigen.

Es ist immer eine Herausforderung zu überlegen, wie stellt man es denn an, vorzukommen. Dabei geht es nicht nur darum, zu zeigen, dass die sogenannte Klimapolitik von Frau Merkel im Wesentlichen aus Fotos besteht. Sondern darüber hinaus zu vermitteln, dass selbst die Programme, die sie verspricht, nicht ausreichen und dass wir ganz andere Dinge erreichen müssten. Wir müssten die Grundsatzfrage stellen: Wie wird diese Gesellschaft eigentlich umgebaut? Nicht hier ein bisschen, da ein bisschen.

In Wahrheit bräuchten wir einen politischen Diskurs, der danach fragt, was eigentlich Moderne ist? Wenn man heute Moderne definiert, darf man nicht bei einer Definition landen, die der des alten Industriezeitalters entspricht, weil viele Probleme, die wir heute haben, durch die Art und Weise des Wirtschaftens, des Transportierens, des Produzierens im Industriezeitalter ausgelöst sind. Eine Wirtschaftsweise hat sich selbst seine Ressourcen und sein Klima kaputt gemacht. Also müssen wir Moderne ganz neu definieren. Wir brauchen einen wirklich harten Nachhaltigkeitsbegriff und müssen grundsätzlich fragen, ob es nicht für alles eine annähernd CO_2-freie Alternative und Lösung gibt.

Ich wollte mit diesen Eingangsgedanken aufzeigen, wie schwierig unsere Situation ist. Wie kann ich zeigen, dass die anderen nur eine Show zur Vorführung bringen? Wie kann ich zusätzlich meinen grundsätzlich anderen Ansatz rüber bringen?

Zunächst einmal: Ich kann in dieser Mediengesellschaft nur mittels der Medien und in dieser Medienlandschaft kommunizieren. Die Art und Weise wie wir kommunizieren steht im Zusammenhang mit einem tiefgreifenden gesellschaftlichen Wandel. Wir erleben gerade eine Art Revolution, aber nicht wie wir uns sie früher vorgestellt haben, mit brennenden Barrikaden, sondern eine Revolution der Kommunikation. Menschen kommunizieren nicht mehr, indem sie miteinander reden. Sie kommunizieren auch nicht mehr per Brief, in einem Tempo, wo sie noch überlegen können, wie sie antworten. Nein, heute ist es so, dass wir mit allen gleichzeitig, an verschiedenen Orten kommunizieren können. Wir haben einen ‚information overload'. Wir haben eine technische Entwicklung, die immer mehr Übertragungswege hat: Satellit, Kabel, Digital, Internet-TV, Internet-Telefon. Zusätzlich ist das Ganze begleitet durch eine enorme und zunehmende Medienkonzentration.

Bertelsmann, die *RTL*-Gruppe hat 25,3 Prozent Zuschaueranteil. *ProSiebenSat1MediaAG* hat 20,7 Prozent. Zusammen haben die beiden also schon fast 50 Prozent. Dann haben wir das Internet, das immer mehr an Bedeutung gewinnt. Die Zahlen entwickeln sich so, dass man sagen kann, bei den 14- bis 29-Jährigen hätten über 90 Prozent zumindest gelegentlich den Onlinezustand erreicht, bei der Gesamtbevölkerung sind es 60 Prozent. Und parallel dazu haben wir einen Riesenkampf ums Internet. Die Auseinandersetzung der Verlage mit *ARD* und *ZDF* hat Bände gesprochen. Da ging es auch um die Frage: Wer hat am Ende welchen Zugriff auf Profite? *ARD* und *ZDF* wurden stark eingeschränkt, nach dem Motto: Ihr dürft das Internet nur nutzen, wenn es einen ganz engen Informationszusammenhang zu den TV-Sendungen gibt. Das hat damit zu tun, dass die Verlage sich ausdehnen wollen. Womit auch immer sie ihr Geld verdienen, das geht bis zum Musik herunterladen, sie wollen die Fläche haben und die Werbeeinnahmen.

Ich glaube, dass wir erst am Anfang einer Veränderung stehen, die die Zeitungen heute schon ziemlich stark trifft. Den Zeitungen fehlt nämlich zunehmend der Lesenachwuchs. Immer weniger Menschen informieren sich über Zeitungen. Da fällt in der Politik auf, dass wir alle noch viel zu sehr auf die Zeitung als Transporteur setzen und dabei junge Menschen gar nicht mehr erreichen. Junge Leute erreicht man eher über die *RTL*-Gruppe oder *ProSiebenSat1*, oder online. Das ist der Grund, weshalb die Onlineartikel für die Meinungsbildung immer mehr an Bedeutung gewinnen. Klar ist aber, die Konkurrenz um die Aufmerksamkeit von tendenziell weniger Konsumenten ist enorm. Was ist die Folge?

Die Folge dessen ist eine immer stärker ereignisorientierte Berichterstattung statt chronologischer, statt inhaltlicher oder gar investigativer Berichterstattung. Das geht so: wenn Sie das Geld und den Mut haben, zu einem Gletscher zu fliegen und wenn Sie einen roten Anorak haben, dann können Sie das machen. Sie brauchen natürlich auch noch die Rolle dazu und dürfen kein Mitglied des Abgeordnetenhauses aus der letzten Reihe sein, denn dann kommen natürlich kein Fotograf und kein Fernsehen. Die Themenauswahl geht nicht mehr entlang der Frage: Was ist passiert, was ist für die Zukunft wichtig? Sondern immer nur: Was ist spektakulär? Was ist witzig und wer ist gegen wen? So kommt es dann, dass der Journalismus selbst des Wahnsinns schnelle Beute wird. Da können Sie erleben, dass Sie gerade einem Journalisten inhaltlich etwas vermittelt haben und die Redaktion auch schon gesagt hat, das bringen wir, um danach die Nachricht zu kriegen, dass jetzt dieser Satz von Kurt Beck dazwischen gekommen ist. Hintergrund: Aus einer *SPD*-Sitzung heraus wurde gesimst, Kurt Beck habe gesagt, „Ich klebe nicht am Stuhl". Was ist eigentlich spektakulär? Ich erlebe oft, dass ein Journalist sagt: „Das bekomme ich bei meiner Redaktion nicht durch, das ist uns zu trocken", um dann aber kurze Zeit später der Politik vorzuwerfen, dass sie immer populistischer werde und sich zu wenig um den Inhalt kümmern würde.

Wenn die Teilnahme an Europäischen Parlamentswahlen wieder einmal gering war, ist ein beliebtes Argument, dass Politiker mehr über Europa reden und den Menschen erklären müssten, wie wichtig Europa ist. Wenn ich zu Journalisten gehe und Ihnen erklären möchte, warum in Zeiten der Globalisierung die Finanzkrise, die Welternährungskrise und der Klimawandel globale Probleme sind, die nicht mehr nationalstaatlich zu lösen sind oder warum wir Deutschen mehr Handlungsmöglichkeiten erhalten, wenn wir dem Lissabon-Vertrag zustimmen, dann sagt der Journalist: „Kriege ich in der Redaktion nicht durch. Ist viel zu inhaltlich." Nichts Investigatives, nichts Erklärendes, nicht mal der Versuch etwas Komplexeres inhaltlich darzustellen. Stattdessen werden Bilder immer wichtiger. Verbale und echte Bilder.

Die Fachjournalisten, so könnte man fast sagen, sterben aus. Man hat das Gefühl, dass es immer weniger Fachjournalisten gibt, die wirklich ergebnisoffen recherchieren. Ich will an dieser Stelle auch sagen, dass das auch dem *SPIEGEL* nicht immer gelingt. Denken Sie an Harald Schumann, der den *SPIEGEL* verlassen hat, nachdem seine Geschichte über Windenergie nicht genommen wurde. Stefan Aust war der Meinung, man müsse etwas Schlechtes über Windenergie schreiben und deswegen war der Artikel von Harald Schumann nicht gewünscht.

Dazu kommt, dass es bei der Verwertung von Informationen immer mehr um Schnelligkeit geht. Exklusivität geht vor Gründlichkeit. Vor Gründlichkeit bedeutet auch, dass immer mehr abgeschrieben wird. Heutzutage können Sie sicher sein, wenn irgendwo ein falscher Satz über Sie stand, gibt es den in einem Jahr immer noch. Und selbst die politische Talkshow schwächelt. Jetzt will ich gar keine Brandrede für politische Talkshows halten, aber ein Format für politische Diskussionen im Fernsehen ist wichtig und das stirbt aus.

Was bedeutet das jetzt alles für die Politik? Es bedeutet natürlich, dass wir uns umstellen müssen. Politik stößt regelmäßig und täglich an die Grenzen des Machbaren. So stehen wir Politiker/innen jeden Tag vor der Herausforderung, komplexe Sachverhalte zu simplifizieren, ohne unlauter zu werden. Sonst haben wir kaum eine Chance, irgendwo in die Medien zu kommen. Nur über die Vereinfachung von Themen können wir hoffen, dass sie über die Wahrnehmungsschwelle kommen. Wohlgemerkt, in der Regierung ist dies viel einfacher. Sie sagen einen Satz und können davon ausgehen, dass Sie diesen Satz unterkriegen. Exklusiv nimmt Ihnen jeder Journalist das gerne ab.

In der Opposition ist es anders. In der Opposition ist es so, dass Sie sich richtig überlegen müssen, wie Sie eigentlich strategische Kommunikation betreiben, die das Hauptinstrument der Oppositionsarbeit ist. Strategische Kommunikation bezieht sich dabei nicht nur auf die massenmediale Kommunikation, sondern auch auf den gesellschaftlichen Diskurs. Mit welchen NGOs, mit welchen Wirtschaftvertretern, Verbänden, Kirchen etc. kommunizieren Sie. Und wie kommunizieren Sie mit denen, um ihnen einen Floh ins Ohr zu setzen, um etwas zu bewegen und teilweise auch gemeinsam was zu erreichen? Was in letzter Zeit sehr gut gelaufen ist, ist die Aktion „Atomausstieg selber machen". Es tut nicht weh und es ist ganz simpel. Und ich weiß, dass die Verbraucher in vielen Fällen eine Art ‚handout' brauchen, wie etwas zu machen ist. Hier kann man www.Atomausstieg-Selbermachen.de anklicken und bekommt ein Formular. Dann geben Sie Ihren Zählerstand an und alles andere wird erledigt. Und die großen Energiekonzerne ärgern sich. Das ist strategische Kommunikation: Etwas gemeinsam anzupacken und mit Verbrauchermacht von Unten zu kommen. Gelingt nur nicht immer.

Beim strategischen politischen Handeln und Kommunizieren gibt es zwei Varianten: Die eine ist das Entscheidungshandeln, dass dann dargestellt werden muss. Das andere ist strategische Kommunikation, Vermittlung von Botschaften und Einstellungen, Meinungen verändern. Bei der Regierung dominiert das Entscheidungshandeln, in der Opposition geht es mehr um die Frage der strategischen Kommunikation. In punkto Bürgerkommunikation hat ein Minister so gut wie überhaupt keine Sorgen. Mein schönstes Beispiel kommt aus meiner Zeit als Ministerin: Ich brauchte gar kein Geld für Anzeigen ausgeben, ich brauchte nur auf eine Bauernversammlung zu gehen. Die haben allerdings nach einiger Zeit gemerkt, dass das unbezahlbar ist, wenn ich in einem Saal stehe und 5000 Menschen dazu aufgerufen sind mich auszubuhen. Oder Fackelzüge wegen Veränderung der Zuckermarktordnung, die ich kommentierte mit: „Da haben draußen alle verstanden, dass ich an diesem Agrarsystem etwas verändern will."

Opposition arbeitet mit Worten, mit Fragestellungen: Muss das so sein? Geht das nicht anders? Wenn Opposition gut ist, dann ist sie hin und wieder auch radikal, aber nicht so radikal, dass es Unsinn wird. Ich will Ideen transportieren: Beim Thema Sozialstaat wäre das zum Beispiel, dass Sozialstaat sich nicht nur um die kümmert, die heute Rente beziehen, sondern dass sich Politik auch über das Ganze Gedanken machen muss: Was ist mit den Jüngeren? Wer bezahlt das?

Aber eines ist klar: Grundsätzlich, und schon überhaupt in dieser Mediensituation und in dieser Medienlandschaft, kommen Sie um Zuspitzung nicht herum. Sie müssen es irgendwann auf einen Kern reduzieren, es vereinfachen, ohne dabei platt zu werden. Dann besteht umgekehrt die Möglichkeit, sich eine Tür zu öffnen und rückwärts dann doch eines Tages die Chance zu haben, den etwas komplizierteren Sachverhalt doch noch darstellen zu können.

Ich nenne ein Beispiel für Vereinfachung, die ganz simpel ist, ohne dabei zu provozieren. „Wissen, was drin ist", ist so eine Vereinfachung. Die habe ich einmal gemacht, als es um die Anfänge der Lebensmittelkennzeichnung ging. Um damit sagen zu können: Wir alle als Konsumenten haben das Recht zu wissen, was drin ist. Simpler ging es nicht. Der Satz ist übrigens aus mehreren Seiten Leitungsvorlage im Bundesministerium entstanden. Dort wurde bergeweise Zeug geschrieben für einen Grundsatzartikel in der *FAZ* und da habe ich gesagt: So können wir es nicht schreiben. Erst mal müssen wir aus Beamtendeutsch normales Deutsch machen, und dann muss es Zwischenüberschriften geben, bei denen man versteht, um was es geht. Und dadurch kam es zu den zwei Aussagen: „Wissen was drin ist" und „Was drauf steht, muss auch drin sein". Und mit diesen beiden Sätzen können Sie lange Reden halten oder aber auch kurze.

Vereinfachende Slogans können also ganz neutral formuliert sein, ganz sachlich, aber auch zuspitzend. Für alle Zuspitzung gilt: Es muss eine inhaltliche Substanz da sein. Weil nämlich jede plakative Botschaft nur funktioniert, wenn sie auf einer inhaltlichen Substanz aufbaut. Wenn Sie Zuspitzung um ihrer selbst Willen machen, das können Sie auch, dann geht es Ihnen ungefähr so wie mit dem Projekt 18 der *FDP*. Die 18 unterm Schuh ist Klamauk.

Ich will Ihnen ein paar positive Beispiele aus der letzten Zeit schildern. Vornehmlich erst mal ‚grüne'. Ich habe, als die Auseinandersetzung um klimaschonende Autos, um CO_2-Werte etc., losging, einmal gesagt: Wenn die deutschen Automobilhersteller zu doof sind, ein gutes, modernes Auto herzustellen, dann muss man die Leute eben auffordern, *Toyota Prius* zu kaufen. Daraufhin ging erst mal drei bis vier Tage eine riesige Aufregung durch das Land: Ich hätte dies und das nicht verstanden, ich würde den Standort Deutschland gefährden usw. Das war eine wunderbare Vorlage. Sigmar Gabriel sagte zu mir: „Da hast du wohl Toyota mit Kyoto verwechselt." Lesen Sie heute mal aufmerksam Interviews von Sigmar Gabriel: „Die Automobil-Industrie muss endlich neue Autos herstellen. Moderne Autos! Sonst gefährdet das die Arbeitsplätze hier." Jetzt hat er es zwar trotzdem nicht geschafft, in der Koalition ehrgeizigere Ziele zu realisieren, aber das will ich ihm nicht alleine anlasten. Das liegt auch am Koalitionspartner. Gut, wenn die es nicht schaffen, muss man die Leute eben auffordern *Toyota Prius* zu kaufen. Ich weiß nicht, ob die mir noch einmal den Gefallen tun würden an so einer Stelle darauf einzusteigen, weil sie gemerkt haben: Das hat mir gut getan.

Oder nehmen wir dies: Wir fordern einen Strategiewechsel in Afghanistan. Das Zivile muss zuerst stehen und wir brauchen ein umfassendes Konzept. Das kommt Ihnen vielleicht schwer vor, aber bei den NGOs, die sich damit beschäftigt haben, ist diese Frage des Strategiewechsels hin zu einem kombinierten zivil-militärischen Ansatz gut rüber gekommen und hat auch gezeigt, wo das Problem liegt.

Oder nehmen wir Gentechnik. Bei Gentechnik können Sie wunderbar zuspitzen, indem Sie sich mit zwei Leuten vor den Reichstag stellen. Der eine zieht sich einen Riesen-Maiskolben über, der andere ein Horrorkostüm. Da haben Sie dann auch mindestens fünf Fernsehkameras: Hoch in den blauen Himmel, dann die Kuppel, der Spruch: „Dem deutschen Volke" und Sie stehen da mit dieser Horrorperson und dem überdimensionierten Maiskolben.

Auch in den Zeiten der Welternährungskrise, in denen die Gentechnik und Saatguthersteller glauben, sie könnten sich eine goldene Nase verdienen, wird ein Satz, den ich dazu gesagt habe, gut verstanden: „Monsanto darf nicht das Microsoft der Landwirtschaft werden."

Oder nehmen wir meinen Kollegen Jürgen Trittin, der in Bremen, als es um den Austritt von radioaktiver, mit Caesium 137 verunreinigter Salzlauge ging, die mal eben in den Salzschacht reingepumpt wurde, sagte: „Wenn das öko ist, bin ich kein Öko mehr." Einen Satz, den er als Ex-Umweltminister sagen kann. Joschka Fischer hätte den gar nicht so gut bringen können. Aber da Jürgen Trittin sofort die Assoziation des Bundesumweltminister hat, der das Land mit der Regelung des Dosenpfandes beglückt und den Atomausstieg organisiert hat, sitzt der Satz und wird dadurch auch zitiert.

An der Stelle sehen Sie auch, das man bei der Zuspitzung immer auf eines achten muss: Die langfristigen politischen Ziele und Werte müssen erkennbar sein. Sie müssen Ihren eigenen politischen Markenkern zeigen, bei meinen Beispielen einen grünen Markenkern, mit einer dahinter stehenden, erkennbaren politischen Idee. Mit diesem Satz: „Wenn die keine modernen Autos bauen können, müssen wir den Leuten empfehlen *Toyota Prius* zu kaufen", gebe ich den Verbrauchern eine Kaufempfehlung. Das ist auch irgendwie logisch für eine ehemalige Verbraucherschutzministerin. Oder nehmen Sie den Slogan aus der Wirtschaftspolitik bei uns: „Mit grünen Ideen schwarze Zahlen schreiben."

Zwar würden wir in keiner Kompetenz-Umfrage 20 oder gar 30 Prozent für Wirtschaftspolitik kriegen, aber der Slogan bringt gut zum Ausdruck, dass ökologische Ideen durchaus gute Geschäftsideen sein können.

Jetzt nenne ich Ihnen ein schlechtes Beispiel, was aber schon sehr, sehr alt ist. Die *Grünen* haben es auch mal geschafft, an der gesellschaftlichen Realität vorbei einen guten Spruch zu sagen. Gutes Beispiel dafür, dass man manchmal, auch wenn der Spruch noch so gut ist, wissen muss, das Schweigen besser ist. So haben wir bei den Bundestagswahlen 1990 gesagt, als das Thema die deutsche Einheit war: „Alle reden von Deutschland. Wir reden vom Wetter." Kennen Sie das Ergebnis? Wegen der regionalen Quoten haben wir es im Osten in den Bundestag geschafft, im Westen aber nicht. Ich meine, dass man diesen Satz heute wieder aufnehmen könnte, und er würde etwas Gutes ausdrücken. Wenn wir Wetter als Klima verstehen, können wir dadurch deutlich machen, dass wir weit über nationalstaatliche Grenzen hinaus ein Problem haben, das man nicht in kleingeistigen Kategorien wie nationalstaatlichen Grenzen diskutieren kann. Somit machte der Satz schon Sinn, aber er hat überhaupt nicht in die politische Zeit gepasst. Es gibt eben auch Augenblicke, in denen man einen brillanten Spruch in die Schublade tun und darüber schweigen muss.

Einer der letzten Punkte der Frage, wie macht man eine gute Zuspitzung, ist die Personalisierung. Die Person und die Personalisierung sind wichtige Transporteure für eine Zuspitzung. Es ist immer auch die Frage: wer sagt es? Der Satz von Jürgen Trittin passte, weil er ein Öko ist. Wenn Sie jemand anderen haben, der Haushaltspolitik macht, dann würde der Satz unbemerkt bleiben und auch nirgendwo abgedruckt werden. Personen können ihr Image nutzen.

Und dann haben Sie noch diese ganze Frage der Vorstellungswelt, der Gefühle. Man hat ein Image, und zu diesem Image muss etwas auch passen. Zu der Welt der Vorstellung. Denken Sie einmal an der Rolle der Grünen als Umweltpartei. Im Laufe der Jahre wurden die *Grünen* auch eine Partei des Verbraucherschutzes. Man hat verstanden, dass die *Grünen* die Dinge aus dem Gesichtspunkt der Verbraucher betrachten. So etwas zeigt Ihnen, dass Sie sich nicht mittels eines guten Spruches zu etwas machen können, wenn dieses Image nicht schon da ist. Wir waren und sind Umweltpartei. Wir haben uns erweitert, wir haben es gelernt, schwarze Zahlen zu schreiben. Wir haben den Bogen geschlagen zu Arbeitsplätzen und zur wirtschaftlichen Entwicklung. Wir haben uns um den Verbraucherschutz erweitert.

Als Beispiel, dass solche Imagebildung noch weitergeht und man darauf aufbauen kann, nenne ich Ihnen die Umfrage des Bundesverbandes der Verbraucherzentralen. Dort stand die Frage: Können Sie mir einen Politiker nennen, der sich besonders für die Interessen der Verbraucher einsetzt? Horst Seehofer erhielt 242 Stimmen, ich 354. Das ist eine Andockstelle für uns. Wenn Sie ein Image einmal haben, dann können Sie dieses weiter nutzen. Es ist dann Teil unseres neuen Markenkerns und damit auch für Wahlkämpfe nutzbar.

Die Frage nach Inhalt oder Zuspitzung lässt sich nur so beantworten, dass man sagt: keine Zuspitzung ohne Inhalt. Oder: Keine Zuspitzung ohne eine Person, die inhaltlich dafür steht. Das ist ein immerwährender Prozess. Wenn ich inhaltlich argumentieren will, dann dringe ich manchmal wegen der Medienlage oder der Besetzung von inhaltlichen Räumen durch *CDU/CSU* und *SPD* nicht durch und muss mir andere Chancen suchen. Diese können in einer Zuspitzung liegen. Die Zuspitzung darf dann nicht als Widerspruch zum Inhalt erscheinen. Die Zuspitzung funktioniert nur, wenn sie vom Inhalt und von wirklich gemachter Arbeit getragen wird. Die Zuspitzung ist ein Türöffner und befruchtet die Chance, sich inhaltlich am Ende auch darzustellen.

Am Ende müssen wir uns aber auch mit der Frage beschäftigen, wie es eigentlich weitergeht. Wie verändert sich die Medienlandschaft, wie verändern sich Kommunikationsstrukturen? Ich glaube, dass noch einige Veränderungen vor uns liegen. Ich glaube, dass Gesellschaft und Politikwissenschaft sich genau damit beschäftigen müssen. Gesellschaftliche Kommunikation und die Art der Information werden sich noch weiter verändern, und das kann ein Problem für die Demokratie sein. Es gibt Medienforscher, die sagen, dass ungefähr ein Drittel der Bevölkerung gar keine politischen Informationen aufnehmen will. Ein Drittel der Bürger/innen sind sozusagen Informationsverweigerer. Meine These wäre, dass diese Zahl immer größer wird. Ich würde auch sagen, dass, obwohl wir noch nie so viele Informationen wie jetzt hatten, es gleichzeitig auch immer mehr Menschen gibt, die von der Flut der Informationen überfordert sind.

Oft bleibt unklar: Wer ist derjenige, der mir diese Informationen gibt? Bei der *Bildzeitung* oder der *taz* hat man ziemlich schnell eine Grundahnung. Bei vielen anderen wissen Sie das gar nicht mehr. Da fehlt die Basisaussage, aus welcher Quelle man was bekommt.

Zum Beispiel *Wikipedia*: Wer hat das eigentlich aufgeschrieben? Welcher Geist und welches Interesse stecken hinter einer Information oder Definition? Viele, gerade Jüngere, haben gar kein Interesse mehr an politischer Information. Und dann gibt es noch diejenigen, die sagen, dass Politik sowieso in die eigene Tasche wirtschaftet.

Von der *Friedrich-Ebert-Stiftung* gibt es eine Studie zu Vertrauen und Demokratie. Aus dieser geht hervor, dass jeder dritte Bundesbürger nicht mehr glaubt, dass Demokratie die Probleme lösen kann. Das heißt, die Menschen zweifeln an den politischen Institutionen. Im Osten wollen mit der Demokratie, wie wir sie heute haben, 41 Prozent nichts mehr zu tun haben, bundesweit sind es 25 Prozent.

Ich weise darauf hin, weil wir uns auch fragen müssen, wie wir eigentlich die erreichen, die keine Information wollen. Wenn es gar keinen Willen und keine Orte für politische Information mehr gibt, wie soll dann politische Meinungsbildung funktionieren? Das sage ich nicht aus dem Interesse: Wie verkaufe ich Grün? Sondern: Funktioniert politische Meinungsbildung in dieser Gesellschaft überhaupt noch, wenn sich die Art der Kommunikation derartig verändert? Was ist dann die Folge für die Demokratie? Kommunikation in der Politik muss sich also nicht nur mit der Frage der Zuspitzung beschäftigen, sondern auch mit der Frage: Wie erreiche ich sie alle noch?

Diskussion

Momentan sehe ich das Risiko, dass die inhaltliche Kommunikation zu dem grünen Markenkern durch die Diskussion über Koalitionsbildung überlagert wird. In Hamburg ist Schwarz-Grün unterschrieben, auf der Bundesebene wird es vermehrt und intensiv diskutiert. Kann man, wenn die Diskussion auf dieses Feld geht, den eigentlichen Markenkern noch kommunizieren?

Muss man. Da kann ich nur sagen: Es ist kein einfacher Job. Wenn ich das Beispiel Hamburg nehme: Wir hätten lieber mit der *SPD* koaliert, weil wir hier mehr an Gemeinsamkeiten haben. Aber: Wir sind nicht identisch mit der *SPD*. Sonst hätten wir uns nicht die Mühe gemacht uns als *Grüne* zu gründen. Und, wir sind aber auch nicht die kleinen Kinder der *SPD*. Manchmal agiert die *SPD* als sei dem so. In Hamburg war es so, dass die *SPD* sofort eine Koalition mit der *CDU* eingegangen wäre. Dass wir aber eine mit der CDU machen, fanden sie dann noch kritikwürdig. Da stimmt ja was nicht. Also wir sind gegenüber konservativen Anfeindungen genau so tapfer wie die *SPD*. Warum ich in so einer Situation warten sollte, weiß ich nicht. Also haben wir am Beispiel Hamburg etwas versucht, woran in einem neuen Fünf-Parteien-System keiner herum kommt, nämlich zu überlegen welche Konstellation man jenseits alter Lagergrenzen noch für erlaubt hält. Wir haben immer erklärt, dass bei uns die Türen offen sind und die SPD nicht mehr unser einziger Koalitionspartner ist. Die Türen sind offen heißt, der Inhalt muss stimmen. Es heißt aber auch, dass es bei Regierungsbildung keine Debatte mehr geben wird wie am Anfang von *Rot-Grün*, wo es um ein Projekt namens gesellschaftlicher Erweiterung, um Erneuerung ging. Sondern es wird viel rationaler und unsentimentaler sein: Was sind drei, vier entscheidende Hebel, die man in dieser Stadt, in diesem Land, angehen muss? Das waren für Hamburg die Klima- und Energiepolitik, sowie die Bildungspolitik. Ob der Markenkern verloren geht, darum muss man Sorge haben. Die Gefahr besteht natürlich durchaus, wenn man mit einem *CDU*ler Klima- und Energiepolitik machen kann. Aber sie besteht in der Opposition faktisch auch. Das, was ich Ihnen zu Frau Merkel und der Art sich zu präsentieren gesagt habe - da existiert die Gefahr natürlich. Ich glaube, dass der Markenkern sich erhält, indem wir erklären, was unsere grundsätzlichen und weitergehenden Umbaupunkte sind und indem wir klare Grenzen ziehen. Sie werden nie erleben, dass ein grüner Landesverband eine Koalition eingeht, um zum Beispiel den Atomausstieg wieder rückgängig zu machen. Das würde einem Auflösungsbeschluss gleichkommen. So können Sie eine Vielzahl von Grenzen abstecken, in denen wir uns bewegen werden. Ansonsten muss ich sagen, die Frage des Markenkerns stellt sich für alle. Auch die *CDU* hat im Augenblick eine Debatte, bei der einige Merkel vorwerfen, dass sie den Kern der *CDU*, des Konservativen, nicht mehr vertritt. Das ist die Kehrseite der Medaille. Dann kommt noch die Frage des konkreten Handelns in der Politik hinzu, die immer schwerer sichtbar wird. Immer mehr Politikbereiche richten sich auf die Europäische Union. Da kann Ihnen der Markenkern auch leicht abhanden kommen.

Renate Künast wurde am 15. Dezember 1955 in Recklinghausen/Nordrhein-Westfalen geboren. Sie studierte Sozialarbeit an der Fachhochschule in Düsseldorf. Von 1977 bis 1979 arbeitete sie als Sozialarbeiterin in der Justizvollzuganstalt Berlin-Tegel, speziell mit Drogenabhängigen. Später studierte sie Jura und schloss das Studium 1985 mit dem zweiten Staatsexamen ab. Sie ist Rechtsanwältin. Der Westberliner Alternativen Liste trat sie 1979 bei und hat seitdem in verschiedenen Funktionen für die Partei gearbeitet. Während der rot/grünen Koalition in den Jahren 1989/1990 war sie Fraktionsvorsitzende. Nach dem Ende des rot/grünen Senats arbeitete sie weiter als Abgeordnete in der Fraktion Bündnis 90/ Die Grünen, bis 1993 und 1998 bis 2000 als deren Vorsitzende, dazwischen als rechtspolitische Sprecherin. Renate Künast war von Juni 2000 bis März 2001 Bundesvorsitzende von Bündnis 90/Die Grünen. Sie war von Januar 2001 bis zum 4. Oktober 2005 Bundesministerin für Verbraucherschutz, Ernährung und Landwirtschaft. Seit dem 18. Oktober 2005 ist sie Fraktionsvorsitzende der Bundestagsfraktion von Bündnis 90/Die Grünen.

Ulrich Sarcinelli

Politik als Theater: Nicht nur, aber auch

Politik hat eine kommunikative Bringschuld. Als Bürger haben wir auch eine Holschuld. Wir lösen sie damit ein, dass wir uns informieren und vom oberflächlichen Schein medialer Inszenierungen nicht täuschen lassen. Aufklärung und rationale Urteilsbildung ist dabei eine bleibende Aufgabe, gerade auch der Medien. Das ist nicht immer unterhaltend und allemal mühsamer als ein Leben in der ‚Zuschauerdemokratie'. Aber eine lebendige Demokratie ist nun mal keine bequeme Staatsform.

„Die Menschen urteilen im Allgemeinen mehr nach dem, was sie mit den Augen sehen, als nach dem, was sie mit den Händen greifen; denn jedem wird es einmal zuteil, etwas in Augenschein zu nehmen; aber nur wenige haben die Gelegenheit, etwas zu berühren. Jeder sieht, was Du scheinst, und nur wenige fühlen, was Du bist." (Machiavelli, Der Fürst)

Das ist kein Zitat aus einem Handbuch der Theaterwissenschaften und auch keine Handlungsanweisung für Politiker in der Mediendemokratie. Nein, es ist eine rund 500 Jahre alte Textpassage, die zumindest die Studierenden der Politikwissenschaft unter Ihnen kennen. Sie stammt aus Niccolo Machiavellis berühmter Schrift *Il Principe, Der Fürst*. In unsere heutige Sprache übersetzt: Politik verkauft sich nicht von selbst. Sie bedarf der Vermittlung. Sie muss inszeniert werden. Kurz: „Politik ist Theater", sicherlich nicht nur, aber auch!

„Politik als Theater" – dieser Titel meines Vortrages, dazu noch ohne pädagogisches Fragezeichen, ist das nicht eine Provokation? Vermutlich wäre das Thema in den Anfängen des *Otto-Suhr-Instituts* und auch in der politikwissenschaftlichen Diskussion der Nachkriegsjahrzehnte als Unverschämtheit verstanden und von vorneherein abgelehnt worden. Dass dies heute anders ist, sagt schon einiges aus über die veränderten Zeitläufe; sagt einiges über unsere Disziplin; sagt auch einiges darüber, dass wir – wir als Kinder dieser Mediengesellschaft – inzwischen mit allerlei Medienspektakel vertraut sind. Wir haben uns inzwischen an mediale Inszenierung, auch von Politik, gewöhnt. Und manchmal helfen sogar Spitzenpolitiker, diesen Lernprozess voranzutreiben.

Politik als Theater, als ‚legitimes Theater', das politische Copyright auf diese Formel hat ein Ministerpräsident. Peter Müller, der ebenso medienkritische wie mediengewandte saarländische Landesfürst war es, der im Frühjahr 2002 im Saarbrücker Staatstheater einen Vortrag mit einem ganz ähnlichen Titel hielt und wilde Empörung erntete. Das war zwei Tage nach einer spektakulären Sitzung des Bundesrates. Es gab ein tumultartiges Abstimmungsprocedere in dem ansonsten eher für seine unterkühlte Sachbezogenheit bekannten Verfassungsorgan. Zur Entscheidung stand das Zuwanderungs(begrenzungs)gesetz. Politik und Theater seien selbstverständlich verschiedene Dinge. Aber natürlich sei Politik *auch* Theater. Das sei solange gut, wie damit die Aufmerksamkeit auf die zur Diskussion stehenden Inhalte und Konzepte gelenkt würde. Für politische Ereignisse würden dramaturgische Drehbücher geschrieben. Insofern sei auch die Empörung der Unionspolitiker im Bundesrat verabredet gewesen. Man habe Theater gespielt, aber eben „legitimes Theater". Was der Regierungschef des kleinsten Flächenstaates als Selbstverständlichkeit hingestellt und was ihm politisch Prügel und zugleich hohe öffentliche Aufmerksamkeit – nicht ganz unwichtig! – eingebracht hat, mag im akademischen Diskurs ziemlich unstrittig sein. In der öffentlichen Debatte und schon in staatstragenden Kontexten wird dieses Thema durchgehend anders behandelt: skeptisch, kritisch, stark normativ mit aufklärerischem Pathos und nicht selten mit kulturkritischem Unterton.

Was wäre wohl herausgekommen, hätte ich Sie vor dieser Vorlesung zum Thema befragen können. „Was halten Sie von Politik als Theater? Finden Sie diese eher gut oder eher schlecht?" – Ich vermute, die Antwort wäre gemischt ausgefallen. Die einen hätten wohl deutlich gemacht: Theater, Inszenierung in der Politik, nein so etwas wollen wir nicht. An guter Politik sind wir interessiert, nicht aber an Spektakel. Wir brauchen Entscheidungen und keine Kommunikationsspielchen, mutige Politikerinnen und Politiker und keine Schauspieler. Und in Erinnerung an eine verbreitete Schulbuchthese hätten Sie vielleicht darauf verwiesen, dass die Medien doch eine ‚vierte', die Politik kontrollierende, Gewalt seien und keine Theaterbühne. Die anderen, die sich mit Fragen der Politikvermittlung und politischen Kommunikation schon etwas intensiver beschäftigt haben, hätten vermutlich ihre Verwunderung darüber zum Ausdruck gebracht, dass man sich über das Thema überhaupt wundern kann. Ich hoffe, dass ich mit meiner Spekulationsempirie nicht ganz falsch liege.

Ich selbst schlage mich auf die Seite der zweiten Gruppe. Unter Rückgriff auf einige kommunikationswissenschaftliche und politiktheoretische Überlegungen vertrete ich die Argumentation: Politik ist Theater, nicht nur, aber auch! Ich habe meine Überlegungen dazu etwas breiter angelegt als der Rahmen, der im Untertitel Ihrer Ringvorlesung vorgezeichnet wurde: *Politik und Journalismus in Berlin*. Schließlich bin ich weit vom Schuss, komme aus einem kleinen Universitätsstandort, der näher an Paris als an Berlin liegt. Aber manchmal schärft ja Abstand den Blick. Ein paar Bemerkungen zum Berliner Politik- und Medienbetrieb werde ich allerdings machen.

Die Aussage, dass demokratische Politik ohne Inszenierung nicht auskomme, hat nun wahrlich keinen Neuigkeitswert. Neu ist lediglich das veränderte und dynamisch sich entwickelnde mediale Umfeld. Meine Sorge dabei ist, und das wäre dann die normative Komponente meines Beitrages, meine Sorge ist, dass die Welt der ‚Entscheidungspolitik' und die Welt der ‚Darstellungspolitik' weiter auseinanderdriften. Diese Wirklichkeitsspaltung gibt es sowohl in der Politikvermittlung wie auch in der Politikwahrnehmung. (vgl. Sarcinelli 2009: 115ff.)

Ich möchte mich im Folgenden mit drei, in der öffentlichen Debatte allerdings mehr als in Hörsälen, verbreiteten Irrtümern beschäftigen:

Irrtum 1: Theater, Inszenierung gehöre nicht in die Politik! Ich versuche demgegenüber zu begründen, warum Inszenierung ein elementarer Bestandteil von Politik ist und schon immer war.
Irrtum 2: Politisches Theater sei schlecht. Dem halte ich entgegen, dass es gutes und schlechtes Theater gibt – auch in der Politik.
Irrtum 3: Politik als Theater, das sei bloßes ‚Spiel', reine Unterhaltung und habe für die Demokratie keine Bedeutung. Im Gegensatz dazu werde ich argumentieren, dass das Theatralische, dass Inszenierung zur politischen Kommunikation gehört und Rückwirkungen hat auch auf den Entscheidungsbereich von Politik.

Letzte Vorbemerkung: Sie haben bemerkt, dass ich den Theaterbegriff eher metaphorisch und keineswegs im theaterwissenschaftlichen Sinne gebrauche. Theater ist für mich eine griffige Chiffre für das kommunikative, das vermittelnde, das darstellende Element in der Politik.

Geben wir es zu: Wir alle spielen ein bisschen Theater, nicht immer gleich gut und geschickt. Aber: Inszenierung gehört nun mal zur Selbstdarstellung im Alltag, im öffentlichen Leben ohne Zweifel, nicht selten aber auch im privaten. Loriot hat uns in köstlicher Weise mit seinen Sketchen den Spiegel vorgehalten. *Wir alle spielen Theater*, das ist übrigens der Titel einer Studie des amerikanischen Soziologen Erving Goffman, der sich mit den Gesetzmäßigkeiten und

Mechanismen der zwischenmenschlichen Interaktion und Kommunikation beschäftigt hat.

Mir geht es nicht nur um die *Entdämonisierung der Theatermethapher* im Zusammenhang mit Politik. Wichtiger ist mir, dass unser Thema eine Kernfrage des Politischen, eine Kernfrage der Demokratie berührt: nämlich die unauflösbare Verbindung von Politik und Kommunikation. Dabei sind die schon angedeuteten drei Fehleinschätzungen sehr verbreitet.

1) Zunächst also zur ersten Fehleinschätzung, der Behauptung, Theater, Inszenierung gehöre nicht zur Politik:
Das ist ein verbreiteter Irrtum. Hier lassen wir uns zu leicht täuschen von der berechtigten Kritik an so manchen Auswüchsen im modernen Medienspektakel. Inszenierung ist aber keine Erfindung der Mediengesellschaft. Ein Beispiel aus der Geschichte meiner Heimatregion, an das im vergangenen Jahr zum 175. Jahrestag erinnert wurde, ist das *Hambacher Fest*. Das war ja nicht nur ein Schlüsselereignis der deutschen Freiheitsgeschichte, Ausdruck des Kampfes für elementare Grund- und Menschenrechte. Es war auch eine Riesenfete, ein inszeniertes Spektakel. Dahinter standen natürlich keine Öffentlichkeitsarbeiter, Spin-Doctors oder Medienberater, sondern politische Charaktere und Fußvolk, Leute auch mit einem ausgeprägten Sinn für öffentliche Wirkung. Und es gelang ihnen erstmals in der deutschen Geschichte ihre revolutionären Forderungen zum Medienereignis zu machen. Das Ganze war eine Mischung aus Demo und Party, aus Forderungen nach substantiellen Freiheitsrechten und gelungener Inszenierung. Es gab eindrucksvolle Reden, öffentlichkeitswirksame Aufzüge und Freiheitsgesänge, Schlagworte und Parolen, farbige Bilder und Symbole und, nicht zu vergessen, eine Fahne, die zum Freiheitssymbol werden sollte; alles Dinge, die auch heute noch Aufmerksamkeit erregen und Nachrichtenwert haben können. Die Protagonisten der Freiheitsbewegung hatten offensichtlich ein feines Gespür dafür, dass Aufmerksamkeit ein knappes Gut ist; dass man etwas tun muss, um in der Konkurrenz mit anderen Ereignissen wahrgenommen zu werden. Ein Grundproblem, mit dem Politik auch heute zu kämpfen hat. Nur als Medienereignis konnte die Befreiungsbewegung zu einer gesamteuropäischen Bewegung werden; viel stärker übrigens als die Französische Revolution. Plakate, Flugblätter, Karikaturen und ein aufkommender Zeitungsmarkt sorgten damals für die Verbreitung von Informationen und Bildern.

Es gab noch etwas Weiteres, was in der kritischen Beschäftigung mit politischer Inszenierung in der heutigen Mediengesellschaft eine große Rolle spielt: Die Vermischung von Politik und Unterhaltung. Wir kritisieren das gern und vielfach zu Recht. Schon damals wusste man jedenfalls, dass Politik, dass politischer Protest und öffentliche Meinungsbildung auch Spaß machen können. – Dabei gibt es im Falle des *Hambacher Festes* ja keinen Zweifel: Das war keine hohle Inszenierung zur Publikumsbelustigung, sondern Ausdruck einer

Freiheitsbewegung. *Es war Darstellung substantieller politischer Forderungen.* Gelungenes politisches Theater, auch wenn die Ziele durch die Restauration zunächst nicht realisiert werden konnten.

Spaß und Politik, oder sagen wir besser Unterhaltung und Politik – die Vermischung zwischen diesen beiden, wie verträgt sich das mit dem Bild vom mündigen Bürger? Die Sprache der Französischen Revolution hat hier zwei interessante Begriffe geprägt: einerseits der *Citoyen*. Das ist der Staatsbürger, der im Geist der Aufklärung aktiv und eigenverantwortlich am öffentlichen Leben teilnimmt – ein Lieblingskind der politischen Bildung! Andererseits der *Bourgeois*, eine an Eigennutz und Unterhaltung orientierte Figur. Sie können jetzt überlegen, welchem Bürgerverständnis Sie sich selbst zurechnen, Citoyen oder eher Bourgeois? Unschwer zu erraten, was die meisten wohl jetzt denken. Aber eigentlich ist die Frage falsch gestellt. Es geht gar nicht um eine Entscheidung für die eine *oder* andere Rolle. Denn Sie, ich, wir alle sind beides, Citoyen und Bourgeois, freilich in unterschiedlicher Mischung und durchaus die Rollen wechselnd. Soll ich mir die politische Informationssendung ansehen? Da laufen gerade zwei spannende Krimis, fragt der Bourgeois den Citoyen in uns. Soll ich mich in den umfangreichen Artikel einer Meinungsführenden Tageszeitung vertiefen oder nicht doch schnell die Seite mit dem Vermischten lesen, wo ich etwas über die wirklich ‚wichtigen' Dinge des Lebens erfahre (natürlich in Anführungsstrichen): etwas über die Amouren des französischen Staatspräsidenten, etwas über die neuesten Eskapaden eines Prinzen aus dem englischen Königshaus oder etwas darüber, wie das mit Guido Westerwelles Schwiegermutter eigentlich zu verstehen ist.

Allzu gerne wird der Verfall politischer Kultur beklagt, Politik als Medienspektakel kritisiert und werden Politiker bei vielem, was sie tun, der Inszenierung, der Schauspielerei bezichtigt. Aber zum politisch-medialen Spektakel gehören zwei Seiten, die politischen Akteure und die Zuschauer. Und sind wir ehrlich: Der Souverän will nicht nur informiert, er will auch unterhalten werden. Der Souverän aber, meine Damen und Herren, das sind Sie und ich, wir alle.

Vermittlung, Darstellung und eben auch Inszenierung gehören zur Politik – und zwar, seitdem sich die politische Philosophie mit Fragen von Staat, Gesellschaft und Politik beschäftigt. Klassiker der politischen Theorie haben dazu, auch ohne Zeitung, Radio, Fernsehen und Internet Kluges gesagt. So wurden in der antiken Welt des Aristoteles Politik und Rhetorik als eine Einheit verstanden. Öffentliche Darstellung, Argumentation und Überzeugungskraft auf der Agora und vor einem unmittelbar anwesenden Publikum entschieden über Zustimmung oder Ablehnung. Das war Präsenzdemokratie, ein hochgradig inszeniertes Spiel durchaus mit basisdemokratischen Zügen, sieht man einmal von der ‚Kleinigkeit' ab, dass Frauen, Besitzlose und Ausländer nicht dazu gehörten. Ganz anders der eingangs zitierte Klassiker der Staatsräson und Machtpolitik rund zweitausend Jahre nach Aristoteles: Der Herrscher müsse sehr darauf achten, dass er, wenn man ihn sieht und hört, ganz von Milde und Treue, Aufrichtigkeit, Menschlichkeit und Frömmigkeit erfüllt scheine. Und jetzt wiederhole ich: *„Denn die Menschen urteilen im Allgemeinen mehr nach dem, was sie mit den Augen sehen, als nach dem, was sie mit den Händen greifen." (Il Principe, Kap. XVIII)* Das waren in der Tradition der mittelalterlichen Fürstenspiegel Empfehlungen für kluges politisches Verhalten, mit denen Machiavelli seinen Fürsten Lorenzo de Medici bedachte. Heute würde man sagen. Das war Politikberatung, damals vermischt mit einem ausgeklügelten höfischen Zeremoniell, mit Ritualen, Symbolen und Darstellungsweisen. So inszenierte sich politische und geistliche Macht über Jahrhunderte hinweg. Schauen Sie sich in Museen Herrscherporträts an, gemalt oder als Skulpturen. Es sind zumeist keine Darstellungen leibhaftiger Personen. Vielmehr stellen sie Figuren dar, die als Träger eines Amtes mit Insignien ausgestattet bestimmte politische Rollen verkörpern. – Die Verbindung von Inszenierung und Politik ist also nicht neu!

Reden und Handeln, so schreibt die Politikphilosophin Hanna Arendt in ihrem Fragment *„Was ist Politik?"* (Arendt 1993: 48), lassen sich nicht trennen, weil das Reden selbst eine Form politischen Handelns ist. Reden, Kommunikation ist nicht bloße Verpackung von Politik. Das Reden, die Kommunikation ist Teil der Politik, ja das eigentlich Politische.

2) Der zweite verbreitete Irrtum, politisches ‚Theater' sei etwas Schlechtes:
Eigentlich geht es um eine pure Selbstverständlichkeit: Demokratische Politik ist zustimmungsabhängig und deshalb öffentlich begründungspflichtig. D.h. in der Demokratie erfolgt Legitimation durch Kommunikation, idealiter durch den Austausch von Argumenten vor dem Schiedsrichter einer kritischen Öffentlichkeit. In der bekannten Diktion der Federalist Papers (1787/1788), einem der Gründungsdokumente der amerikanischen Verfassungsväter: „All government rests on opinion". D.h., weil die Demokratie auf dem labilen Grund von Meinungen ruht, bedarf sie der steten kommunikativen Erneuerung. Politischer Erfolg, Ausübung von demokratischer Herrschaft sind daran geknüpft, dass erfolgreich dargestellt und vermittelt wird, was man zu sein beansprucht oder durchzusetzen beabsichtigt. Wir kennen das schon von Max Webers Herrschaftsbegriff, der ja eines deutlich macht: Politische Herrschaft ist keine materialisierte Größe. Sie ist ein soziales, ein kommunikatives Beziehungsphänomen, das beständiger Pflege bedarf.

Wir Deutschen tun uns damit schwer. Es gehört ja zu den Traditionslasten unserer politischen Kultur, dass Politik gerne mit Verwaltung und Recht verwechselt, ja bisweilen mit Sachzwang gleichgesetzt wird. Das ist ein Erbe unserer verspäteten Demokratieentwicklung. Nach wir vor ist die Auffassung verbreitet,

Politik sei gleichsam ‚pur' zu haben, ohne Vermittlung und Darstellung, ohne ‚Theater'. Politik als sachlogisch zwingende Entscheidung, als eine Art „präpolitisches Phänomen", um noch einmal einen Begriff von Hannah Arendt zu zitieren (vgl. Arendt 1993: 123ff). Ein Beispiel dafür aus der vergangenen Legislaturperiode: Was mit der Agenda 2010 getan werde, sei, so Schröder als Bundeskanzler und Parteivorsitzender auf dem Sonderparteitag seiner Partei, „notwendig und ohne vernünftige Alternative". Und ganz ähnlich der seinerzeitig für die Regierungskoordination verantwortliche Kanzleramtsminister Frank-Walter Steinmeier in der Debatte um die Umsetzung der Agenda-Politik: Man habe sich vom Reich der Freiheit in „das Reich des Notwendigen" begeben.

Das sind in der Tat präpolitische Kommunikationsvorstellungen. Nein, Politik beruht auf Meinungen, sie ist nicht zum Nennwert zu haben. Sachverstand kann nicht schaden, und ohne Fachkompetenz geht es auch nicht. Und selbstverständlich gibt es Handlungsdruck, bei der Reform des Gesundheitswesens, bei der Sanierung von Haushalten, bei der Neuregelung der Familienförderung oder bei der Entscheidung über Bundeswehreinsätze. Politisch werden alle diese Problemstellungen aber erst im Lichte unterschiedlicher Meinungen. Und diese müssen kommuniziert werden. Dies und nur dies macht das Proprium eines freiheitlichen und pluralistischen Systems aus.

Meine Gegenthese kann deshalb nicht mehr überraschen: Politisches ‚Theater' an sich ist zunächst weder gut noch schlecht. Als Element der Politikvermittlung ist es schlicht notwendig. Damit rechtfertige ich nicht jedes politische Spektakel. Vieles finde ich hoch problematisch. Nicht jedes Polit-Theater trägt zur Erhellung bei, schon gar nicht solches, bei dem die Darstellung keine politische Substanz hat, die Inszenierung die Botschaft ersetzt. Das wäre dann in der Tat bloß schlechtes Theater. Und natürlich kann man darüber streiten, was gute und was schlechte politische Schauspiele sind; kann über Wahlkampfstile und politische Sprache, über perfekt choreographierte Parteitagsinszenierungen oder über Polit-Talkshows unterschiedlicher Auffassung sein. – Mich interessiert ein grundsätzlicheres Problem der politischen Kommunikation. Man könnte es als *politische Schizophrenie,* als Wirklichkeitsspaltung moderner Mediendemokratien bezeichnen.

Denn, wenn wir uns fragen, was verstehen wir unter Politik, was macht politische Wirklichkeit aus, dann stellen wir schnell fest: Eigentlich haben wir es mit *zwei politischen Wirklichkeiten* zu tun, mit einer Art Doppelrealität. Die mediale Seite von Politik, das öffentliche, medienvermittelte Erscheinungsbild, das ist das eine. Das andere ist die Politik, wie sie in den Institutionen der politischen Willensbildung und Entscheidungsfindung funktioniert – zwei völlig verschiedene Welten. Ich habe das in das einfache Begriffspaar *‚Entscheidungspolitik'* und *‚Darstellungspolitik'* gebracht. Das sind Wirklichkeiten mit jeweils eigener Logik. Politikvermittlung in der Entscheidungspolitik, das bedeutet Kommunikation in einem verhandlungsdemokratischen Institutionengeflecht mit vielen Vetospielern; das bedeutet Handeln im „Handlungskorridor" (Mayntz/Scharpf) eines spezifischen institutionellen Rahmens. Das bedeutet internes, diskretes Aushandeln, Vermitteln und Überzeugen, kurz: wenig Theater oder – mit Goffman gesprochen – anderes Theater. Dagegen die Darstellungspolitik. Hier dominiert das mehrheitsdemokratische Spiel den Kampf um Aufmerksamkeit.

Vielleicht kennen Sie das. Sie sind in einer Veranstaltung. Es geht um ein wichtiges Problem. Unterschiedliche Konzepte werden vorgetragen und Meinungen ausgetauscht. Insgesamt läuft ein recht differenzierter Diskussionsprozess ab. Abends schauen Sie sich die Fernsehberichterstattung zu dem gleichen Ereignis an oder lesen am nächsten Tag die Zeitung und denken, Sie seien in einer anderen Veranstaltung gewesen. Das Geschehen, das Sie erlebt haben, wird nur unter ganz bestimmten Gesichtspunkten dargestellt: ziemlich wahrscheinlich unter der Machtfrage. Welcher Akteur, welche Seite hat sich durchgesetzt? Möglicherweise steht ein Nebenkriegsschauplatz im Mittelpunkt der Berichterstattung, weil Konflikt ja interessanter ist als Konsens; gerne kommt ein abseitiger Vorschlag oder ein Zwischenfall zur Sprache, schließlich verspricht das Ungewöhnliche größere Aufmerksamkeit als die Normalität. Schön macht sich vor allem, wenn die Sache auf ein Personalduell zugespitzt werden kann. Denn Köpfe lassen sich allemal besser vermitteln als komplexe Sachverhalte. Wenn das Ganze dann auch noch mit attraktiven Bildern unterlegt und so die visuelle Logik bedient werden kann, umso besser.

Sie wissen es: *In die Medien kommt nicht zwingend das, was wichtig ist, sondern das, was für die Medien Nachrichtenwert, mehr und mehr auch, was Unterhaltungswert hat.* Zwischen der Entscheidungslogik im politischen System und der Vermittlungslogik im Mediensystem gibt eine nicht überbrückbare Diskrepanz. Das hat gravierende Konsequenzen für die Wirklichkeitskonstruktion. Richard von Weizsäcker hat einmal treffend von der Umwertung der Wichtigkeiten durch die Medien gesprochen. Bild-Kommunikation spielt dabei eine zunehmende Rolle. (BILD-Kommunikation – mit Großbuchstaben geschrieben – kann man auch anders verstehen.) Es spricht einiges dafür, dass die bildliche Information, wie wir sie aus dem Fernsehen und zunehmend auch über das Internet kennen, die Logik der Massen- und Individualkommunikation mehr und mehr bestimmt. Die ‚Macht der Bilder', sie ist kaum mehr zu überschätzen, für die große Politik ebenso wie für die Bühnen der politischen Provinz. Der politische Wettbewerb um die Deutungshoheit, das ist heute ganz wesentlich auch ein Kampf um Bilder. Und Bilder machen uns zu Augenzeugen. Nicht selten produzieren sie eine *Augenzeugenillusion*. Mit Bildern werden inzwischen Kriege inszeniert und auch verloren, wird emotionale Zustimmung mobilisiert und auch Glaubwürdigkeit verspielt. Wer erinnert sich nicht an die Szenen jener Sitzung des Weltsicherheitsrats, in welcher der amerikanische Außenminister mit einer eindrucksvollen Powerpoint-Präsentation die Weltöffentlichkeit auf den Einmarsch im Irak einzustimmen versuchte. Und dann – und immer wieder – die Bilder von Abu Ghraib oder von der Guantanamo Bay: nicht nur ein Kommunikationsdesaster sondern auch – Gott sei Dank, muss man sagen – ein Glaubwürdigkeitsdebakel nach einem grandiosen medialen Täuschungsmanöver. Die Bilder der schmutzigen Wirklichkeit, inzwischen nicht selten privat gemacht (Bürgerjournalismus) und ohne große Inszenierung einmal in die Welt gesetzt, können außerordentliche politische Wirkungen entfalten.

3) Ich komme zu meinem dritten Punkt, dem dritten Irrtum: Politische Inszenierung sei bloßes mediales Spektakel, ein ‚Spiel', das für das politische System keine Bedeutung habe:

Auch das ist eine falsche Vorstellung. Politische Inszenierung hat sehr wohl Bedeutung für unsere Demokratie. Hier besteht durchaus auch Anlass zur Sorge; zur Sorge, dass die Schere zwischen der ‚Darstellungspolitik' und der ‚Entscheidungspolitik' auseinander geht. Zur Sorge auch, dass wir es bei dem Medienbild von Politik nicht nur mit politischer Realitätsvermittlung zu tun haben, sondern immer wieder auch mit Problemen der Realitätstäuschung. Denn über den mühsamen politischen Prozess, über die langwierigen Verfahren und Abstimmungen, über die Schwierigkeiten politischer Kompromissbildung und interner Überzeugungsarbeit, über den Zeitbedarf demokratischer Prozesse und über die ganz unspektakuläre Seite von Politik sagt dies alles wenig aus. Und hier muss man ein paar Sätze verlieren über die besondere Verantwortung der Medien.

Massenmedien sind ja nicht Unternehmen, die x-beliebige Produkte vertreiben. Medien erfüllen einen öffentlichen Auftrag. Sie genießen deshalb einen besonderen grundrechtlichen Schutz. In der Diktion des Bundesverfassungsgerichts: Die „Freiheit der Medien ist konstituierend für die freiheitliche demokratische Grundordnung" (vgl. BVerfGE 7, 198 <208>; 77, 65 <74>; stRspr). In ihren Fernseh-Urteilen sprechen die Karlsruher Richter davon, dass die Medien nicht nur ‚Medium', also Forum, Plattform, Spiegel unterschiedlicher Meinungen und Interessen seien, sondern auch „ein eminenter ‚Faktor' der öffentlichen Meinungsbildung" (BVerfGE 12: 205ff). Nicht selten nehmen sie die fragwürdige Rolle des Akteurs ein; spielen die Rolle als eine Art Mitpolitiker ohne Mandat!

Inzwischen erleben wir auf dem Medienmarkt erhebliche Umwälzungen. Technologische Fortschritte bei der Speicherung und Übertragung von Informationen verschieben die Grenzen zwischen Individual- und Massenkommunikation, verschieben auch geographische Grenzen. Liberalisierung, Kommerzialisierung und Angebotsausweitung bei gleichzeitiger Konzentration in verschachtelten Konzernstrukturen machen die medialen Verhältnisse zunehmend unübersichtlich. Aus einstmals politisch profilierten Medienunternehmen und –unternehmern haben sich multimediale Contentprovider mit expansiver Marktstrategie entwickelt, mit hohen Rentabilitätserwartungen und starkem Rationalisierungsdruck. Auf den Verleger- und Chefredakteursstühlen sitzen inzwischen vor allem rechenstarke Betriebswirte. Den alten Verleger vom Schlage eines Springer, Buccerius oder Augstein, den ein politisch-weltanschauliches, ein öffentliches Interesse antreibt, den gibt es kaum noch.

Unter diesen Entwicklungen leidet journalistische Professionalität. Wir haben die merkwürdige Situation, dass der journalistische Beruf eine Professionalisierung erfährt wie noch nie in der Mediengeschichte, zugleich aber die Professionalität des politischen Journalismus abnimmt. Denn die Spielräume für teure weil zeitintensive journalistische Recherche werden kleiner. Das Ganze ist verbunden mit der Tendenz, sich weniger an den Angelegenheiten der res publica zu orientieren, als vielmehr an einer schnellen Bedienung der Nachfragelogik. Das ist vor allem der Geschmack des zahlenden Publikums. Politisch einseitige Meinungsmache muss das nicht ausschließen. Ich erinnere nur an früher undenkbare Koalitionen z.B. zwischen *BILD*, *FAZ* und *Spiegel* im letzten Bundestagswahlkampf oder auch aktuell an so manchen Kampagnen- und Rudeljournalismus, bei dem man den Eindruck haben kann, es gebe konzertiertes Rauf- und Runterschreiben. Spitzenpolitiker können davon ein Lied singen.

Hier könnte man jetzt auch über die spezifischen Bedingungen des politisch-medialen Betriebs in der Hauptstadt sprechen. Dazu haben Sie bereits einiges gehört. Ich habe dieser Tage die wohl aktuellste Studie über den Hauptstadtjournalismus von Kramp und Weichert gelesen. – Wie schrieb doch die *Süddeutsche* einmal über Berlin-Mitte? Das sei eine „Pfaueninsel", ein „Ort merkwürdiger Balzrituale und extrovertierten Imponiergehabes" (Kramp/Weichert 2008: 7). Im Auftrag von *Netzwerk Recherche* wurden 33 führende Hauptstadtjournalisten und politische Sprecher der ‚Zweckgemeinschaften' aus Politik und Journalismus" (ebenda) befragt. Das ist natürlich ein buntes Völkchen mit ganz unterschiedlichen Berufsauffassungen. Das reicht vom reinen Chronisten der Berliner Republik und Dienstleister der Öffentlichkeit bis hin zum Anspruch als personifizierte 4. Gewalt den politischen Machtapparat kontrollieren zu wollen. Zu welchen Ergebnissen kommen die Autoren dieser explorativen Studie? Sie registrieren u.a. eine Aufspaltung des Journalismus in Alpha- und Omegatiere. Die publizistische Hackordnung werde zunehmend durch die Dominanz der Alphajournalisten und deren Deutungshoheit innerhalb der politischen Berichterstattung bestimmt. Die selbst um Prominenz bemühten Kolumnisten des Boulevardjournalismus genössen zwar keinen guten Ruf, würden aber von der Politprominenz ebenso geliebt wie gefürchtet. Ganz unten in der Hierarchie rangiere das Fußvolk, meist schlecht bezahlte ‚Medienbrötler' und Nachwuchsjournalisten. Kennzeichnend für den Berliner Betrieb sei massiver Konkurrenzdruck, zunehmende Selbstbezogenheit der Medien mit einer zunehmend gleichförmigen Berichterstattung, eine ausgeprägte Tendenz zur Boulevardisierung. Aber nach wie vor gäben das Fernsehen und die Qualitätspresse den Takt vor, wobei sich die Funktion des Fernsehens auf die Prominenzierung des politischen Personals beschränke, der Imagepflege des politischen Personals diene, die sachliche Auseinandersetzung mit Politikthemen aber beeinträchtige. Die Autoren beklagen schließlich, dass der „präsentative Charakter" und das daraus folgende hohe Inszenierungspotential vom Fernsehen inzwischen auf andere Bereiche der elektronischen Kommunikation verschoben habe (vgl. Kramp/Weichert 2008: 71ff.).

Der Blick auf die politisch-medialen Beziehungsspiele kann dabei über eines nicht hinwegtäuschen, was systemtheoretisch durchaus auch eine gewisse Logik hat: Insgesamt entfernen sich die Medien von der Politik. Sie werden kommerzieller und damit – zumindest politisch – unabhängiger, damit aber ein Stück weit auch beliebiger. Von dieser Entwicklung sind alle betroffen, die Politik vermitteln: der vorpolitische Raum, gesellschaftliche Gruppen und Initiativen, Interessenverbände, vor allem Parteien und nicht zuletzt Parlament und Regierung. Im Kampf um Aufmerksamkeit ist die Konkurrenz größer und sind die Kommunikationsbedingungen härter geworden. Das steigert auch die Bereitschaft, es mit den journalistischen Professionsregeln nicht so ernst zu nehmen.

Für neue Anbieter und für unkonventionelle Angebote auf dem politischen Markt wird der Zugang zu den Medien leichter. Etablierte Akteure der politischen Willensbildung haben es dagegen schwerer, es sei denn, sie bedienen geschickt die Logik der Medien. Ich will das kurz am Beispiel der Parteien verdeutlichen. Unsere Parteienlandschaft befindet sich im Umbruch. Parteitraditionen und ansozialisierte Zugehörigkeitsgefühle schwächen sich ab, weltanschauliche Verankerungen und politische Milieus erodieren, Mitgliederbasis und Stammwählerschaften schrumpfen. Mehr denn je sind Parteien deshalb auf die Vermittlungsleistung der allgemeinen Massenmedien angewiesen. Nolens volens müssen sie sich auf deren Aufmerksamkeitslogik einstellen. Damit aber verändern sich die politischen Kommunikationsverhältnisse innerhalb und außerhalb der Parteien. Die Rolle von Ehrenamtlichen und Parteimitgliedern wird tendenziell geschwächt, das Berufspolitikertum gestärkt. Man setzt auf Kampagnenfähigkeit und Wählerorientierung. Programmatische Profilierung und Willensbildung in den Parteien verlieren zugunsten professioneller Kommunikation nach draußen an Bedeutung. Tendenziell trifft dies auch auf andere Akteure zu.

Fazit:
Welche Konsequenzen hat dies alles für den politischen Prozess, für die Kommunikation, für den politischen Stil, wie überhaupt für politische Gestaltungskompetenz in der Demokratie? Lassen Sie mich dazu abschließend einige wenige Anmerkungen machen bzw. Fragen aufwerfen. Wie sind pro-

grammatische Schärfe und Wettbewerb um die bessere Alternative, wie sind politische Weichenstellungen und unpopuläre Reformen, wie sind nachhaltige Politik und Generationenverantwortung noch möglich, wenn die Neigung zu medienattraktivem Populismus zunimmt? **Politik darf sich nicht auf die Legitimation des Augenblicks reduzieren lassen!** Die Demokratie hat dafür probate Gegenmittel. Ich meine die demokratischen Institutionen und entsprechende Verfahren zur Gestaltung des Politikprozesses. Aber, vieles deutet auf eine Gewichtsverschiebung hin: **In der Mediengesellschaft gewinnen die Medien und verlieren die Institutionen.** Das gilt allerdings mehr für die wahrgenommene ‚Darstellungspolitik' als für die realen Verhältnisse in der ‚Entscheidungspolitik'. Der Kampf um Aufmerksamkeit, um die beste Schlagzeile, um das exklusive Bild zum vermeintlichen Skandal hat sich unter den spezifischen Bedingungen der ‚Berliner Republik' noch verschärft. Damit ist **der politisch-mediale Betrieb unberechenbarer geworden.** Die Bereitschaft, um der Quote und Verkaufszahlen willen politische und journalistische Spielregeln zu verletzen, hat zugenommen. Mein Eindruck ist, dass **Politik in der Mediengesellschaft kommunikationsabhängiger und damit zugleich enttäuschungsanfälliger geworden ist.** Zustimmung und Ablehnung, das ist für ein demokratisches System ein selbstverständlicher Mechanismus. Allerdings muss man sich fragen, wie man vernünftige Politik unter einem alltäglichen stimmungsdemokratischen Damoklesschwert noch betreiben kann. Demoskopie ist für eine offene Gesellschaft ein Segen. Sie kann für die Demokratie aber auch zum Fluch werden.

Öffentlichkeit herzustellen, über Entscheidungsalternativen zu informieren und politische Meinungsbildung darüber zu ermöglichen, wie wir und die nachfolgenden Generationen in Freiheit und unter menschenwürdigen Bedingungen leben wollen, das ist die Aufgabe von Politik und Medien. Als Bürger haben wir allerdings auch eine Holschuld. Wir lösen sie damit ein, dass wir uns informieren und vom oberflächlichen Schein medialer Inszenierungen nicht täuschen lassen. Aufklärung und rationale Urteilsbildung ist dabei eine bleibende Aufgabe, gerade auch der Medien. Das ist nicht immer unterhaltend und allemal mühsamer als ein Leben in der ‚Zuschauerdemokratie'. Aber eine lebendige Demokratie ist nun mal keine bequeme Staatsform.

Wir sollten nicht hinnehmen, was Jürgen Leinemann, der langjährige journalistische Beobachter und Begleiter des Bonner und Berliner Politikbetriebs in seinem Buch *Der Höhenrausch* (2004) als deprimierendes Fazit diagnostiziert: zwischen den politischen Profis, den Medien und Otto Normalverbraucher, so Leinemann, gebe es kaum noch Konsens über die Lebenswirklichkeit in Deutschland. Dies zu akzeptieren hieße, allgemeines Desinteresse und kollektiven Politikverdruss zu befördern, hieße populistischer Politikerschelte und politischem Zynismus Raum zu geben.

Demokratie muss immer wieder errungen werden, auch in der Mediengesellschaft. Und manchmal geht das sogar mit einer guten Inszenierung. Politik als Theater? Warum nicht, solange sie nicht zum unpolitischen Theaterdonner wird.

Diskussion

Ich würde gerne eine Frage in Bezug auf den Theaterbegriff stellen. Die Normalsituation im Theater ist ja, dass jemand eine Bühne betritt und wahlweise Romeo oder Julia spielt – obwohl wir wissen, dass er weder Romeo und Julia ist. Im politischem Betrieb aber erscheint mir diese Metapher etwas in die Irre zu führen, weil diejenigen, die die politische Bühne betreten, ja in ihrer eigenen Rolle bleiben, sich selbst darstellen. Wäre es also nicht treffender, von Selbstinszenierung als von Theater zu sprechen?

Sie haben Recht, ich habe keinen kulturwissenschaftlichen oder theaterwissenschaftlichen Theaterbegriff verwendet. Ich habe auch nicht sauber zwischen Theater und Inszenierung unterschieden. Ich habe nur versucht, Ihnen deutlich zu machen, dass die in der Öffentlichkeit verbreitete Auffassung, dass das darstellende Element in der Politik etwas zur Politik schädlich Hinzukommendes sei, eine falsche Auffassung ist, weil es ‚Darstellung/Inszenierung/Theater' in der Politik schon immer gegeben hat.

Sie haben hervorgehoben, dass dieses politische Theater keine Erfindung der Neuzeit ist, sondern es dieses schon immer gegeben hat. Aber hat sich nicht die Form des Theaters durch die technisch veränderten Möglichkeiten der Berichterstattung durch die Medien verändert?

Generell muss man sagen, dass sich politische Akteure immer der Medien bedient und ihnen angepasst haben. Aber natürlich sind in den letzten fünfzig Jahren die Geschwindigkeit und der zeitliche Druck insgesamt viel größer geworden. Die Chance auf reflexive Rückzugsräume, um politisch-konzeptionell etwas zu entwickeln, wird durch neue Medien wie das Internet oder die schnelle SMS aus der Ausschusssitzung immer geringer. Das greift sogar auf die Wissenschaft über: Ich kann mich noch an Seminare zu Parteien erinnern, da hat man Programmanalyse gemacht, hat Antragsbücher von Parteitagen gewälzt und analysiert. Diese Art von politisch-inhaltlicher Analyse und Reflexion scheint heute einfach nicht mehr zum Standard eines Parteienseminars zu gehören.

Sie haben bisher zwei Rollen – Journalisten und Politiker – des Theaterstückes beschrieben. Aber gibt es mit PR und Lobbyismus nicht noch zwei zusätzliche, sehr gefährliche Rollen?

Sie haben Recht, PR und Lobbyismus sind zwei wichtige Bereiche, die man nicht vergessen darf und die ambivalent zu beurteilen sind. In den USA sind diese Bereiche und Einflusskanäle noch viel stärker ausgeprägt – allerdings mit einem wesentlichem Unterschied: Dort sind sie transparenter. Ein solches Modell wäre mir auch für Deutschland lieb, denn ich halte nichts von der generellen Verteufelung von Lobbyismus. Lobbyismus, oder, um den allgemeinen Ausdruck der Interessenvertretung zu verwenden, ist in einer demokratisch und pluralistisch verfassten Gesellschaft zunächst einmal etwas sehr Legitimes und auch sehr Notwendiges. Wichtig aber ist die Transparenz.

Man hört in letzter Zeit häufiger von einer Typologie, bei der Journalisten in der Mediendemokratie in die Kategorien Alpha (bzw. Elite), Beta (bzw. Mittelbau) und Arbeitstiere ganz unten eingeteilt werden. Trotzdem spricht man immer noch nur von ‚den Politikern'. Müsste man nicht auch in diesem Bereich viel stärker systematisieren und differenzieren?

Das stimmt, auch die Rolle des Politikers müsste stärker differenziert und aufgefächert werden. Mir würden auch sicherlich drei bis vier unterschiedliche Typen mit je variierender Inszenierungsqualität einfallen. Interessant wäre dann die Frage, wovon der jeweilige Inszenierungs-Typus abhängt: Von seinem parteilichem Umfeld? Von seiner Biographie? Von seinem Amt?

Literatur

Arendt, Hannah (1993): Was ist Politik. München

Goffman, Erving (1969): Wir alle spielen Theater. Zur Selbstdarstellung im Alltag. 5. Auflage, München.

Kramp, Leif/*Weichert*, Stephan (2008): Journalismus in der Berliner Republik. Wer prägt die politische Agenda in der Bundeshauptstadt. netzwerk recherche e.v., Wiesbaden.

Leinemann, Jürgen (2004): Höhenrausch. Die wirklichkeitsleere Welt der Politiker. München.

Machiavelli, Niccolo (1986): Il Principe. Der Fürst. Hg. von Philipp Rippel. Philipp Reclam Verlag jun. Stuttgart.

Sarcinelli, Ulrich (2009): Politische Kommunikation in Deutschland. Zur Politikvermittlung im demokratischen System. Wiesbaden.

Ulrich Sarcinelli, *geboren 1946, Lehramtstudium und Schuldienst 1966-1975, anschließend Zweitstudium (parallel zum Beruf) an der Johannes-Gutenberg-Universität in Mainz: Politikwissenschaft, Rechtswissenschaft, Soziologie, Pädagogik. M.A.-Abschluss 1977, Dr. phil 1979. Von 1975-1984 Wiss. Mitarbeiter an der EWH Rheinland-Pfalz, Abt. Koblenz, 1984 Habilitation in Politikwissenschaft im Schnittfeld von Politik- und Kommunikationswissenschaft mit dem Thema: ‚Symbolische Politik'. Von 1988-1995 Professor für Politikwissenschaft an der PH Kiel und an der Christian-Albrechts-Universität zu Kiel. Seit WS 1995/96 Professor für Politikwissenschaft an der Universität Koblenz-Landau, Abt. Landau. 2002 hatte Sarcinelli eine Gastprofessur am Institut für Publizistikwissenschaft und Medienforschung an der Universität Zürich. Seit April 2009 ist er Vizepräsident der Universität Koblenz-Landau. Er hat eine Vielzahl von Büchern und Aufsätzen in Fachzeitschriften veröffentlicht, unter anderem ‚Politische Kommunikation in Deutschland. Zur Politikvermittlung im demokratischen System' und ‚Politikvermittlung und Demokratie in der Mediengesellschaft'.*

Robert von Rimscha

Von heutigen Nachrichten, vertraulichen Fragen und den Problemen des Politischen in der Presse

Lassen Sie mich mit einer Art mündlicher Karikatur anfangen. Da gibt es eine Zeitungs-Redaktion, und diese Redaktion führt an einem Donnerstag drei Telefonate mit SPD-Politikern. Alle drei sind Sozialpolitiker, der dritte und letzte im Range eines SPD-Vizefraktionsvorsitzenden. Wir nennen die drei Herrn A, Herrn B und Herrn C.

In dem Gespräch mit Herrn A sagt dieser: „Kürzungen bei Sozialausgaben dürfen in der heutigen Situation nicht tabu sein. Dabei müssen wir natürlich darauf achten, dass nach all diesen Jahren der Zumutung nicht einseitig die Schwächeren die Lasten aufgebürdet bekommen." Herr B sagt: „Kürzungen bei Sozialausgaben dürfen in der heutigen Welt natürlich nicht tabu sein, aber wir müssen strikt darauf achten, dass nach Jahren der Zumutung nicht wieder einseitig den Schwächeren alle Lasten des Globalisierungsdrucks aufgebürdet werden." Jetzt ist es kaum noch überraschend, dass der SPD-Politiker C sagt: „Kürzungen bei Sozialausgaben dürfen in der heutigen Situation nicht tabu sein, aber wir müssen strikt darauf achten, dass nach Jahren der Zumutungen nicht wieder einseitig alle Lasten den Schwächeren aufgebürdet werden."

Aus diesen drei Telefonaten könnte eine Nachricht entstehen. Die Nachricht lautet: „SPD streitet erbittert über weiteren Reformkurs. Sozialabbau innerparteilich heftig umstritten." Der Text der dazugehörigen Meldung liest sich dann so: „Berlin. In der Sozialpolitik steuert die SPD auf einen offenen innerparteilichen Konflikt zu. Während Renten-Experte A am Mittwoch gegenüber dieser Zeitung ausdrücklich anmahnte: „Kürzungen bei Sozialausgaben dürfen in der heutigen Situation nicht tabu sein", widersprach der SPD-Gesundheitspolitiker B energisch: „Nach Jahren der Zumutung dürften alle Lasten des Globalisierungsdrucks nicht wieder einseitig den Schwächeren aufgebürdet werden." Fraktionsvize C versuchte am Donnerstag vergeblich, den Streit zu schlichten, indem er seine Partei ermahnte, ‚strikt' auf soziale Gerechtigkeit zu achten, wie er dieser Zeitung sagte."

Eine Nachrichtenagentur verbreitet den Text aus der Freitags-Ausgabe am Donnerstag spätnachmittags als sogenannte Vorabmeldung der Zeitung. Die Zeitung wird zitiert, und das ist ein Erfolg für die Zeitung. Über die Agentur läuft nun fast wortgleich, was die Zeitung als Agenturfassung verbreitet hat.

Dies ist, wohlgemerkt, eine Karikatur: überzeichnet, unwahr, verzerrt, ungerecht, zynisch, überspitzt. Aber so ist das eben bei Karikaturen: Sie sollen hinter der Überzeichnung dennoch Realität aufscheinen lassen.

Ein realer Spitzenpolitiker einer anderen Partei hat über Journalisten kürzlich nichtöffentlich den Satz gesagt: „Ich nenne die nicht mehr Kletten, ich nenne die Parasiten. Die rauben Zitate, um ihre Konfliktmaschine zu ölen." Es passiert zuweilen, dass derselbe Journalist, der dringend und am besten sofort ein Zitat eines Spitzenpolitikers haben wollte – und nur von diesem bedient werden möchte, auf keinen Fall von einem weniger zitablen, rangniedrigeren Stellvertreter –, über genau diesen Spitzenpolitiker dann in einem Kommentar schreibt, er drängele sich beständig vor, sei mediengeil und sondere zu allem und jedem eine Meinung ab. Eine aktuelle Ausgabe der *ARD*-Sendung Bericht aus Berlin hatte das Thema ‚Sommerloch'. In einem Beitrag wurde der Frage nachgegangen, ob Politiker es schaffen, ein paar Wochen lang während der Ferien nichts zu sagen. Die Redaktion hat diesen Wunsch in positive Bilder gekleidet: Bürger vor dem Reichstag riefen die Politik auf, ein paar Wochen auszusetzen. Wohlgemerkt: Die Bürger riefen die Politik auf, nicht die Medien. Nicht thematisiert wurde in diesem Beitrag, dass die Zeitungen und die Fernsehformate im Sommer genauso zu füllen sind. Nicht thematisiert wurde der Umstand, dass Journalisten gerade im Sommer manchmal schon verzweifelt um Stellungnahmen aus der Politik bitten, aber zuweilen die Politik hernach für eben diese Stellungnahmen rügen, oft unter Verwendung von Wertungen wie ‚lächerlich', ‚absurde Idee' oder ‚typisch Sommerlochfüller'. Dies zeigt, wie eng das Maß an Verzahnung, gegenseitiger Abhängigkeit und manchmal spiralenhaft sich drehender Rückbezüglichkeiten im Kommunikationskosmos namens Presse und Politik ist. Dieser manchmal an hermetische Geschlossenheit grenzende Raum wird übrigens von Journalisten selbst immer häufiger gerügt. Etliche aktuelle Bücher von Praktikern sind äußerst selbstkritisch.

Deutschland debattiert seit über einem Jahr die Führungsfähigkeit von Kurt Beck. Dem umstrittenen SPD-Vorsitzenden widmet der *Tagesspiegel* vom 30. Juni 2008 seine Seite Drei. Das Einmalige an dieser monothematischen Seite Drei ist, dass der Text sich in seinen Kernaussagen komplett auf ein Ereignis, das ‚unter drei' stattfand, stützt. ‚Unter drei' ist Journalisten-Lingo für eine Information, die explizit unter der Bedingung verbreitet wurde, dass es keinerlei journalistische Verwendung gibt; es handelt sich also um eine reine Hintergrundinformation zur persönlichen Meinungsbildung und Orientierung, nicht zur

Verbreitung. Diese Regel und ihre Einhaltung ist ein Kerninstrument des Journalismus in Deutschland.

Die meisten Bürger wissen davon nichts. Die Übersetzung dieser Regel in allgemeinverständliches Deutsch wäre so etwas wie ‚streng vertraulich'. Andere journalistische System wie das angelsächsische kennen Ähnliches, dort heißt es dann ‚off the record' (‚unter drei') oder ‚on background' (‚unter zwei'). Es gibt ‚unter eins', das ist offen. ‚Unter zwei' bedeutet, dass das Gesagte benutzt und wiedergegeben werden darf, aber anonymisiert, also ohne Zuschreibung des Namens. Dies sind dann die sattsam bekannten „gut unterrichteten Kreise".

In dieser *Tagesspiegel*-Geschichte geht es darum, dass Kurt Beck bei einer Rheinland-Pfalz-Reise mit Journalisten am 18. Juni 2008 gegen 23 Uhr bei gutem Essen und noch mehr gutem Wein förmlich explodiert ist. Er hat sich bitter ausgelassen über das, was er wahrnimmt als Verfolgung seiner Person durch eine unfaire Presse. Wie kann man über ein ‚unter drei'-Ereignis eine ganze Seite Drei schreiben?

Ich bezichtige meine ehemaligen Kollegen ausdrücklich nicht der handwerklichen Unsauberkeit. Denn hier sind die Sätze zu lesen: „Man darf die Worte, in die Beck seine Wahrnehmung fasst, nicht wörtlich zitieren. Sein Regierungssprecher Walter Schumacher beruft sich im Nachhinein auf eine seit Jahren geltende Regel, wonach die Gespräche auf Becks Sommerreisen vertraulich seien." Aber in diesem Text steht auch eine Wertung: „Nach der Explosion sahen sich viele in ihrem Urteil bestätigt, dass Kurt Beck mit der Führung der SPD auch als Person überfordert ist." Diese Einschätzung, dieses unverblümte Urteil, das Beck der Unfähigkeit und der mangelnden persönlichen Eignung bezichtigt (und zwar nicht nur für die SPD-Kanzlerkandidatur, sondern für den Parteivorsitz), fußt auf einem Eindruck, der materiell nicht wiedergegeben werden darf. Die Wertung aber wird öffentlich und prominent platziert vorgenommen. Hierin kann man ein Ausreizen der Handlungsspielräume sehen, nicht unbedingt einen Regelverstoß, aber wohl schon ein Dehnen der Usancen bis hart an die Grenze.

Dieses Ereignis und die ihm zugrunde liegende Medienschelte Kurt Becks haben zu einer Lawine der Selbst-Bespiegelung und der Selbstkritik unter Journalisten geführt. Das drastischste Zitat soll von Wolfgang Thierse stammen, der von Rudel-Journalismus gesprochen haben soll. Ein Mitglied der Chefredaktion des *stern* hat unter dem Titel „Allein mit der Meute" konstatiert: „Die Mechanismen der Medien lassen gewissen Politiker-Typen, gerade dem nicht hauptstädtisch Geschliffenen, im Grunde keine Chance."

Es gab Gegenstimmen. In der *Zeit* ist ein großer Artikel erschienen, der Kurt Beck an seinem Image die alleinige Schuld zuspricht. Es seien nicht die Medien, die ihn zum Provinz-Tölpel degradierten, sondern es seien seine Äußerungen. Dieses Ereignis und die Lawine an selbstreferentieller Kritik ist ein Ereignis, welches zeigt, dass der Seismograph zur Messung eigener Verantwortlichkeiten immerhin funktioniert.

Es gibt viele Deutsche, die eine vage Ahnung davon haben, dass Politik und Medien Teil ein und desselben Betriebes seien. Beide teilen auch einige Attribute, zum Beispiel, dass sie extrem schlecht angesehen sind. Auf der Skala der beliebten und angesehenen Berufe rangieren sowohl Politiker als auch Journalisten zusammen mit Versicherungs-Vertretern und Gebrauchtwagen-Händlern ganz hinten. Aber wie genau der hauptstädtische Betrieb der Berichterstattung über die Bundespolitik läuft, das wissen natürlich die meisten Bürger nicht.

Mediale Endprodukte zu dechiffrieren ist nur möglich, wo es eine Kenntnis der Instrumente ihrer Verfertigung gibt. Wenn, als Beispiel, eine Boulevardzeitung sich ereifert, wie es denn nur sein könne, dass der trottelige Politiker Hans Schmidt dieses oder jenes fordert, so wissen natürlich die meisten Leser nicht, dass das, was Hans Schmidt verlangt, ihm womöglich von der Zeitung in den Mund gelegt wurde. Denn es ist immer häufiger so, dass Redaktionskonferenzen von Rundfunk, Fernsehen oder Zeitungen eine Idee ausbrüten: „Mensch, dieser Konflikt oder diese Personenkonstellation oder diese inhaltliche Forderung, das wäre doch mal schlagzeilenträchtig! Suchen wir doch mal nach jemandem, der die materielle Unterstützung dieser These bietet."

Beispiel Verkehrspolitik. Eine große deutsche Zeitung kam auf die Idee, es wäre doch schön, wenn sie eine Geschichte hätte, dass ab sofort bei Stau auf der Autobahn auf dem Standstreifen rückwärts zu fahren erlaubt sei. Was macht die Redaktion? Sie ruft beim Verkehrsminister an. Dessen stellvertretender Sprecher hört sich die Idee an und weist es natürlich empört von sich, seinen Chef so einen Unsinn zu Eigen machen zu lassen. Als nächstes werden dann die verkehrspolitischen Sprecher der Bundestagsfraktionen angerufen. Auch die stellen sofort fest, dass diese Idee der Programmatik der eigenen Partei nicht entspricht und dass sie sich das nicht zu Eigen machen wollen. So ruft die Redaktion weitere Politiker an. Irgendwann, spätestens auf den hinteren Bänken, wird in der Regel jemand gefunden, der sich auch noch die absurdeste und abstruseste Forderung zu Eigen macht.

Warum? Weil dieser fiktive No-Name Hans Schmidt natürlich damit geködert wird, mit seiner Forderung groß in der Zeitung zu stehen. Aufmerksamkeit schmeichelt jedem, dieser Mechanismus funktioniert fast immer. Nur fällt natürlich Hans Schmidt am nächsten Morgen förmlich aus dem Bett, wenn er in der Zeitung liest, dass er als hanebüchener Trottel dargestellt wurde, der sich völligen Unsinn ausgedacht habe. Er versteht nicht, wie das sein kann, wo doch dieselbe Redaktion wenige Stunden vorher ihn förmlich bekniet hat, sich diesen wegweisenden, innovativen und zukunftsträchtigen Vorschlag zu Eigen zu machen, da er klug und vorbildlich und sowieso ganz beispielhaft sei und dies der eigenen Profilierung auch diene. Und jetzt steht da unter seinem Foto, das ihn mit einem debil wirkenden Grinsen zeigt: „Deutschlands dümmster Politiker! Dieser Depp will auf Autobahnen rückwärts fahren lassen."

Das ist ein wesentlicher Teil des Geschäftes, nicht nur im Boulevardbereich, der die tatsächlichen Abläufe korrekter wiedergibt als so manches, was in journalistischen Lehrbüchern steht. Wenn Sie Geschichten in der Presse, vor allem im Boulevard, sehen, von denen Sie denken: Unsinn, Sommerloch, abstrus, absurd, daneben – dann sollte zumindest der Anfangsverdacht gesät sein, dass es sein könnte, dass der, der das gesagt hat, ganz bewusst mit den eigenen Eitelkeiten geködert wurde und eben nicht der Urheber der fragwürdigen Idee war. Den meisten Hans Schmidts, die die Hinterbänke nach vorne verlassen haben, passiert so etwas übrigens nicht mehr.

Warum machen Medien das? Der Begriff des Agenda-Settings hat sich im Laufe der vergangenen Jahre komplett verschoben. Das alte Ethos von Medien, Realität abzubilden, ist eines, das nicht weg ist, aber stark relativiert wird. Es wird im Kern von einem Gedanken relativiert: dem Gedanken, dass Medien, um durchzudringen, um Auflage und Quote zu bekommen, Geschichten erzählen müssen. Diese Geschichten können die Realität abbilden, aber sie können auch Realität suggerieren. Im günstigsten Fall wird die erdachte Geschichte durch den ‚reality check' ad absurdum geführt. Im negativen Falle, und das kommt vor, siehe meine Karikatur zu Beginn, führt die Recherche nicht dazu, dass die eigene Geschichte als Hirngespinst oder irrelevant entlarvt wird.

Dieses Denken in Geschichten ist leser- und konsumentenfreundlich. Jeder Verlagsleiter, jeder Chefredakteur, jeder Intendant, jeder Programm-Geschäftsführer und -Direktor, jeder Herausgeber würde Ihnen sagen, dass dieses Denken in Geschichten eine Erfordernis des Marktes ist. Das ist nicht von der Hand zu weisen. Dennoch öffnen sich hier Fallstricke und Hintertüren, die in toto bedenklich sind. Journalisten, die nicht Politik begleiten oder erklären, sondern gestalten wollen, sind in Deutschland eher immanent als in anderen Kulturräumen.

Jede große deutsche Zeitung hat ein Parlamentsbüro. Dieses Parlamentsbüro soll Bundespolitik spiegeln und die Mitglieder, die Redakteure in diesem Büro heißen Parlamentskorrespondenten. Ein Parlamentskorrespondent geht vielleicht zwei oder dreimal im Jahr ins Parlament. Es ist entgegen seines Titels nicht sein Job, parlamentarisches Geschehen abzubilden, sondern Geschichten aus der Politik zu erspähen und zu beschreiben. Diese Entwicklung weg von der berichtenden Beschreibung einer als separat vom Berichtenden empfundenen und objektiv wahrnehmbaren Realität hat etwas mit dem neuen, führenden Benchmarking im Journalismus zu tun. Im Kern existiert heute ein einziges Kriterium zur Quantifizierung individuellen wie kollektiven journalistischen Erfolges eines Redakteurs oder einer Redaktion, und dieses Kriterium ist die Zitierhäufigkeit, also das Maß, zu dem ein Presseorgan in den Nachrichtenagenturen auftaucht. ‚Exklusive Geschichten' eines Mediums werden mit allseits bekannten Formulierungen von den Nachrichtenagenturen aufgegriffen: „Wie Zeitung XY berichtet, ist das und das geschehen." Oder: „Ich werde nie mehr für ein politisches Amt antreten", sagte Spitzenpolitiker A der B-Zeitung." Oder: „Im Unternehmen C sind unfassbare Missstände aufgetreten, wie das Fernsehmagazin D gestern berichtete."

Warum das Gewicht dieser Zitierhäufigkeit? Eines der entscheidenden inneredaktionellen Verkaufsargumente, eines der Bewertungsinstrumente, nach denen in Verlagshäusern, in Zeitungen, in Redaktionen Personalentscheidungen und Geldentscheidungen getroffen werden, ist das Maß, zu dem die eigenen journalistischen Produkte verkaufbar waren. Das Maß für die Verkaufbarkeit ist die Zitierhäufigkeit bei den Agenturen. Hiermit ist für ein Kulturprodukt, dessen Wert extrem schwierig zu messen ist, nämlich für eine journalistische Leistung, ein objektivierbarer und empirisch greifbarer Maßstab gefunden, der dem Denken von betriebswirtschaftlich strukturierten Menschen mit Budgetzuständigkeit in Verlagszentralen entgegenkommt. Daran ist nichts verwerflich. Problematisch ist allerdings, dass im extrem harten Auflagen- und Quotenkampf die Zitierhäufigkeit sich immer mehr einbürgert, und zwar als das solitäre Kriterium von journalistischem Erfolg, als einfache mathematische Gleichung, die Qualität quantitativ misst. Chefredakteure zittern nicht vor den Anrufen von Politikern, die sich in Kommentaren zu Unrecht schlecht bewertet sehen – Chefredakteure zittern vor den Zeitungs-Rankings, wenn das eigene Blatt bei der Zitierhäufigkeit von Platz 4 auf Platz 9 abgerutscht sein sollte.

Zwei exemplarische Verzerrungen ergeben sich aus dem Denken in Geschichten. Da gibt es zum einen das Phänomen der Vorwegnahme. Auf wichtige Ereignisse hin findet eine massive Vorberichterstattung statt – getreu der Geschichte, dem Redaktionsmotto: Was muss Person X da tun? Mit welchem Ziel muss Politikerin F in diese Gremiumssitzung hinein gehen? Wie muss sich Partei Y jetzt aufstellen? Welche entscheidende Weichenstellung bringt dieses Ereignis für den Politiker Z? Entscheidet sich dort die Karriere?

Solche Geschichten schlagen sich in exorbitanter Vorberichterstattung nieder. Immer häufiger wird vom eigentlichen Ereignis weniger berichtet als von der Vorbereitung auf dieses. Das heißt, die Fallhöhe des Ereignisses wird tagelang gesteigert, und dies auch, um schneller zu sein als die Konkurrenz; die eigentliche Begebenheit kann diese Latte gar nicht mehr überspringen und fällt unten durch. Fraktionsklausuren, Parteitage, Personaldebatten: Es ist überprüfbar, wie viele Drei-Spalter vorher auf das Ereignis hinführen, und manchmal passierte es, dass vom Ereignis selbst nur eine einspaltige Meldung hinterher tröpfelt.

Warum geschieht das? Weil niemand zu spät sein will. Weil Journalismus mehr und mehr so funktioniert, dass In-das-Ereignis-Hineinführen, dem Leser erklären, auf was man zusteuert, vorab eine Verständnis-Anleitung zur Hand geben – dass dies, und nicht die Berichterstattung im klassischen Sinne, als Ziel und Aufgabe gesehen wird. Die Unwucht zwischen Vorberichterstattung und tatsächlichem Ereignis schmeichelt der Vorstellung des Journalisten, kreativ zu sein, denn von einem Ereignis berichten kann ja jeder, vorher hinführende, problematisierende und Spannungsbögen aufbauende Thesen in Text-Form gießen dagegen nicht. Zuletzt, dies ist bereits erwähnt worden, schmeichelt die Vorberichterstattung der Vorstellung, man habe die Konkurrenz überholt.

Das ist auch der Grund für die zweite Verzerrung, die ebenfalls etwas mit Zeitschienen zu tun hat und die manchmal zu Lächerlichkeiten führt. Rückblicke jeder Art, ob die regelmäßigen zu Jahresende oder andere, die sich an Jubiläen orientieren, erscheinen immer häufiger im Vorgriff auf ein jeweiliges Ereignis. Im September 2007 war im deutschen Fernsehen der erste Rückblick auf das Sportjahr 2007 zu sehen.

Ein zweites Beispiel: Kennen Sie Saddam Hussein, Diktator des Irak? Sind Sie der Ansicht, dass er eine wichtige Person war? Kennen Sie Gerald Ford, den ehemaligen US-Präsidenten? Sind Sie der Ansicht, dass er eine wichtige Person war? Kennen Sie James Brown, die Musiklegende und ‚Pate des Soul'? War der kulturell bedeutsam?

Alle drei Herren sind 2006 gestorben. Aber in keinem Zeitungsarchiv beim Jahresrückblick Bei ‚die wichtigsten Toten des Jahres' ist einer der drei verzeichnet. Sie hatten eben alle das Pech, im Dezember 2006 zu sterben. Da war das mediale Jahr 2006 längst vorbei, also: gedruckt.

Die Aktualitätssucht und der Überholwunsch haben enorme Auswirkungen auf jenen Anspruch, den die *New York Times* in die Formulierung „journal of record" kleidet: Demzufolge ist es eine Aufgabe von Zeitungen, eine verlässliche Grundversorgung mit dem Geschehen zu gewährleisten. Dies einzulösen hat eine zentrale Voraussetzung: Das Geschehen muss geschehen sein. Vorberichterstattung und vorfristiges abschließendes Bewerten können naturgemäß nicht diesem Vollständigkeitsanspruch genügen. Wohlgemerkt: Es geht hier nicht um ein Postulat, Presse solle neutral protokollarisch im Sinne einer quasi staatlichen Verwaltung abbilden, was war. Aber auch das Verzeichnen des nach allein journalistischen Kriterien Wichtigen wird unmöglich, wenn mannigfaltige Mechanismen der Vorwegnahme um sich greifen und das Ereignis an sich wegdrücken.

Weitere Stichworte zur Medienkrise sind sattsam vertraut: Auflagen- und Quotenschwund, Reichweitenverluste, Konkurrenz durch das Internet, Personalmangel, zurückgehende Anzeigenerlöse und damit finanzielle Ausstattung, Ausdünnung von Redaktionen. All dies verschärft das Problem. All dies erhöht den Druck, eher in Kategorien von Geschichten zu denken, denn ergebnisoffen irgendwo hinzugehen und sich eine Pressekonferenz oder eine Bundestagsdebatte anzuhören und eben erst danach zu entscheiden, ob diese gut, schlecht, wichtig, unwichtig, brillant oder inhaltlich nach vorne bringend ist. Einem solchen klassisch journalistischen Herangehen wird die Grundlage zunehmend entzogen: Personal, Zeit und Geld. Eine gängige Ausweichstrategie besteht im Betonen sogenannter weicher Themen, die explizit nicht tagesaktuell sind. Der Boom des Gesundheits- und Verbraucherjournalismus gehört in diesen Kontext, ebenso wie all jene Phänomene, die als ‚Feminisierung' des Journalismus laufen.

Was hier beschreiben wird sind Tendenzen, nicht Absoluta. Weil die nachrichtliche Grundversorgung schwieriger wird, weil Zeitungen gleichzeitig nicht nachbeten wollen, was Agenturen vorschreiben, sondern eigene Geschichten setzen möchten, kommen wiederum die Nachrichtenagenturen unter Druck. Zeitungen bestellen sie schlicht ab. So suchen auch Agenturen verstärkt nach dem Sensationellen. Jeden Tag können Sie bei *dpa* nachsehen: Die Zahl der Ereignisse, die oben stehen und ‚gecovert' werden, schmilzt ab, und die Zahl jener anderen Themen, die in einer weiteren Kategorie unten folgen, wächst: „Weitere Ereignisse, voraussichtlich ohne Berichterstattung."

Diese Tendenzen sind besorgniserregend, weil sie nicht isoliert der Presse oder der Politik schaden, sondern weil sie nach meinem persönlichen Eindruck das Funktionieren eines ganz entscheidenden Teils unseres Gemeinwesens insgesamt zumindest perspektivisch aushöhlen könnten. Es geht um demokratischen Pluralismus und die gesellschaftliche Kontrolle in einer arbeitsteiligen Gewaltenteilung mit ihrer tradierten Rolle für die ‚vierte Gewalt'. Es geht hier nicht um ein Plädoyer für staubtrockenen Verlautbarungs-Journalismus entlang einer Agenda, die die Politik festsetzt. Das ist nicht die Alternative. Aber in Deutschland haben wir vor allem im Print-Bereich eine Presselandschaft, die sich sehr oft noch nicht entschieden hat, ob sie sich von Vorgaben emanzipieren und wirklich eigene Themen setzen möchte. Den ‚Geschichten' fehlt allzu oft die Relevanz, die Abrundung. Oder ist eigene ‚Geschichte' ist nur das Codewort für die Zitatbefeuerung der Zitiermaschine, das heißt der wahrscheinlich vergebliche Wettlauf mit 24 Stunden ‚news cycle' im Fernsehen, Onlinewelt und der allgemeinen Verschnellerung des Nachrichtengeschehens.

Zum Schluss eine Bemerkung darüber, wie die Politik auf all dies reagiert. Zumindest partiell würde ich ein wachsendes Auseinanderklaffen zwischen öffentlicher und veröffentlichter Meinung diagnostizieren. Der Vorwurf an die Medien, sie interessierten sich zu sehr für Motive statt Ereignisse, für Personen statt Fakten, für skandalisierbare, personalisierbare Kurzformeln, für Streit und Boulevard – dieser Vorwurf und ein diffuses Empfinden, hier handele es sich in weiten Teilen um einen irrelevanten, ritualisierten Zirkus, kommt aus der Bevölkerung insgesamt und richtet sich an Presse und Politik gleichermaßen.

Die Bevölkerung behauptet zumindest, sie interessiere sich nicht für Streit, sondern für Problemlösungskompetenz. Diese Selbstwahrnehmung ist kritisch zu hinterfragen, aber zumindest demoskopisch kann man sie messen. Die Frage nach der Entpolitisierung von Eliten ist eine Frage, die sich in diesem Zusammenhang stellt. Heute ist es wahrscheinlich gesellschaftlich akzeptabler als früher, wenn auch akademisch gebildete Menschen sich selbst als völlig agnostisch verstehen, was Politik betrifft. Die Ent-Parlamentarisierung des Demokratischen geht einher mit einem *BILD*-gesteuerten Fokus auf die Exekutive. Ein Chefredakteur aus dem Bereich elektronische Medien hat mir gegenüber in der Debatte darüber, welches Politikverständnis sein Medium transportiert, wörtlich gesagt: „Politik ist, was die Regierung macht." Wahrscheinlich würden sehr viele Deutsche ihm zustimmen. Aber das ist ein vordemokratisches, unparlamentarisches Verständnis ohne jedes Bewusstsein für Gewaltenteilung und ohne jedes Bewusstsein der Tatsache, dass Gesetze nicht von der Regierung gemacht werden. So schnurrt die Komplexität der Politik zusammen auf Fernsehbilder von Regierungschefs beim Beschreiten roter Teppiche oder beim Betrachten schmelzender Gletscher in Grönland. Das Universelle des politischen Gemeinwesens wird so banalisiert, und das Konkrete und Individuelle wird immer mehr zu einem Partikular- und Sparteninteresse. Kaum ein Bürger hat heute ein Problem damit, sich hauptsächlich über die Instrumente des Internets seine eigene ‚customized' Interessenswelt zusammenzustellen, die fokussiert sein mag auf litauische Briefmarken, Mode auf Tonga, isländische Modelleisenbahn-Neuerungen und Minderheiten-Politik in Süd-Jemen.

Die Politik insgesamt zieht daraus immer mehr den Schluss, auf Instrumente zu setzen wie Direktansprache, Bürgerdialog, ‚permanent campaigning', ‚customer relationship management' (CRM). Ein Teil-Aspekt dieser Bemühungen ist das Untertunneln der klassischen Medien. Ein zentrales Instrument von stetig zunehmender Bedeutung ist dabei das Internet. Ein leitender Gedanke dahinter ist das Selbstverständnis einer modernen Partei jenseits von Gremien und Organisationsstatuten, hin zum Charakter einer bürgergesteuerten Bewegung von unten nach oben. Gerade in dem zuvor skizzierten medialen Umfeld muss die Politik heraus aus den Hinterzimmern, hinaus auf die Marktplätze – die realen wie die virtuellen. Die FDP hat dies bei der Wahl 2005 sehr erfolgreich umgesetzt: Bei der Nutzung unserer Online- und Mitmachangebote, von Zielgruppen-Veranstaltungen bis zur Teilnahme an der Programmdiskussion, lagen wir gleichauf mit den sogenannten Volksparteien Union und SPD.

Aus dem anderen Bereich, jenem der klassischen politischen Pressearbeit, ein abschließendes Beispiel, erneut aus dem Bundestagswahlkampf 2005. Im Sommer 2005, also vor der vorgezogenen Bundestagswahl, waren die dominaten Themen: Zwei Anschläge auf die Londoner U-Bahn, ein Anschlag auf Touristen in Scharm el Scheich, die Flut in Bayern und die schrecklichen Verwüstungen, die der Hurrikan Katrina in New Orleans hinterlassen hatte. Innenpolitisch waren in der Vorphase des Wahlkampfes der Rücktritt von Peter Hartz und der Wahlkampf-Kollaps von Franz Müntefering dominant.

Der eigentliche Wahlkampf hat dann in der Breite als Wahrnehmung hinterlassen: In der Union: Dass Herr Schönbohm die Proletarisierung Ostdeutschlandes gerügt hat, dass Herr Stoiber die Frustrierten und die mangelnde Intelligenz der Ostdeutschen gerügt hat und dass Herr Kirchhof genau jene Steuerpolitik der Union gerügt hat, die er vertreten sollte. Von der SPD ist in dieser Phase im Kern der Satz des scheidenden Kanzlers hängen geblieben: „Menschen sind keine Autos." Daneben stand Gerhard Schröders mal subkutanes, mal offen ausgesprochenes und ständige wiederholtes: „Die kann´s nicht!" Dies war sein Kernvorwurf gegenüber Angela Merkel.

Dies kulminierte am 4. September 2005 im Kanzlerduell Schröder-Merkel. Dieses Kanzlerduell hat, gemessen an den damaligen demoskopischen

Untersuchungen, nicht die politische Realität, sondern eine fälschlich erzeugte Alternative abgebildet.

Dieses Kanzlerduell hat den Eindruck erweckt, als gäbe es eine Fifty-Fifty-Chance, ob Gerhard Schröder Kanzler bleibt oder Angela Merkel Kanzlerin wird. Wie knapp die Wahl später ausgehen würde, wusste damals niemand. Auf der Basis des damaligen Kenntnisstandes gab es nicht eine einzige Umfrage, die Rot-Grün und damit Gerhard Schröder nur den Hauch einer Wiederwahl-Chance gegeben hat. Schröder hatte aber ausgeschlossen, in einer anderen Konstellation Kanzler zu bleiben.

Um die damalige politische Alternative korrekt abzubilden hätte eigentlich Angela Merkel als gesetzte Kanzlerin in der Mitte stehen müssen, und auf der einen Seite hätte Franz Müntefering als möglicher Vizekanzler einer Großen Koalition stehen müssen, und auf der anderen Seite hätte Guido Westerwelle als möglicher Vizekanzler einer schwarz-gelben Regierung platziert werden müssen – gemessen an den damaligen Umfragen. Dem war bekanntlich nicht so. Nur Merkel und Schröder duellierten sich, und für das politische Marketing der FDP war klar: Wir müssen dringend ins Spiel kommen. Wir müssen diese verzerrende, einengende Wahrnehmung einer Schein-Alternative durchbrechen, wir müssen präsent werden.

Die FDP ist aktiv geworden. Am 8. September 2005 gab es im ZDF ein Dreier-Duell: Fischer, Lafontaine, Westerwelle – moderiert von Maybrit Illner, mit doppelt so hoher Einschaltquote wie sonst. Die Quote ist aber nicht das Entscheidende. Bedeutsamer ist, dass dies ein viel beachtetes Ereignis mit Vor- und Nachberichterstattung war. Die Wahrnehmung, als gäbe es bei der Wahl nur Herrn Schröder und Frau Merkel, wurde dadurch entzerrt.

Die FDP hat am 11. September 2005 in Berlin einen außerordentlichen Bundesparteitag zur Wahl veranstaltet, einen Aufruf mit den Kernbotschaften verabschiedet und Wolfgang Gerhardt als liberalen Kandidaten für das Amt des Außenministers ausgerufen. Am selben Abend fand ein Duell bei Sabine Christiansen statt: Joschka Fischer gegen Wolfgang Gerhardt. Keine Union, keine SPD. Wieder die subkutane Wahrnehmung, die entscheidende: Es gibt nicht nur Union und SPD.

Am 12. September 2005, einen Tag später, folgte die sogenannte Elefantenrunde in der ARD mit allen Spitzenkandidaten. Die Quote war sensationell, aber es geht nicht um die Quote. Es geht darum, dass es ein weiteres Bausteinchen in der Implementierung einer korrigierenden Wahrnehmung war: Es gibt nicht nur die Kandidaten Schröder und Merkel.

Am 16. September 2005 hat die *BILD*-Zeitung eine Sonderseite produziert: Die drei liberalen Ehrenvorsitzenden Genscher, Lambsdorff und Scheel haben in einem gemeinsamen Interview dringlich vor der Lähmung gewarnt, die ihrer Ansicht nach eine Große Koalition mit sich bringen würde. Natürlich haben die drei Herren vor der Folie ihres eigenen Erlebens argumentiert, eben der Großen Koalition Ende der sechziger Jahre.

Am 17. September 2005 hat Stefan Raab auf *Pro7* eine Sendung moderiert, *TV Total Spezial Bundestagswahl*, drei Stunden live mit Herrn Trittin, Herrn Müntefering, Herrn Beckstein, Herrn Wulff und Herrn Westerwelle. Diese Sendung hat bei den Jüngeren, den 14- bis 29jährigen, einen Marktanteil von 29 Prozent gehabt. Für diejenigen, die sich mit Quoten im Fernsehen auskennen: Dies ist ein sensationeller Wert. In dieser Sendung wurde mit einem und für ein eher jüngeres Publikum über Politik gesprochen. Dann gab es eine nicht repräsentative Abstimmung, eine Art Wahl-Simulation per Telefon. Da jeder Zuschauer etliche Male hätte anrufen können, hat das Ergebnis keinerlei demoskopische oder empirische Signifikanz. Das Ergebnis ist indes auch kein Zufallsprodukt gewesen, denn es ist ein Gradmesser für die Mobilisierung, für das Erreichen von Altersgruppen und Interessensspähren, die vielleicht eher politikfern sind. Bei dieser realen Abstimmung, an der sich Millionen beteiligt haben, lautete das Ergebnis: 36,5% für die SPD, 30,2% für die Union, 13,7% für die FDP, 8,8% für die Grünen, 10,8% für die Linkspartei.

Einen Tag später, am 18. September 2005, war die wirkliche Wahl. Wir glauben, dass dieser Mehrfach-Schlag von Ereignissen in der unmittelbaren Aufgalopp-Phase zur Bundestagswahl hin ein entscheidender Schritt zur Wahrnehmungssteigerung liberaler Positionen war. Dies war ein Instrument zur Durchbrechung der vorhin beschriebenen Mechanismen. Dies war ein heftiger Griff in den Instrumentenkasten zur Darstellung eines Bildes der tatsächlichen Wahlalternativen und Optionen. Bei der Bundestagswahl 2009 werden wir erleben, ob dann Fernsehduelle zwischen Kanzlerin und Vizekanzler veranstaltet werden, also zwischen der Regierungschefin und ihrem Stellvertreter, die sich dann auch gegenseitig schulterklopfend versichern werden, dass alles doch ganz ordentlich war – und damit subkutan die eigene Alternativlosigkeit behaupten.

Über den Zustand des Journalismus am Schluss eine kleine reale, nicht karikierende Anekdote, ein Sinnbild vielleicht für den Druck der medialen Hyperaktivität und Unter-Reflexion. Immer wieder gibt es Kritik an der Tendenz hin zu Häppchen-Journalismus und O-Ton-Besessenheit. Ein Sinnbild dafür ist die Frage, die dem damaligen Kanzler Gerhard Schröder einmal nach einer ganz entscheidenden Gremiensitzung gestellt wurde. Ein jüngerer Fernsehjournalist empfing Schröder vor der Tür, ließ ihm von seinem Kameramann die Kamera ins Gesicht halten, ließ von seinem Tonmann das Mikrofon unter das Kinn des Kanzlers halten und stellte dann selbst die legendäre Frage: „Und?"

Diskussion

Ich habe eine Frage bezüglich der "Unter drei" - Gespräche. Warum gibt es diese, wenn darüber nicht berichtet werden darf?

‚Unter drei' ist nichts anderes als ein Comment: eine Verhaltensweise, die sich etabliert hat. Das ist kein Gesetz, das ist keine einklagbare Regelung, sondern ein ungeschriebenes Gesetz, das sich eingebürgert hat, um beiden Seiten etwas zu bringen: der Presse Zugang zu internen Einschätzung, das Wissen um Entwicklungen, die noch nicht spruchreif im Sinne von Pressekonferenzen sind. Und dem Politiker wird hierbei die Möglichkeit gegeben, Versuchsballons steigen zu lassen, Thesen zu testen, Erklärungen zu erproben, schlicht und einfach in einem vertraulichen Kreise zu überprüfen, ob die Erklärung X für das Ereignis Y mit Hohn und Spott quittiert oder aber mit Interesse zur Kenntnis genommen wird. Dies ist ein Deal auf Gegenseitigkeit, den es seit Jahrzehnten gibt, und ich kenne keine journalistische Kultur, in der es etwas Vergleichbares nicht gibt.

Beobachten Sie denn, dass die Regeln, die Sie für ein Gespräch ‚unter drei' beschrieben haben, nicht mehr eingehalten werden? Gibt es da Brüche? Was passiert jetzt bei so einem eklatanten Vertrauensbruch?

Die maximale Sanktion wäre die künftige Nicht-Berücksichtigung des jeweiligen Mediums durch jenen Akteur, der sich hintergangen fühlt. Wir haben in Teilen eine absurde Eskalation, eine lawinenartige, mathematisch nur noch exponentiell zu fassende Erhöhung der Zahl des ‚unter'. Wenn Sie heute einem Journalisten etwas ‚unter drei' sagen, dann müssen Sie häufig dazu sagen: „Ich meine wirklich unter drei. Oder: Tief unter drei. Unter 30, unter 300." Das ist ein Reflex auf Vorkommnisse wie das Geschilderte mit Kurt Beck. Das eine Beispiel ist genannt worden, sein Ausrasten, das zweite war seine Äußerung: „Dann machen wir es halt so." Dies ist der kolportierte Wortlaut von Kurt Beck aus einer ‚unter drei' -Veranstaltung in Hamburg kurz vor der dortigen Wahl zum Umgang der SPD mit der Linkspartei in Hessen. „Dann machen wir es halt so" behauptete den Wortlaut dessen abzubilden, was Kurt Beck gesagt hat über die Möglichkeit, eben doch und entgegen vorheriger unzweideutiger Versprechen gemeinsam mit der Linkspartei in Hessen Frau Ypsilanti zur Ministerpräsidentin zu wählen.

In Teilen verlottern die Sitten tatsächlich. Schnelllebigkeit, Zitierhäufigkeit, Abhängigkeit von vermarktbaren Zitaten, diese grundsätzlichen Entwicklungen sprechen sicher dafür. Die Zahl der Einzelfälle scheint mir zuzunehmen, und dies führt unter anderem dazu, dass Politiker auch ‚unter drei' nicht mehr so offen sprechen wie vielleicht früher. Kurt Beck jedenfalls ist ein Politiker, der wohl für sich in Anspruch nehmen würde, ganz wesentlich ein Opfer journalistischer Regelverstöße im Umfeld der Vertraulichkeits-Vereinbarungen geworden zu sein. Dieses Faktum gegen andere Faktoren abzuwägen – das wiederum steht auf einem ganz anderen Blatt.

Robert von Rimscha ist Sprecher der FDP und Chefredakteur der „Liberalen Depesche". Vor der Übernahme dieser Aufgaben im August 2004 leitete er die Parlamentsredaktion der Berliner Tageszeitung „Der Tagesspiegel". Von 1996 bis 2000 war er Amerika-Korrespondent, zuvor Stellvertretender Politik- und Nachrichtenchef. Robert von Rimscha hat in Freiburg und Boston studiert (MA, Amerikanistik) und in Pretoria an der University of South Africa unterrichtet, anschließend Graduiertenkolleg am Kennedy-Institut der FU Berlin. Er ist Autor von acht Büchern über aktuelle internationale Fragen, zuletzt von Familien-Biographien der Bushs und der Kennedys. Geschrieben hat er u.a. für die Meinungsseiten von „International Herald Tribune" und „Los Angeles Times". 2003 wurde er mit dem Arthur-F.-Burns-Preis für herausragende Kommentierung transatlantischer Fragen ausgezeichnet. In Berlin lehrt er an der FHTW politischen Journalismus im Masterstudiengang Kommunikation.

Gerhard Göhler / Annette Knaut / Cornelia Schmalz-Jacobsen / Christian Walther (Hrsg.)

Markt – Macht – Medien
Reflexionen zur Praxis der vierten Gewalt

Frankfurt am Main, Berlin, Bern, Bruxelles, New York, Oxford, Wien, 2008.
250 S., zahlr. Abb.
ISBN 978-3-631-57306-8 · br. € 19.80*

Dieses Buch zeigt, was politische Journalisten heute zwischen Markt und öffentlichem Auftrag leisten. Es ist ein Plädoyer dafür, die Entwicklungen auf dem Medienmarkt und das Handeln der Akteure dort kritisch zu reflektieren. Denn auch das Web 2.0 wird die anderen Medien nicht überflüssig machen. Auch sie bleiben in all ihren Erscheinungsformen für die Herstellung von Öffentlichkeit in Demokratien notwendig. Ihre Aufgabe ist es weiterhin, Debatten und Informationen zu transportieren, Politik und Politiker zu hinterfragen. Doch wie werden sie dieser Aufgabe unter den sich verändernden Rahmenbedingungen der Informationsgesellschaft gerecht? Die Autoren dieses Buches versuchen sich dieser Frage zu nähern und geben dabei den Lesern Einblick in ihren Arbeitsalltag im Medienbetrieb.

Aus dem Inhalt: Journalisten zwischen öffentlichem Auftrag und kommerziellem Zwang · Warum sich Zeitungen heute neu erfinden müssen · Beziehungsspiele: Politik und Publizistik in der Hauptstadt · Die Hauptstadt im Fernsehen: Was die ARD mit der Bundespolitik macht · Gehört die Zukunft dem Netz? Politik digital · Die Macht der Einschaltquoten – wie die GfK das Fernsehen beherrscht

Frankfurt am Main · Berlin · Bern · Bruxelles · New York · Oxford · Wien
Auslieferung: Verlag Peter Lang AG
Moosstr. 1, CH-2542 Pieterlen
Telefax 00 41 (0) 32 / 376 17 27

*inklusive der in Deutschland gültigen Mehrwertsteuer
Preisänderungen vorbehalten

Homepage http://www.peterlang.de